Consigue tu mejor tú

Biblioteca Covey

El 8° hábito. De la efectividad a la grandeza, de S.R. Covey

La velocidad de la confianza. El valor que lo cambia todo, de S.M.R. Covey
y R.R. Merrill

*El líder interior. Cómo transmitir e inspirar los valores que conducen
a la grandeza*, de S.R. Covey

Primero lo primero. Reflexiones diarias, de S.R. Covey y otros

Meditaciones diarias para la gente altamente efectiva, de S.R. Covey

El liderazgo centrado en principios, de S.R. Covey

Asegurar resultados en tiempos de incertidumbre, de S.R. Covey, B. Whitman
y B. England

La 3ª Alternativa. Para resolver los problemas más difíciles de la vida,
de S.R. Covey y B. England

Primero, lo primero. Vivir, amar, aprender, dejar un legado, de S.R. Covey,
A.R. Merrill y R.R. Merrill

Una porción de confianza, de D. Hutchens y B. Rellaford

Confianza inteligente, de S.M.R. Covey y G. Link con R.R. Merrill

*¡Relájese! Los 7 paradigmas para liberarse del estrés de la gente
altamente efectiva*, del Dr. M. Olpin y S. Bracken

Los 7 hábitos de la gente altamente efectiva. Cuaderno de trabajo, de S.R. Covey

Los 7 hábitos de la gente altamente efectiva. Edición revisada y actualizada,
de S.R. Covey

Las 12 palancas del éxito, de S.R. Covey

Todd Davis

Consigue
tu mejor tú

Las 15 prácticas para construir relaciones
efectivas en el trabajo y alcanzar todos
tus objetivos

PAIDÓS EMPRESA

Obra editada en colaboración con Editorial Planeta – España

Título original: *Get Better*
Publicado originalmente en inglés por Simon & Schuster, Inc.

Diseño de portada: Planeta Arte & Diseño

Todd Davis
© 2017, Franklin Covey Co.
© 2018, Traducción: Montserrat Asensio Fernández

© 2016, Espasa Libros, S. L. U. – Barcelona, España
De todas las ediciones en castellano

Derechos reservados

© 2019, Ediciones Culturales Paidós, S.A. de C.V.
Bajo el sello editorial PAIDÓS M.R.
Avenida Presidente Masarik núm. 111, Piso 2
Colonia Polanco V Sección
Delegación Miguel Hidalgo
C.P. 11560, Ciudad de México
www.planetadelibros.com.mx
www.paidos.com.mx

Primera edición impresa en España: mayo de 2018
ISBN: 978-84-493-3448-1

Primera edición impresa en México: marzo de 2019
ISBN: 978-607-747-659-7

Impreso en los talleres de EDAMSA Impresiones, S.A. de C.V.
Av. Hidalgo núm. 111, Col. Fracc. San Nicolás Tolentino, Ciudad de México
Impreso en México – *Printed in Mexico*

Sumario

Prólogo, por Bob Whitman
(Presidente y CEO)

FranklinCovey es una empresa global especializada en la mejora del desempeño dedicada a ayudar a las organizaciones a lograr resultados que exigen cambios en la conducta humana. ¿Cuán fácil es modificar la conducta? Solo hay que pensar en lo difícil que puede llegar a cambiar nuestras propias conductas y actitudes, y ya no digamos si hablamos de transformar la conducta de otro... ¡o de muchos otros!

En *Consigue tu mejor tú*, Todd Davis defiende que la clave para mejorar la efectividad, las relaciones y los resultados reside en empezar por *mejorar* nosotros mismos centrándonos en modificar nuestros propios paradigmas y conductas. A medida que lo logramos, aumentamos nuestra capacidad para influir de forma positiva en las personas que nos rodean, comenzando por las relaciones más importantes en nuestra vida personal y profesional.

¿Por qué este énfasis en mejorar la efectividad con que construimos relaciones clave? Porque la fuerza de nuestras relaciones asienta los cimientos de la cultura que instauramos tanto en el trabajo como en la vida personal. Y, a su vez, esta cultura impulsará lo demás. Todo mejora y es más efectivo y significativo cuando nuestras relaciones clave son ricas y positivas.

Piense en ello. ¿Qué sucede en las empresas en ausencia de relaciones excelentes con los clientes? Todo se ralentiza o se detiene. ¿Qué sucede en ausencia de relaciones excelentes con los colaboradores? Estallan los conflictos y la productividad se desploma. ¿Qué sucede en ausencia de relaciones personales excelentes? Toda nuestra vida es menos feliz y satisfactoria.

La mayoría de las empresas afirma que «las personas son nuestro mayor activo». Todd también cree firmemente que las personas son el activo más importante de cualquier organización, pero lleva el argumento aún más lejos y sugiere que «no son solo las personas, sino, sobre todo, la naturaleza de las *relaciones* que se establecen entre ellas lo que determina verdaderamente nuestra ventaja competitiva».

Es cierto. Durante la última década, FranklinCovey ha analizado los resultados que han obtenido decenas de miles de unidades operativas en miles de empresas. Un estudio reveló que los factores que explicaban las mayores diferencias entre los resultados logrados por las unidades de mayor y de menor desempeño tenían que ver, fundamentalmente, con la calidad de las relaciones tanto con los clientes como con los empleados. Las unidades con las relaciones más efectivas y de mejor calidad con sus clientes y sus empleados (medidas con base en la lealtad de los clientes y el nivel de compromiso de los empleados) obtenían resultados significativamente superiores a las unidades con relaciones promedio.

FranklinCovey se fundó hace décadas bajo la premisa de que las grandes organizaciones se construyen sobre los cimientos de excepcionales relaciones entre todas las partes interesadas. Empezando por la publicación del galardonado *Los 7 Hábitos de la gente altamente efectiva* y siguiendo con los exitosos *La velocidad de la confianza*, *Las 4 Disciplinas de la Ejecución* y *Las 5 elecciones hacia una productividad extraordinaria*, la empresa se ha centrado en liberar el potencial humano mediante contenidos, información y formación de la mejor calidad. Encontrará libros de FranklinCovey en las estanterías de los líderes corporativos de todos los países y continentes.

Todd Davis es un verdadero pozo de sabiduría en lo que concierne a las relaciones personales. Hace mucho tiempo que es el director de Relaciones Humanas en FranklinCovey, como ya sabemos: una empresa especializada en lograr el cambio conductual duradero, por lo que es un guía excepcional junto al que explorar el tema de las relaciones humanas y de la mejora continua. Ejerce una función vital como portavoz de los principios universales de efectividad humana y organizacional que defendemos. Y, mucho más que eso: es un ejemplo vivo de cómo *poner en práctica* esos principios de los que hablamos.

En este libro, Todd describe algunos de los obstáculos más habituales con los que muchos de nosotros tropezamos antes o después: culpar a los demás de nuestros problemas, centrarnos en lo urgente en lugar de en lo importante, precipitarnos para dar con la solución antes de entender el conflicto, etcétera. En su sabiduría, ofrece maneras sencillas, pero prácticas, de evitar estos obstáculos en las relaciones y de *ser mejores* en todo lo que hacemos.

Todd nos demuestra de varias maneras que nuestro activo más importante es la fuerza de nuestras relaciones con los demás y que estas son más que el *medio* para alcanzar el éxito: son también la *recompensa* más duradera una vez que lo hemos logrado.

Uno de los objetivos y valores más importantes de FranklinCovey es el de convertirse en el lugar de trabajo que anhelan las personas con ambición y corazón. Como CEO, he recurrido a la experiencia y a la sabiduría de Todd para atraer y retener al mejor talento que se puede encontrar. Y su sensibilidad como asesor y como *coach* de nuestros miles de empleados no deja de maravillarme.

Escuchar (y ahora leer) a Todd ha supuesto para mí una ayuda de valor incalculable y me ha proporcionado infinita alegría. Estoy seguro de que también supondrá lo mismo para usted.

Introducción

Una de las conclusiones más célebres (aunque ligeramente equivocada) de la obra de teatro *A puerta cerrada* del filósofo Jean-Paul Sartre es que «el infierno son los demás».[1] Tres almas se encuentran en el infierno (que resulta ser una única habitación, sin puertas ni espejos) y llegan a la conclusión de que, además de estar atrapadas para siempre, están allí para torturarse entre ellas. Si alguna vez se ha encontrado en el asiento central de un avión abarrotado, es muy posible que haya experimentado algo muy similar. Para Sartre, las relaciones son tan cruciales para la felicidad humana que, cuando van mal, pueden convertirse en un infierno, literalmente. Durante los años que llevo trabajando como director de Relaciones Humanas en una de las organizaciones más orientadas a las personas del mundo, he oído sentimientos parecidos en varias ocasiones. Cuando los empleados se sienten desconectados, desvinculados o desilusionados en su trabajo, tienden a asociar estas emociones con las personas con las que trabajan: su jefe, los miembros del equipo, los compañeros o incluso los colaboradores directos. En consecuencia, he escrito este libro a partir de una premisa sencilla pero potente: la calidad de las relaciones personales está íntimamente ligada a lo que nos realiza y nos hace efectivos, tanto en nuestra vida profesional como en la personal.

Hay pruebas que sustentan lo importante que es la calidad de las relaciones. Tenemos, por ejemplo, los resultados del Harvard Grant Study, en que el doctor Robert Waldinger afirma: «Las personas que

13

están más aisladas de lo que desearían son menos felices, su salud empeora antes al llegar a la mediana edad, su funcionamiento cognitivo se deteriora antes y tienen una esperanza de vida más corta».[2] Hace poco, Google llevó a cabo un interesante estudio que concluyó que las relaciones de gran calidad eran una de las características clave de los equipos altamente exitosos.[3]

Es probable que haya oído más de una vez el dicho de que las personas son el mayor activo de cualquier organización. Me gustaría ir aún más allá y afirmar que, en mi experiencia, son las *relaciones* entre esas personas las que crean la cultura y las que acaban construyendo la ventaja competitiva definitiva de cualquier organización. En otras palabras, las relaciones son importantes, tanto si hablamos de personas como de organizaciones; y casi todo mejora cuando nos concentramos en reforzarlas. Sin embargo, los hábitos y los sesgos del pasado se interponen en nuestro camino. Cuando nos encontramos atrapados en la habitación metafórica de Sartre, rodeados de personas con las que estamos en desacuerdo o que, sencillamente, nos caen mal, con mucha frecuencia nuestro primer instinto es apuntar con el dedo *al otro*. Es culpa suya: si mi jefe me entendiera mejor, si mis colegas me respetaran más, si mi pareja me escuchara... Este es el infierno de Sartre, donde nos sumergimos en el victimismo y, en lugar de asumir la menor responsabilidad, criticamos o culpamos a todos los demás. Si no nos rendimos y no nos resignamos a este destino, el siguiente instinto suele ser el de encontrar una manera de escapar de él. Y la huida puede consistir en abandonar un equipo, una empresa o incluso un matrimonio. La tentación de buscar un cambio externo para corregir la situación es muy potente. Al fin y al cabo, justo al otro lado de la puerta hay una habitación nueva y mejor (¡y llena de personas más razonables!). Sin embargo, ¿qué sucede cuando llegamos? Con frecuencia, nos encontramos con una habitación nueva llena de personas también nuevas (inherentemente imperfectas, como todos los seres humanos) con las que tenemos que aprender a llevarnos bien partiendo de cero. Y nosotros, como es obvio, no somos más que la misma persona de antes, que pasa de una habitación a la siguiente llevando a cuestas las mismas creencias limitantes que nos mantienen eternamente atrapados y sin encontrar la salida. Efectivamente: puede parecer un infierno.

Pero hay salida.

Y el cambio empieza, como sucede con la mayoría de las cosas, adoptando una manera de pensar nueva. Como uno de los líderes responsables de la cultura organizacional en FranklinCovey, he tenido la oportunidad única de experimentarlo directamente. En muchas organizaciones, las personas que ocupan mi cargo supervisan los salarios, las bonificaciones, las normas y la formación y llevan a cabo otras funciones tradicionales de los departamentos de Recursos Humanos: se ocupan de cosas que les suceden *a* las personas. Y, aunque todas estas cuestiones son importantes, nuestra contribución es mucho más significativa cuando abordamos lo que sucede *entre* las personas. Cuando mejoramos nuestra comprensión de las relaciones humanas y la naturaleza de las mismas. Por eso prefiero el título de director de Relaciones Humanas al de director de Recursos Humanos.

Cuando asumí el puesto, ya tenía bastante claro que no había nada que entorpeciera más el trabajo que las relaciones personales problemáticas y, a medida que pasó el tiempo, una experiencia tras otra validó lo que yo ya sospechaba: que las relaciones efectivas ofrecen resultados efectivos. He aprendido que si no se pone el acento en mejorar las interacciones entre las personas no se logra nada significativo. Y, a pesar de que por naturaleza tendemos a intentar «arreglar» a los demás, logramos mejores resultados cuando nos centramos en nosotros mismos. Citando al doctor Stephen R. Covey, autor del éxito de ventas *Los 7 hábitos de la gente altamente efectiva*, cofundador de FranklinCovey y reconocido por la revista *Time* como uno de los 25 estadounidenses más influyentes,[4] «Todo cambio significativo procede del interior».

Aunque no soy yo quien ha generado los múltiples principios y paradigmas que han surgido en esta gran empresa, sí he tenido la oportunidad de verlos en acción y de presenciar tanto los beneficios que ofrecen cuando se ponen en práctica como el precio que se paga cuando se obvian. Por este motivo, presento este libro como una serie de conversaciones y de experiencias que yo mismo he vivido, o que clientes y otras personas de todo el mundo han compartido conmigo a lo largo de más de veinte años. Y, aunque he cambiado algunos detalles para proteger la intimidad de los implicados, son las vivencias que más impelido me he sentido a compartir. Son historias de cómo nuestros paradigmas modelan el modo en que experimentamos el mundo e interactuamos con él; historias de relaciones rescatadas y de relaciones perdidas; historias de carreras profesionales interrumpidas o aceleradas; e historias de personas únicas que me han ayudado a mí, y a muchos otros, en nuestra organización, logrando así ser mejores en prácticamente todo lo que hacemos. Aunque he aprendido muchísimo a partir de fracasos, para ilustrar el poder de estas prácticas he recurrido mayoritariamente a ejemplos de conversaciones positivas que he mantenido a lo largo de mi vida. Los descubrimientos más profundos y significativos que he experimentado han surgido a partir de estas intersecciones entre la teoría y la práctica.

Son muchas las prácticas que afectan a las relaciones, pero he decidido escribir acerca de las 15 que, según mi experiencia, ejercen el impacto más significativo en ellas. Le explicaré por qué el hecho de no aplicarlas puede hacer que se sienta en el infierno de Sartre, y, al principio de cada capítulo, le plantearé una pregunta que lo ayudará a sacar a la superficie sus propias experiencias en relación con la práctica en cuestión. Verá también que la mayoría de ellas empieza con una historia que no concluye hasta el final del capítulo. Estos finales ayudan a enmarcar la práctica, ilustrando los obstáculos más frecuentes y cómo superarlos. Cada vez que reintroduzco la historia al final, repito deliberadamente un fragmento de la misma para recordarle la situación original.

Puede leer el libro de principio a fin o repasar las preguntas que encontrará al inicio de cada práctica para identificar el reto más relevante para usted o el que le afecte más profundamente en este momento. La aplicación «Mejore» del final de cada práctica lo ayudará a poner manos a la obra con ella en su propia vida, si así lo desea. Sin embargo, lo más importante es que aborde el libro con la mente y el corazón abiertos y que valore la posibilidad de que la única manera de ser (y de estar) mejor con los demás sea empezar por usted mismo. Mi experiencia me dice que, si lo hace así, obtendrá beneficios en prácticamente todas las facetas de su vida.

CONSIGUE TU MEJOR TÚ

PRÁCTICA 1
LLEVE LENTES BIEN GRADUADOS

¿ALGUNA VEZ HA DESCUBIERTO QUE SU VERSIÓN DE LA SUPUESTA VERDAD NO ERA TAN VERDAD O TAN COMPLETA?

Si ha respondido afirmativamente, le recomiendo la

PRÁCTICA 1: LLEVE LENTES BIEN GRADUADOS.

Si lleva lentes mal graduados, es muy posible que su «habitación» se parezca al infierno de Sartre porque:

• Actúa con base en información incorrecta.

• No logra los resultados que desea.

• Se siente ridículo cuando se da cuenta de que su versión de la verdad es limitada y errónea.

Jon entró en mi despacho, vestido con un traje caro y con actitud de urgencia. Lideraba un equipo sometido a una presión constante para lograr objetivos de calidad y para cumplir con plazos de entrega muy agresivos y tenía la reputación de hacer sentir su frustración ante cualquier persona o cosa que ralentizara el trabajo. Su rostro lo decía todo: no estaba nada contento.

«Todd, ¿tienes un momento?», me preguntó mientras entraba y cerraba la puerta a sus espaldas. Sabía perfectamente que tenía una política de puertas abiertas como director de Relaciones Humanas, sobre todo cuando mi puerta estaba físicamente abierta.

«Por supuesto», le respondí, invitándolo a que se sentara. Dudó unos instantes, probablemente porque se estaba resistiendo a la necesidad de seguir dando zancadas mientras hablaba. Asintió y se sentó, aunque parecía incómodo por la repentina falta de movimiento.

«¿Qué sucede?», le pregunté. Jon se frotó los ojos y puso en orden sus ideas.

«Es Isabel —dijo con frustración evidente—. Va a remolque y está poniendo en peligro que podamos cumplir con el plazo de entrega... ¡Otra vez!». Isabel era una directora de proyecto y colega de Jon. Era considerada e inteligente, y pensaba en términos de la imagen global: la organización la valoraba mucho y confiaba en ella. Además, parecía inmune a la sensación de urgencia de Jon.

«Ya veo. ¿Cómo puedo ayudarte?».

«Necesito que alguien como tú la haga entrar en razón —me respondió—. A mí no se me da muy bien la gente».

Cuando Jon afirmó que «no se le daba muy bien la gente», me recordó que nos vemos, tanto a nosotros mismos como a las personas que nos rodean, a través de unos lentes; y, como sucede con cualquier lente, puede ayudarnos a enfocar con precisión la realidad o, por el contrario, contribuir a distorsionarla. Uso esta metáfora de forma deliberada, porque es algo que experimenté directamente cuando me dijeron que tenía que usar lentes. Recuerdo que me puse el primer par cuando tenía siete años y que me quedé asombrado con todo lo que descubrí. ¡Por primera vez podía ver las hojas de los árboles a unas manzanas de distancia! De repente, se me revelaban una miríada de detalles que hasta entonces habían sido invisibles para mí y todo mi mundo adquirió una claridad vibrante.

Lo curioso es que, hasta ese momento, no tenía ni idea de todo lo que me estaba perdiendo. Para mí, la realidad era como tenía que ser y era perfectamente lógica. ¡Ahora entendía por qué mi profesor de manualidades me aconsejaba que me dedicara a las matemáticas! Tuve que ponerme lentes para darme cuenta de lo que había estado pasando por alto hasta entonces. Es posible que crea que, en el orden general de las cosas, ver unas cuantas hojas de árbol más tampoco es muy importante, pero la verdad trasciende a esta anécdota. Tal y como escribió el filósofo y escritor Thomas Kuhn, «Todos los avances importantes suponen una ruptura con las antiguas formas de pensar».[1] Efectivamente, lo que vemos condiciona cómo pensamos y sentimos, lo que a su vez influye en lo que hacemos y en los resultados que acabamos logrando.

Hace años, un buen amigo mío decidió ponerse en forma y empezar a correr. La decisión era importante para él por varios motivos, entre ellos el deseo de vivir una vida más saludable y de disponer de más energía para estar con su familia. Le fue bien durante el primer par de días, pero entonces tropezó con una grieta del pavimento y se hizo un esguince en el tobillo. Se trataba de una lesión dolorosa que le impedía proseguir en sus esfuerzos y que tardó varios meses en curarse.

Cuando llegó el momento de cambiar las muletas por tenis para correr, no lo hizo. Decidió dejar de correr para siempre, a pesar de lo importante que había sido para él adoptar un estilo de vida saludable. Mi amigo se puso unos lentes muy concretos, que hacían que se viera a sí mismo como una persona nada atlética y al mundo como un lugar peligroso. Esta imagen influyó en sus pensamientos (se había equivocado al pensar que podía correr); esos pensamientos influyeron en sus emociones (perdió la motivación y sentía temor); y esas emociones mediatizaron su conducta (acabó sentado de nuevo en el sofá). Los objetivos que tan importantes habían sido para él habían caído en el olvido.

Llamamos «paradigma» a cómo nos vemos a nosotros mismos y el mundo que nos rodea. El término se ha vuelto tan habitual que, si alguna vez ha jugado al «bingo de las expresiones de moda» durante una reunión de trabajo, es muy probable que «cambio de paradigma» fuera una de las opciones. Citando al doctor Covey:

SI QUIERE HACER CAMBIOS MENORES EN SU VIDA, TRABAJE SU CONDUCTA. SI QUIERE TRANSFORMACIONES CUÁNTICAS Y SIGNIFICATIVAS, TRABAJE SU PARADIGMA.

Volvamos al caso de mi amigo y veamos qué estaba sucediendo en realidad. El tobillo ya se había curado, tenía dos piernas que le funcionaban a la perfección y gozaba de una buena salud (aunque no fantástica). El médico le dijo que podía (y que posiblemente debía) volver a correr y que en el clóset tenía unos tenis nuevos que solo esperaban a que alguien se los pusiera. Y sí, el mundo está lleno de grietas en el pavimento, pero podemos prestar atención y aprender a sortearlas mejor. Imagine que mi amigo hubiera abandonado sus lentes limitantes en favor de otros que le resultaran más útiles:

- **Ver.** Tengo la capacidad física necesaria para correr y superar los pequeños obstáculos con que pueda encontrarme.
- **Pensar.** Puedo y debo empezar a correr otra vez.
- **Sentir.** Confío en que puedo alcanzar los objetivos que son importantes para mí.

- **Hacer.** ¡Voy a rescatar los tenis del clóset y saldré a correr!

Del mismo modo, elegir cómo nos vemos a nosotros mismos y a los demás ejerce un efecto de cascada sobre lo que pensamos, sentimos y hacemos. Se trata de un concepto básico si queremos hacer cambios significativos en nuestra vida. Piense en algunas de las maneras erróneas en que solemos vernos a nosotros mismos:

- No encajo aquí.
- Soy demasiado vago.
- Soy impaciente.
- Jamás seré lo bastante bueno.
- No puedo cambiar. Soy como soy.

También hay varias maneras erróneas en que solemos ver el mundo que nos rodea o a los demás:

- Todos están en contra de mí.
- Las cosas siempre salen mal.
- Mi amigo es un desconsiderado.
- Mi compañero de trabajo no tiene ni idea de lo que hace.
- No se puede confiar en nadie.
- Mi equipo no cambiará jamás.

Correr fue, precisamente, la base de una de mis dificultades con este principio y ejerció un profundo impacto sobre mí y sobre una de las relaciones más importantes en mi vida. Por cierto, mi preferencia por las anécdotas de corredores me hace pensar en el famoso chiste: ¿Cómo se puede saber si alguien ha corrido un maratón? No se preocupe. ¡Se lo dirá él mismo!

Hace unos años, mi hija Sydney, entonces adolescente, estaba teniendo problemas de autoestima, como tantos chicos y chicas de su edad. Esta situación se veía agravada porque, cuando aún era muy pequeña, había perdido la audición, lo que, con frecuencia, le causaba problemas de comunicación y servía a los demás como excusa para avivar las burlas que estas dificultades suelen suscitar. Yo había empezado a correr recientemente y pensé que quizá le iría bien atreverse a participar en un maratón. Como pareció que la idea le gustaba, empezamos a entrenar juntos. Sin embargo, al poco tiempo empezó a tener problemas. Los madrugones y el entrenamiento constante acabaron siendo demasiado para ella y lo dejó. Al principio me sentí decepcionado, pero, para ser sincero, también experimenté cierto alivio, porque ahora podía centrarme en mi propio objetivo: completar la carrera en menos de cuatro horas.

La carrera vino y se fue. Yo no logré mi objetivo y Sydney continuó teniendo problemas en su vida diaria.

Al año siguiente le pregunté si quería volver a intentarlo. Accedió y de nuevo comenzamos a entrenar juntos. Esa vez aguantó un poco más, pero, al final, las mañanas eran cada vez más frías, sus músculos estaban cada vez más doloridos y volvió a abandonarlo. De nuevo, sentí cierta decepción, pero reanudé mi propio entrenamiento. La carrera vino y se fue. Yo no logré mi objetivo y Sydney siguió teniendo dificultades.

Al año siguiente, me detuve a pensar y a evaluar la situación. Era obvio que mis buenas intenciones no estaban funcionando. Reflexioné detenidamente acerca de mi hija y de lo fuerte que era en realidad: la había visto superar barreras relacionadas con la pérdida de audición que para mí hubieran sido imposibles y había demostrado que tenía una combinación casi increíble de fuerza física y de fortaleza emocional. Y, si eso era cierto (y yo sabía que lo era), el problema no estaba en ella. Me di cuenta de que yo jamás la había creído capaz de terminar el maratón. Y esta creencia se expresaba en el modo en que habíamos entrenado en los dos intentos anteriores. Por ejemplo (me sonrojo al admitirlo), como ella corría con más lentitud, solía correr a su alrededor para poder centrarme en mi propia forma física. ¡Corría a su alrededor! No puedo ni llegar a imaginar lo desalentador que ha de resultar tener a alguien que, literalmente, corre en círculos a tu alrededor cada mañana durante el entrenamiento. Estoy seguro de que Sydney creía que me estaba perjudicando y eso hizo que rendirse fuera lo más fácil.

Cuando le pedí que corriera el maratón por tercera vez, le manifesté expresamente que estaba convencido de que podía lograrlo. Y, esa vez, lo creía sinceramente. En consecuencia, ella también lo creyó. Empezamos a entrenar de nuevo y, entonces, me centré totalmente en sus necesidades. A veces, eso se materializaba en pequeñas cosas, como en que yo llevaba las botellas de agua para los dos, de modo que ella podía concentrarse mejor en su entrenamiento. O incluso en cosas más grandes, como mantenerme siempre ligeramente por detrás de ella para que subiera el ritmo. Esa vez, Sydney no abandonó, lo que fue un gran logro en sí mismo. Pero yo sabía que había más: veía a mi hija como a alguien que tenía la fuerza necesaria no solo para llegar a la línea de salida, sino también a la meta.

El día de la carrera llegó y supe que Sydney llegaría hasta el final. A estas alturas, mi única preocupación era asegurarme de que hubiéramos terminado antes de que retiraran los globos y acabaran las celebraciones en la meta. Con base en los últimos entrenamientos, calculé que haríamos una marca de aproximadamente cinco horas y media... quizá cinco horas y veinte minutos si realmente lo dábamos todo.

La carrera empezó y despegamos. Recuerdo que, hacia el kilómetro 26, le dije a Sydney que estábamos yendo demasiado deprisa. Me miró como si estuviera loco. ¿Qué persona cuerda se queja de correr demasiado rápido en una carrera? Sin embargo, mi sensación era esa, porque estaba disfrutando inmensamente de ver a Sydney cumplir con su asombroso objetivo. Cruzamos la línea de meta mucho antes de que retiraran los globos, con una marca de cuatro horas y veintitrés minutos. Estábamos exultantes y ella se sentía en la cima del mundo. No olvidaré jamás ese momento. Cruzar la meta de mi primer maratón fue emocionante, pero nada podía compararse con estar con mi hija en este momento, cuando ella cruzó *su* primera meta. Muchas veces pienso que, posiblemente, no hubiera sucedido nunca si hubiera seguido mirando a Sydney con los lentes equivocados...

La pauta de «Llevar Lentes Bien Graduados» se sucedió así en relación con mi hija:

- **Ver.** Decidí ver a Sydney como a una persona con la fuerza y la capacidad necesarias para completar un maratón.
- **Pensar.** Modifiqué mi estrategia de entrenamiento y pasé de centrarme en los dos a centrarme únicamente en ella.

25

- **Sentir.** Confiaba en ella y en lo que podía hacer. Una confianza que sé que ella percibió.
- **Hacer.** Entrenamos de tal modo que ambos cruzamos juntos la línea de meta.

Cuando reflexiono sobre este tema, siempre recuerdo las palabras labradas sobre la lápida de un obispo anglicano en la abadía de Westminster:

CUANDO ERA JOVEN Y LIBRE, Y MI IMAGINACIÓN NO TENÍA LÍMITES, SOÑABA CON CAMBIAR EL MUNDO. CUANDO ME VOLVÍ MÁS VIEJO Y SABIO DESCUBRÍ QUE EL MUNDO NO CAMBIARÍA, ASÍ QUE ACORTÉ MIS ANHELOS UN POCO Y DECIDÍ CAMBIAR SOLO MI PAÍS. PERO ESTE TAMBIÉN PARECÍA INMUTABLE.

CUANDO ENTRÉ EN EL OCASO DE MI VIDA, EN UN ÚLTIMO INTENTO DESESPERADO, ME PROPUSE CAMBIAR SOLO A MI FAMILIA, A MIS ALLEGADOS, PERO, POR DESGRACIA, NO ME HICIERON CASO ALGUNO.

Y AHORA, MIENTRAS ME ENCUENTRO EN MI LECHO DE MUERTE, REPENTINAMENTE ME DOY CUENTA: SI ME HUBIERA CAMBIADO PRIMERO A MÍ MISMO, CON EL EJEMPLO HABRÍA CAMBIADO A MI FAMILIA. Y A PARTIR DE ESA INSPIRACIÓN Y ESTÍMULO PODRÍA HABER HECHO UN BIEN A MI PAÍS Y, QUIÉN SABE, TAL VEZ INCLUSO... HABRÍA CAMBIADO EL MUNDO.

Nos hacemos un flaco favor cuando nos ponemos los lentes limitantes que, con tanta frecuencia, forman parte de la naturaleza humana. Sin embargo, la buena noticia es que cambiar de lentes es decisión nuestra y todos tenemos la capacidad de hacerlo. Incluso mi colega, Jon.

«Necesito que alguien como tú la haga entrar en razón —me respondió—. A mí no se me da muy bien la gente».

Y ahí estaba: la visión, por desgracia tan frecuente, de que somos lo que somos y no podemos cambiar. Sabía que Jon había venido a mi despacho para reclutarme como aliado y para que influyera en Isabel, pero me dio la sensación de que sucedía algo más importante. «Jon, explícame por qué crees eso».

«¿Creer qué?».

«Que no se te da bien la gente».

Supe, por su expresión, que esa no era la respuesta que esperaba. Se aclaró la garganta antes de continuar. «Bueno, ya sabes».

Insistí. «No, no sé. Dime».

Jon suspiró. «Mira, lo mío es conseguir resultados». Era un guion que había oído en innumerables ocasiones. (Para los lectores que hayan nacido después de 1980, busquen en Google «disco rayado» y entenderán lo que quiero decir). «Presiono para conseguir resultados y, por eso, a veces le caigo mal a la gente. No se me dan bien las sutilezas».

«Recuérdame... ¿cuántos años llevas casado ya?», pregunté, a pesar de que conocía perfectamente la respuesta.

«Diecinueve».

Sabía que Jon era un marido y un padre extraordinario, así que no estaba en absoluto de acuerdo con la visión que tenía de sí mismo en ese momento. «Pues me da la impresión de que no se te pueden dar tan mal como piensas».

Jon abrió la boca para replicar, pero volvió a cerrarla enseguida. Creo que me conocía lo bastante bien como para saber que no lo iba a dejar en paz. Así que alzó los brazos y se recostó en la butaca. «De acuerdo, me rindo».

«Muy bien. Entonces, digamos que sí se te dan bien las personas —proseguí—. ¿Cómo gestionarías la situación con Isabel?».

«Bueno, supongo que tendría que estar hablando con ella en lugar de contigo».

Asentí.

«Me gusta que hayas usado "hablar", porque se trata de respeto mutuo y de un propósito compartido. Imagino que Isabel y tú quieren las mismas cosas. Así que te sugiero que deseches la idea de que no se te dan bien las personas y que busques a tu compañera para mantener una conversación constructiva con ella. Es posible

*que también te funcionara reflexionar sobre el paradigma que tie-
nes acerca de Isabel».*

«¿Qué quieres decir?».

*«Bueno, me cuesta pensar que a Isabel no le parezca importan-
te cumplir con los plazos de entrega».*

Jon se detuvo a meditarlo.

«Sí, lo pensaré. Buena idea».

*Mientras se levantaba de la butaca, parecía que hacía todo lo
posible para contener la sonrisa.*

«A ti te encanta, esto de "las personas", ¿eh?».

LLEVE LENTES BIEN GRADUADOS

Dedique unos instantes a reflexionar sobre los lentes que lleva en estos momentos y sobre si debería cambiarlos por otros mejor graduados. El siguiente ejercicio le ayudará a determinar si lleva los lentes adecuados.

1. Piense en una relación que no vaya bien o que le resulte complicada.
2. Como en el ejemplo de la tabla siguiente, enumere los motivos por los que cree que no va bien.
3. Una vez que haya completado la lista, destaque los motivos que son «hechos» (cosas con las que la mayoría de las personas estaría de acuerdo).
4. Todos los que no haya subrayado son, probablemente, opiniones o paradigmas que sostiene acerca de la persona en cuestión y que, quizá, estén incompletos. Reflexione cuidadosamente acerca de cada uno y pregúntese: ¿podría reconsiderar alguna de estas opiniones? ¿Qué opiniones (que hasta ahora consideraba «hechos») podría cambiar? ¿Qué resultados obtendría si las cambiara?
5. Elabore un paradigma más completo sobre el que valga la pena reflexionar.
6. Determine qué acciones va a emprender en cuanto empiece a usar lentes bien graduados.

MOTIVOS	ACCIONES	PARADIGMA NUEVO (Lentes bien graduados)
Marietta siempre está a la defensiva y aleja a los demás. Actúa como si supiera más de lo que sabe en realidad. *Es de las personas que obtiene mejores resultados del equipo. Fue la primera de su generación.* Pero es insegura e intenta compensarlo convirtiéndose en una autoridad para todo.	Marietta quiere hacer un buen trabajo y tiene buenas intenciones. Necesita que la anime y un poco más de experiencia para aprender a colaborar con los demás.	Programaré una reunión con Marietta, para entenderla mejor, darle retroalimentación específica sobre cómo la veo y ayudarla a relacionarse mejor con los demás.

PRÁCTICA 2
CREE SU PROPIO CLIMA

¿TIENE ALGUNA VEZ LA SENSACIÓN DE QUE ESTÁ A MERCED DE OTRAS PERSONAS, DE LAS CIRCUNSTANCIAS O DE SUS PROPIAS REACCIONES INSTINTIVAS?

Si ha respondido afirmativamente, le propongo la

PRÁCTICA 2: CREE SU PROPIO CLIMA.

Si no crea su propio clima, su habitación puede parecer el infierno de Sartre porque:

- La vida es algo que le sucede.

- Ser un mártir se convierte en su especialidad.

- Limita su capacidad para influir de forma positiva en los demás.

«¿Alguna vez has tenido que despedir a alguien que era el preferido de todos en la empresa?».

La pregunta me tomó desprevenido. Dejé el refresco sobre la mesa y miré al hombre que estaba sentado frente a mí. Habíamos trabajado juntos en varias ocasiones a lo largo de los años y habíamos mantenido una relación cordial, que, normalmente, consistía en ponernos al día durante una comida cuando él venía a la ciudad.

«Me parece que esa pregunta esconde otra», respondí. Mi amigo asintió y, entonces, me di cuenta de que parecía inquieto.

«Ayer me pasé horas reunido con los compañeros de un trabajador al que tuve que despedir. Todos estaban muy afectados. Para ser sincero, yo también lo estaba. He perdido la cuenta de las veces que he tenido que ayudarlo».

Sabía que los motivos para despedir a alguien son múltiples y variados, y lo último que quería era entrometerme en cuestiones privadas; pero al mismo tiempo era obvio que a mi amigo le preocupaba algo.

«Yo también he tenido que despedir a gente —respondí—. Nunca es fácil».

Mi amigo asintió.

«Me ha tocado la fibra, de verdad. Quiero decir, he hecho muchísimo por él. Y no es que nos haya robado ni nada semejante, pero en cierto modo eso hace que la traición duela todavía más».

«¿Todavía más? ¿Qué quieres decir?».

32

«Resulta que, cuando terminaba la jornada con nosotros, trabajaba para una empresa de la competencia y no nos lo dijo jamás. Eso te demuestra la poca consideración en que nos tenía a mí y a la empresa que tanto lo ha ayudado —respondió cada vez más enojado—. Me parece increíble que lo haya echado todo a perder a cambio de casi nada».

«Entonces, ¿cómo pasaste de la conversación al despido?».

«Bueno, la verdad es que lo que es conversar no conversamos mucho. Cuando descubrí lo que estaba sucediendo, lo despedí. Ahora incluso el CEO cuestiona mi decisión y todos me consideran el malo de la película».

Tuve que ocultar mi preocupación creciente. Es posible que el CEO no anduviera muy equivocado. Sin embargo, creía que probablemente aún me faltaba información.

«Mira, la lealtad es muy importante para mí y todos saben que tomo decisiones rápidamente —prosiguió mi amigo—. No tuve elección».

Creo que siempre tenemos elección. Por supuesto, esto no significa que no puedan suceder cosas ajenas a nuestro control o que las opciones no puedan ser muy limitadas. Tal y como inmortalizó con sus palabras Viktor Frankl, superviviente del Holocausto y autor de *El hombre en busca de sentido*: «Al hombre se le puede arrebatar todo menos una cosa: la última de las libertades humanas. La elección de la actitud personal ante un conjunto de circunstancias para decidir su propio camino».[1]

Un compañero de trabajo me explicó la historia de un profesor famoso que tuvo en la universidad. Cada día, ese hombre bajo y algo orondo cruzaba a pie el campus de la facultad, café en mano y, al parecer, incapaz de estar de otro modo que no fuera de buen humor. Saludaba a los alumnos afectuosamente y, con frecuencia, se detenía para preguntar cómo les iba el día; era uno de los profesores más queridos de la facultad. Una mañana, una tormenta de primavera estalló sobre la facultad y, aunque el profesor había perdido su paraguas, decidió dar su paseo habitual hasta el aula. Cuando llegó, permaneció tan risueño como siempre mientras los alumnos se quitaban las múltiples capas de ropa para la lluvia, algo molestos por la inesperada lluvia torrencial. Un alumno, al ver que el profesor seguía tan contento como siempre a pesar de estar mojado hasta los huesos, le dijo: «Eh, Chuck, ¿es que la lluvia no te molesta?». Chuck sonrió antes de responder.

«Sí, mucho, pero como soy bajito tengo una ventaja: la lluvia tarda más en llegar a mí».

Nadie en el campus podía ejercer el menor control sobre el tiempo y la mayoría de los alumnos reaccionó ante el inesperado aguacero permitiendo que su estado de ánimo o la naturaleza externa de la tormenta los afectara negativamente. Se quejaban del repentino descenso de la temperatura o porque se habían mojado un poco. Habían permitido que los oscuros nubarrones dictaran su estado de ánimo y anhelaban que el sol volviera a lucir y les devolviera el buen humor. Es muy fácil que nos sintamos víctimas si mantenemos pensamientos de este tipo y nos rendimos ante la creencia de que estamos irremediablemente a merced del mundo exterior. Y cuando los demás son el origen de nuestro desaliento y de nuestra desesperanza, es muy fácil apuntar con el dedo, acusar y adoptar una actitud y un lenguaje victimista.

Sin embargo, este profesor había tomado una decisión diferente. En lugar de reaccionar ante el tiempo externo, decidió crear el suyo propio y mirar hacia dentro en lugar de hacia fuera. Este profesor feliz decidió qué iba a pensar y cómo se iba a sentir a partir de lo que él valoraba, independientemente de la tormenta que pudiera cernirse sobre su cabeza. Esta decisión es una característica definitoria que distingue a las personas que crean su propio clima de las que no: reaccionar ante el mundo exterior con actitud de víctima o ser fieles a lo que realmente valoran. En el caso de nuestro profesor de baja estatura, valoraba la oportunidad de poder ir a clase y de hacer lo que le gustaba: crear un entorno positivo en el que sus alumnos pudieran aprender y sembrar semillas educativas que diesen fruto durante años. ¿Qué era algo de lluvia en comparación con eso?

El estimado arzobispo Fulton J. Sheen, conocido por ser pionero en la radio y en la televisión, lo expresaba así: «Cada uno crea su propio clima. Determina el color del cielo en el universo emocional en que habita».

La clave para crear nuestro propio clima reside en la capacidad para hacer una pausa entre el estímulo y la respuesta. Los primeros seres humanos aprendieron la reacción de «huida o lucha» como un modo de sobrevivir en situaciones que podían suponer un peligro para la vida. Avancemos hasta el mundo actual. La lucha por la supervivencia no es algo a lo que la mayoría de nosotros deba enfrentarse a diario, y el estrés que sufrimos aparece de formas diversas y menos amenazantes. Sin embargo, los estímulos externos nos llevan de forma natural a reaccionar con rapidez y, en ocasiones, de forma equivocada.

Por suerte, somos más que la parte reactiva de nuestro cerebro. En tanto que seres humanos, compartimos el rasgo único de la conciencia: la capacidad de ver y evaluar nuestros propios pensamientos. Y esto nos permite detenernos, dar un paso atrás y observarnos, junto a los paradigmas que adoptamos y usamos. Es decir, nos otorga la libertad de elegir proactivamente cómo vamos a responder.

Aaron es un buen amigo y compañero que trabaja como director de Selección de Personal en nuestra organización y que es un buen ejemplo de este principio. Los mejores seleccionadores de personal tienden a invertir mucho tiempo y energía en encontrar y presentar a la persona adecuada a la organización; y Aaron no es una excepción. Recuerdo a una candidata con la que Aaron había trabajado durante varios meses. Estaba muy solicitada y en aquel momento valoraba propuestas de distintas empresas, pero Aaron se había esforzado muchísimo en construir una relación con ella y presentarle nuestra organización de una manera favorable y positiva. Recuerdo incluso que Aaron llegó a reunirse con ella un sábado, lo que suponía renunciar a su tiempo con la familia, porque era el único día que la candidata podía volar a la ciudad. Era una persona verdaderamente excepcional. Destacaba sobre todos los demás postulantes que había presentado al equipo.

Después de todo el tiempo y energía que Aaron había invertido en el proceso de selección y en la entrevista final, el director de Operaciones le dijo: «Nos gusta mucho, pero nos gustaría que buscaras algunos candidatos más a los que pudiéramos entrevistar».

La mayoría de las personas hubiera abierto un boquete en la pared de un puñetazo. Aaron sabía que era una aspirante excepcional y que la contrataría otra organización. Yo estaba presente cuando le dieron la noticia y esta candidata también había sido mi primera elección durante todo el proceso. Tuve que contener mis emociones mientras observaba a Aaron escuchar y respirar hondo. Asombrosamente, pulsó el botón de «pausa»: «De acuerdo, lo entiendo —respondió—. Sé que necesitan estar seguros de que hemos encontrado a la persona adecuada para que tenga éxito en esta función. Seguiré buscando».

Francamente, me quedé boquiabierto. Mi respeto por Aaron creció todavía más. Después de un rato, lo llamé aparte y le pregunté cómo había conseguido mantener una actitud positiva ante un rechazo tan frustrante. «Todd, si el director de Operaciones no está plenamente convencido con la candidata, ella no podrá tener éxito en su función —respondió—. Y como lo importante es el resultado, tengo que encontrar a la persona adecuada».

Ojalá hubiera podido demostrar esa madurez al principio de mi carrera profesional.

Cuando era más joven y trabajaba también como seleccionador de personal, escogí a una colega para que viniera a trabajar conmigo, pero resultó que dijo que no estaba dispuesta a firmar por menos de 1 000 dólares más de lo que la empresa me pagaba a mí por hacer un trabajo similar. Para mi sorpresa, mi jefe aprobó la solicitud de aumento salarial. Me indigné. «¡Un momento! —me quejé—. Hace cuatro años que trabajo en la empresa. Soy yo quien ha encontrado a esta persona y ahora le van a pagar más de lo que me pagan a *mí*?».

Mi jefe se limitó a responder que uno paga lo que hay que pagar para conseguir a la persona adecuada. Regresé a mi despacho inundado por pensamientos negativos y airados. «¡No es justo! ¿Por qué me tienen que pagar menos? Mi jefe no me valora. Pues quizá tendría que dejar de esforzarme tanto. O quizá debería empezar a buscar otro trabajo». Estos pensamientos persistieron durante varios días en los que, básicamente, me refocilé en mi propio victimismo. Una tarde empecé a quejarme de la situación y a lamentarme ante mi padre de la gran injusticia que estaba sufriendo. Cuando hube terminado, me miró a los ojos y me preguntó: «¿Has pensado en lo que podrías hacer *tú* para tener la posibilidad de pedir esos 1 000 dólares adicionales? En el mercado, la justicia consiste en conseguir un precio acorde a lo que puedes ofrecer».

De repente, me di cuenta. Había estado reaccionando ante mis propias emociones en lugar de decidir centrarme en lo que podía hacer para cambiar la situación. En lo que yo consideraba una injusticia enorme y lamentable, mi padre vio una oportunidad para ampliar el modo en que pensaba sobre mi función. Al día siguiente, fui a buscar a mi jefe y le dije: «Te agradezco que hayas atendido mi frustración sobre el tema del salario estos últimos días. ¿Qué necesitarías ver en mí para valorar la posibilidad de subírmelo a mí también?».

Aún hoy recuerdo su reacción: fue como si hubiera estado esperando esa pregunta durante todos aquellos días. «Me alegro de que me lo preguntes, Todd —respondió—. Ahora tardamos un promedio de diez meses para contratar a un médico. Si pudiéramos acortar el proceso de selección y dejarlo en seis meses, estaría encantado de revisar tu salario». Aunque con algo de reticencia, dejé de sentirme como una víctima y empecé a centrar mi tiempo y mi energía en acortar el ciclo de contratación. ¡Y funcionó! Fue una lección muy dura, pero aprendí los beneficios de crear mi propio clima en lugar de sufrir las consecuencias de hacerme la víctima.

Permítame que recupere a Aaron. Crear el propio clima es tan potente que nos ayuda a superar incluso las tormentas más complicadas a las que podamos enfrentarnos. Cuando tenía 43 años, Aaron fue al oftalmólogo para una revisión rutinaria, durante la que los médicos descubrieron un tumor que había estado creciendo durante los últimos 15 años. En lugar de entrar en pánico o de desesperarse, Aaron actuó con serenidad, concertó citas con distintos médicos y emprendió el proceso de evaluación y tratamiento del tumor que, a pesar de ser benigno, provocaba la inflamación del nervio óptico y le afectaba a la visión. Y, si no lo trataba, el tumor podría acabar poniendo en peligro su vida. Los médicos programaron una intervención quirúrgica de urgencia para extirparlo.

Visité a Aaron al día siguiente de la intervención. Me quedé impresionado con su actitud positiva. «Creen que ha ido bien —anunció desde la cama del hospital—. En unas semanas me harán algunas pruebas, pero me siento optimista». Su salud siguió mejorando a medida que pasaban las semanas. No pude evitar preguntarme si su manera de afrontar los problemas y sobreponerse a ellos era un factor importante. Unos meses después de la intervención, se reunió con nosotros en el trabajo para manifestarnos su agradecimiento por nuestro apoyo. Empezó a emocionarse, no por la gravedad de la situación ni por el dolor físico que había tenido que soportar, sino por lo mucho que valoraba las relaciones importantes en su vida. «Lo siento —nos dijo—. Es que me abruma la gratitud que siento. Por mi vida, por mi familia y por mis amigos, aquí en el trabajo».

Aaron decidió hace ya mucho tiempo que no permitiría que factores externos dictaran cómo debía sentirse, lo que le permitió enfrentarse a todo, desde las dificultades en procesos de selección hasta uno de los períodos más traumáticos de su vida. Mientras reflexionaba sobre la capacidad que tenía Aaron de crear su propio clima, esperaba ser capaz de compartir los beneficios de esta actitud con mi amigo, que había despedido impulsivamente a un empleado que llevaba tanto tiempo con él.

«Entonces, ¿cómo pasaste de la conversación al despido?».

«Bueno, la verdad es que lo que es conversar no conversamos mucho. Cuando descubrí lo que estaba sucediendo, lo despedí. Ahora incluso el CEO cuestiona mi decisión y todos me consideran el malo de la película».

Tuve que ocultar mi preocupación creciente. Es posible que el CEO no estuviera muy equivocado. Sin embargo, creía que probablemente aún me faltaba información.

«Mira, la lealtad es muy importante para mí y todos saben que tomo decisiones rápidamente —prosiguió mi amigo—. No tuve elección».

«¿Puedo preguntarte una cosa? —le dije. Mi amigo asintió—. ¿Cuál quieres que sea tu legado, o reputación como líder?».

Se detuvo unos instantes.

«No entiendo muy bien lo que quieres decir».

«Estaba pensando en que podríamos dar un paso atrás respecto al despido y observar la imagen global».

«Muy bien —respondió mi amigo, mientras reflexionaba sobre lo que acababa de decirle—. Quiero que se me conozca como una persona que obtiene resultados».

«De acuerdo. ¿Y en lo que tiene que ver con las personas?», le pregunté.

«Bueno, quiero que se suban al carro y que obtengan resultados junto a mí».

«Claro, pero, como líder, ¿qué quieres que sientan por ti?».

Respondió inmediatamente.

«Quiero que me respeten».

Dejé que las palabras resonaran unos momentos antes de continuar.

«Ya sé que puede parecer una obviedad, pero ¿por qué quieres que te respeten?».

Mi amigo me miró desde el otro lado de la mesa.

«¿Por qué quiero que me respeten? Bueno, pues porque si soy su líder es por algo. Espero tener algo que enseñarles u ofrecerles».

«Desarrollemos esa idea. Imagina que tu equipo se ha reunido en tu fiesta de jubilación y empiezan a compartir lo que cada uno ha aprendido de ti. ¿Qué querrías oír?».

Meditó durante unos instantes.

«Me gustaría oír que me han demostrado tanta lealtad como yo a ellos. Que invertí el tiempo necesario para ser su mentor y para que sus vidas mejoraran».

«Muy bien. Por favor, no te ofendas por lo que estoy a punto de preguntarte, pero piensa en cómo has gestionado esta última situación en concreto. ¿Refleja la imagen que quieres dar como líder?».

Se me quedó viendo fijamente.

«No, creo que no. Perdí los estribos».

«Me da la impresión de que reaccionaste así porque lo percibiste como una deslealtad».

«Sí, en ese momento sí».

«¿Y ahora?».

«No lo sé. Quizá me precipité y llegué a una conclusión equivocada. Quiero decir, que en realidad no me senté con él a hablar de ello».

«Quizás eso es lo que te tiene tan inquieto ahora. Permitiste que la primera reacción emocional te impidiera dedicar el tiempo necesario a entender lo que sucedía. Y tomaste una decisión que, probablemente, no está en línea con tus valores que, si te he entendido bien, incluyen ser un mentor y una influencia positiva en la vida de tus empleados».

«¿Y qué hago ahora?», preguntó mi amigo después de una breve pausa.

«Lo que ha pasado, pasado está. No sé cómo funcionan las cosas en tu empresa, pero quizá te convendría empezar a llevar cierto control de daños con tu CEO —le sugerí—. Y, por difícil que pueda resultar cuando las emociones son muy intensas, en el futuro recuerda que siempre tenemos la opción de pulsar el "botón de pausa", aunque eso signifique alejarte durante unos minutos para serenarte. Usa ese tiempo para reflexionar sobre lo que verdaderamente te importa, como tu legado o lo que te gustaría oír en tu fiesta de jubilación».

«Creo que me has dado mucho en que pensar —admitió mi amigo—. Sea como fuere, parece que tengo trabajo por delante». Asentí, con la esperanza de que mi amigo se tomara en serio la lección.

Crear el propio clima puede manifestarse de muchas maneras: desde la sencilla elección de mantener una actitud agradable o profesional hasta no permitir que los acontecimientos que nos rodean desvíen la aguja de nuestra brújula moral. En lo más profundo siempre tenemos una elección y nada puede arrebatarnos ese poder si no lo permitimos.

APLICACIÓN 2
CREE SU PROPIO CLIMA

Podemos reforzar nuestras relaciones personales si practicamos conductas proactivas. Piense en una persona o en una situación que lo irrite o lo lleve a reaccionar impulsivamente. Decida en este mismo instante cuál de las conductas siguientes pondrá en práctica la próxima vez que se encuentre en esa situación:

- Cree un espacio entre el estímulo y la respuesta contando hasta diez, saliendo a dar un paseo o diciéndole a su interlocutor que necesita tiempo para reflexionar antes de responder.

- Esfuércese en entender a la persona o la situación antes de reaccionar, diciendo algo parecido a: «No lo entiendo, así que imagino que me estoy perdiendo algo. ¿Te importaría ayudarme a entenderlo mejor?».

- Aunque no lo enviará, escriba un correo electrónico o una carta a la persona que le irrita. Déjelo reposar una noche y vuelva a leerlo por la mañana. Así comprobará si refleja con precisión cómo se siente en ese momento y lo que valora.

- Haga un ejercicio de reconstrucción. Piense en una situación pasada que se viera afectada negativamente por su reactividad. ¿Qué hizo o dijo y cuál fue el resultado? Ahora, imagine una manera mejor y más efectiva de responder en el futuro. ¿Cuáles serían las consecuencias positivas de responder de esa manera nueva?

PRÁCTICA 3
CREE CREDIBILIDAD CON SU CONDUCTA

¿ALGUNA VEZ HA INTENTADO RESOLVER CON PALABRAS UN PROBLEMA QUE HA CREADO CON SU CONDUCTA?

Si ha respondido afirmativamente, reflexione sobre la

PRÁCTICA 3: CREE CREDIBILIDAD CON SU CONDUCTA.

Si no crea credibilidad con su conducta, es muy posible que su habitación pueda parecer el infierno de Sartre porque:

- Le frustra que las personas juzguen su conducta en lugar de sus buenas intenciones.

- Le irrita tener que estar justificándose siempre ante los demás.

- Con el tiempo, nadie confía en usted ni cree lo que dice.

Hace poco, a mi amiga Chelsea se le ponchó una llanta de camino al trabajo. La cambió por la de repuesto y se dirigió a una franquicia de una cadena de talleres muy conocida a escala nacional. El mecánico encontró un clavo incrustado en la zona lateral de la llanta y afirmó que era imposible reparar el pinchazo si el surco no llegaba a los nueve milímetros de profundidad. Chelsea se quedó muy desanimada al oír que posiblemente tendría que comprar una llanta nueva; pero el mecánico aún no había terminado. Siguió hablando y le dijo que, como conducía un vehículo con tracción en las cuatro ruedas, el hecho de que una de las llantas no estuviera bien significaba que había que cambiar las cuatro. Midió la profundidad del surco en la rueda pinchada y anunció que era de siete milímetros, así que no había otra opción que comprar un juego completo. Sumó el total (superaba los 1 000 dólares) y le dio cita para el día siguiente.

De camino a casa, Chelsea decidió llamar a su cuñado, Mike, que había trabajado como vendedor de autopartes. Lo último que quería era gastarse 1 000 dólares, pero no era ninguna experta en llantas. Mike le dio el nombre de un pequeño taller en el que confiaba, pero del que no había oído hablar jamás. Llamó al mecánico de guardia, que le dijo que podía adquirir el mismo juego de llantas por 200 dólares menos del presupuesto que le habían dado anteriormente. Quería ahorrar el dinero, pero al mismo tiempo no estaba segura de recurrir a un taller desconocido. Sin embargo, como confiaba en la recomendación de Mike, acabó dirigiéndose al taller más pequeño para adquirir las llantas.

Una vez allí, el mecánico le preguntó si podía ver la llanta ponchada. Aunque Chelsea ya había asumido que iba a comprar un juego nuevo, pensó que no pasaba nada por dejar que el mecánico examinara la rueda original. El mecánico midió el surco dos veces y le dijo que medía nueve milímetros, no siete. Además, le anunció que no había necesidad de comprar cuatro llantas nuevas. Le aconsejó que acudiera al taller del concesionario donde había comprado el coche y que comprara la misma llanta, pero que en el taller se lo rebajaran para que la profundidad del surco coincidiera con la de los otros tres.

Aunque este consejo le costó la venta al mecánico, parecía realmente interesado en ayudar a Chelsea a resolver el problema de la manera menos cara posible. Mi amiga siguió el consejo y acabó ahorrándose casi 800 dólares. También llamó al primer taller, para cancelar la cita y, además, manifestar su descontento.

Mientras Chelsea me explicaba su aventura con la llanta, yo reflexionaba sobre la reputación que se había ganado cada taller. Los dos mecánicos se habían encontrado con el mismo problema, pero uno actuó de un modo que dañó seriamente su credibilidad ante mi amiga y ante todas las personas a quienes ella contó lo que había sucedido. Por el contrario, el segundo mecánico aumentó su credibilidad y, probablemente, consiguió algún cliente nuevo por el camino. Lo hizo porque su conducta plasmó tres de los principios que contribuyen a crear credibilidad:

- Demostrar carácter y competencia.
- Pensar a largo plazo.
- Adaptarse a la situación actual.

DEMOSTRAR CARÁCTER Y COMPETENCIA

Si no demostramos un nivel elevado de carácter y de competencia, nadie confiará en nosotros. Por ejemplo, quizás usted crea que soy una persona honesta y considerada (carácter), pero, probablemente, lo pensaría dos veces si me ofreciera a plegarle el paracaídas para su primera clase de paracaidismo (competencia). Es muy probable que quisiera saber de cuánta experiencia o formación como «plegador» de paracaídas dispongo (ninguna). A pesar de mi disposición amable y de mi actitud positiva, tendría toda la razón en considerar que carezco de la menor credibilidad. Del mismo modo, es muy posible que tampoco las tuviera todas consigo si descubriera que la persona que *ha plegado* su paracaídas acaba de ser absuelta de homicidio irresponsable por un tecnicismo: sí, es posible que esa persona cuente con todos los certificados que la acreditan como un técnico competente a la hora de plegar paracaídas, pero, si cree que algo en su carácter no acaba de encajar, probablemente no estará tranquilo. Aunque es verdad que este ejemplo puede ser algo extremo, lo cierto es que sin carácter y sin competencia es imposible que exista credibilidad. Y esto merece que profundicemos un poco más en ambos conceptos.

Carácter

Al principio de mi carrera, cuando era un joven director de equipo, aprendí una lección muy valiosa acerca del carácter. Mi trabajo consistía en negociar contratos con los médicos que colaboraban con mi empresa, que se dedicaba al mantenimiento sanitario. Un año, captamos a un grupo de médicos que tenían necesidades únicas y nuestro equipo tardó varias semanas en redactar un contrato que los satisficiera. Todo esto sucedió antes de la era de las computadoras y de los archivos electrónicos, y todo se hacía con máquinas de escribir (sí, ese artefacto que ahora es casi un objeto de museo). En cualquier caso, estas páginas mecanografiadas originales iban y venían sin cesar, sometidas a revisiones, cambios y sugerencias continuas por parte de los distintos miembros del equipo. Tras varias semanas de trabajo, llegamos al punto en que el contrato estaba preparado para su firma... ¡pero había desaparecido!

Nadie sabía dónde estaba. Cada persona que pensamos que había sido la última en revisarlo apuntaba rápidamente con el dedo a otra. Indagamos durante más de una semana, intentando localizar los documentos, pero fue en vano. Y todo, mientras las agujas del reloj seguían corriendo y la fecha en que teníamos que firmar el nuevo contrato con el grupo de médicos estaba cada vez más cerca.

Por frustrante que resultara, no nos quedó otro remedio que volver a redactar meticulosamente el contrato desde el principio. Aunque esa vez la redacción fue más rápida, supuso un gran derroche de esfuerzo. Al final terminamos el contrato, lo firmamos y la relación empezó.

Una tarde, seis meses después, rebusqué en los cajones de mi mesa, en busca de un archivo antiguo. Para mi horror, descubrí el contrato perdido entre los diversos documentos que saqué: ¡había estado en mi escritorio todo el tiempo! Se había enganchado accidentalmente en el clip de otro documento y lo había archivado en la carpeta errónea.

Reflexioné detenidamente sobre cuál debía ser mi próximo paso. El contrato nuevo ya había entrado en vigor, todo el mundo había superado la frustración y estaba en otras cosas. Mi primer pensamiento fue tirar el documento a la basura y no decir nada. Lo último que quería era que todos supieran que *yo* había sido el responsable del cuasidesastre y del esfuerzo perdido. Me fui a casa y lo consulté con la almohada. Al día siguiente, me dirigí al despacho de mi jefe con el contrato en la mano.

Aunque me gustaría pensar que la decisión de decir la verdad fue resultado de la honestidad de mi carácter, creo que, a esa edad, lo más probable fuera que tenía miedo de que alguien lo acabara descubriendo y que mi intento de ocultar la verdad empeorara la situación todavía más.

«Me vas a matar —dije mientras le tendía reticentemente el documento extraviado—. Pero mira lo que he encontrado en mi escritorio».

Tomó el documento y me miró fijamente durante un largo rato. Mientras, yo aguardaba la inminente explosión de ira. Sin embargo, dijo: «Te admiro, Todd. Creo que, de haber sido yo, lo habría tirado a la basura». Los dos estallamos en carcajadas cuando le confesé que ese había sido mi primer impulso.

Su respuesta ese día me enseñó una lección muy valiosa: que el carácter no se construye sobre la infalibilidad, sino sobre una conducta que demuestre a los demás que somos dignos de confianza, incluso cuando nadie nos ve.

El carácter es un atributo tan importante que le he dedicado un capítulo («Práctica 15: Empiece con humildad»).

Competencia

Muchas personas creen que la fortaleza de carácter puede compensar la falta de competencia. Esto me hace pensar en Craig, un colega con el que solía trabajar. Era una persona fiable y agradable y nadie cuestionaba su honestidad ni su integridad. Jamás se olvidaba de ningún cumpleaños, era considerado con sus compañeros y recordaba los acontecimientos clave en la vida personal de nuestros clientes. Ponía siempre a las personas primero.

En un momento dado de su carrera, él y Marta, otra compañera de equipo, trabajaron con el mismo cliente. El cliente decidió contratar a nuestra empresa para un proyecto adicional, lo que iba a exigir más trabajo por parte de Craig o de Marta. Aunque ambos empleados contaban con un carácter excelente, Marta había invertido más en su competencia. Contaba con varios cursos de posgrado que habían aumentado su capacidad profesional y, durante años, había acompañado a varios de nuestros mejores asesores para aprender de ellos. Era evidente que se encontraba en un estado de mejora profesional y de aprendizaje continuos. Al final, el cliente prefirió a Marta en lugar de a Craig, el colega tan agradable, porque sabía que Marta había pagado el precio necesario para comprender el negocio. Craig quedó decepcionado e incluso pensó que se trataba de una decisión injusta. Permitió que la frustración se asentara y, cuando la historia se repitió con otros clientes, acabó dejando la organización. Craig había perdido credibilidad, porque había permitido que su competencia se desvaneciera.

Con frecuencia, aumentar la competencia nos exige salir de nuestra zona de confort. Un amigo me explicó la historia de Malee, que era tímida tanto por naturaleza como por cultura, y que estaba teniendo problemas para ganarse la aprobación de sus jefes de equipo. Un cambio en la organización llevó a que Malee tuviera una jefa nueva, que incluyó la participación en las reuniones de equipo en un elemento obligatorio de las evaluaciones de desempeño. Cuando

Malee descubrió que tendría que participar y aportar ideas sobre cómo mejorar los procesos, se quedó aterrada. No creía que sus ideas fueran dignas de ser escuchadas y, aún peor, no había hablado delante de un grupo en toda su vida. Sin embargo, como quería mejorar, tuvo el valor de pedir a Lisa, su jefa de equipo, que la ayudara y la guiara. Le confesó que hacía poco le habían pedido que diera una charla en una asociación de la que formaba parte. Eran personas a las que conocía y que le caían bien, pero, aun así, se había negado. A Malee le preocupaba que, si había sido incapaz de hablar delante de amigos de su comunidad, ¿cómo iba a poder hablar delante de sus compañeros de trabajo?

Lisa aconsejó a Malee que empezara por compartir con ella sus sugerencias antes de las reuniones de equipo. Lisa las compartiría durante la reunión, sin decir que en realidad habían sido idea de Malee, para que ella pudiera ver cómo reaccionaba el equipo. Malee accedió y empezó a reunirse con Lisa cada semana.

Al cabo de tan solo unas cuantas reuniones, Malee vio que sus compañeros respondían a sus ideas de forma positiva. Esta respuesta le dio el valor necesario para empezar a participar poco a poco, con lo que su competencia en comunicación fue aumentando semana a semana. Gracias a la retroalimentación positiva que recibió por parte de Lisa y de sus compañeros, al final Malee consiguió aumentar significativamente su nivel de confianza en sí misma. Muchos de sus compañeros se quedaron muy sorprendidos por la calidad de las sugerencias que Malee empezó a ofrecer. Llegó a sentirse tan segura que se atrevió a recomendar la supresión de lo que ella consideraba una fase innecesaria en uno de los procesos de fabricación. Esta mujer tan humilde se quedó asombrada cuando sus compañeros dijeron que estaban de acuerdo con la idea. Era un cambio importante y había que presentarlo al comité ejecutivo. Sus compañeros votaron que fuera ella quien lo hiciera. Al principio dijo que no, pero, tras una ayuda considerable por parte de Lisa, practicó una y otra vez con sus compañeros, a quienes pidió que le dieran una retroalimentación constructiva. Malee acabó presentando su idea ante el equipo ejecutivo, que decidió aplicarla. Esto supuso un ahorro de 65 000 dólares el primer año y de mucho más posteriormente. Su recién adquirida competencia de compartir sus ideas en público, a pesar de lo difícil que le había resultado superar sus miedos, acabó creando niveles elevados de confianza y de credibilidad en toda la organización.

PENSAR A LARGO PLAZO

La credibilidad no es algo que se pueda construir de hoy para mañana. Pensar a largo plazo significa estar dispuesto a pagar el precio necesario para lograrla, independientemente del tiempo y del esfuerzo que eso suponga. Cuando me incorporé al departamento de Recursos Humanos de FranklinCovey, intenté encontrar maneras de lograr que los procesos fueran más eficientes y efectivos. No tardé en darme cuenta de que el CEO autorizaba absolutamente todas las nuevas incorporaciones, desde los recepcionistas a medio tiempo los altos ejecutivos. Pensé inmediatamente: «Esta es un área en la que puedo liberar tiempo para el CEO y lograr que el proceso de contratación sea más eficiente».

Programé una reunión con el CEO, para hablar con él de lo que necesitaría ver en mí para sentirse cómodo dejando en mis manos la decisión de contratación para funciones determinadas. Su respuesta me sorprendió: «Gracias por la propuesta. Pero no me supone inconveniente alguno autorizar todas las contrataciones».

Me dio la sensación de que había algo más detrás de esa decisión. Abandoné la reunión algo perplejo. ¿Por qué querría un CEO dedicar su valioso tiempo a aprobar todas las nuevas incorporaciones?

Seguí aplicando el proceso tradicional. Cada dos semanas, me reunía con él para revisar las solicitudes de nuevas incorporaciones o de sustituciones. Era un proceso que exigía muchísimo tiempo y me preguntaba cosas como: «¿Hay alguien más que ya tengamos en plantilla que pudiera hacer este trabajo?» o «¿Qué perderíamos si dejáramos de hacer ese trabajo?» o «Si tuviéramos que reconfigurar el departamento, ¿volveríamos a contratar a las mismas personas para los mismos puestos?». Las preguntas se sucedían una detrás de otra y no podía evitar plantearme si es que él creía que carecía de la credibilidad necesaria para tomar decisiones de este tipo. A medida que fue pasando el tiempo, empecé a detectar un patrón en las preguntas y empecé a anticiparlas. Cada vez que nos reuníamos, había resuelto anticipadamente cada vez más de ellas. Este proceso continuó durante bastante tiempo y empezaba siempre conmigo presentando la información y terminaba conmigo preguntando «¿Me he olvidado de algo?». De vez en cuando, el CEO me preguntaba algo que yo no había previsto, pero, normalmente, había anticipado y resuelto sus preocupaciones por adelantado. Empecé a sentir cómo iba aumentando su confianza en mí.

Me hubiera sido fácil sumirme en la frustración y en el resentimiento por ver cuestionada así mi credibilidad, pero, al pensar a largo plazo, tuve la oportunidad de aprender del CEO y de adquirir habilidades que aumentaron mi credibilidad. Descubrí mucho acerca del pensamiento crítico que ha de acompañar todas las decisiones de contratación que toma una empresa. También me dio la oportunidad de aprender el *porqué* de lo que, al principio, yo había interpretado como un intervencionismo excesivo. Con el tiempo, comprendí que al CEO lo motivaba una compasión sincera por los demás, no el deseo de hacer mi trabajo. Su proceso riguroso había surgido en un momento de la historia de la empresa en el que esta no contaba con procesos de contratación adecuados y en el que una reestructuración había ejercido un impacto muy negativo sobre la vida de muchas personas. La preocupación que el CEO sentía por los demás hacía que no quisiera volver a encontrarse nunca más en una situación semejante. Pensar a largo plazo me dio la paciencia que necesitaba para determinar qué era importante para él y para aumentar mi credibilidad a sus ojos. También me permitió evaluar y reforzar todo el proceso de selección y de contratación.

Cuando se trata de construir credibilidad, invertir en tiempo es inevitable. Las acciones transitorias pueden generar seguridad en los demás, pero la confianza solo puede surgir a partir de la constancia de esas acciones a lo largo del tiempo. Si no pensamos a largo plazo, nuestra credibilidad se resentirá. Tal y como hemos visto con la historia de Chelsea y su llanta ponchada, el segundo mecánico renunció al beneficio a corto plazo (vender un juego de llantas) a cambio de una relación a largo plazo. Y su disposición para pensar a largo plazo consiguió no solo que mi amiga anunciara que recurriría a él siempre que tuviera algún problema con sus llantas, sino que, además, es muy posible que muchos de sus conocidos decidieran hacer lo mismo tras escuchar la historia.

ADAPTARSE A LA SITUACIÓN ACTUAL

Con frecuencia, construir credibilidad significa tener que adaptarse a situaciones y a personas nuevas. Imagine que tiene una jefa para quien la comunicación constante y frecuente es un signo de credibilidad. Así que se gana su confianza preparando informes semanales y presentándose a las reuniones con todo muy bien organizado y con un orden del día predeterminado. A su jefa le gusta que se implique activamente en la toma de decisiones, por lo que le hace sugerencias con frecuencia y colabora con ella cuando ha de tomar partido en cualquier situación. El proceso funciona a la perfección.

Entonces, cambia de empresa.

Su nuevo jefe define la credibilidad de otro modo. Cree en presentarle un objetivo y en darle libertad para determinar cómo lograrlo. Le interesa que se comunique con él si se encuentra con algún obstáculo, pero no que lo mantenga informado de todo ni que lo implique en los detalles. De hecho, las conductas que ha perfeccionado para promover una comunicación frecuente pueden mermar su credibilidad en su nuevo puesto. Esta capacidad para observar el entorno y reorientarse en consecuencia suele recibir el nombre de «conciencia situacional».

Recuerdo que una vez trabajé con una ejecutiva de cuentas de gran talento, pero que tuvo dificultades para adaptarse. Se incorporó a nuestro equipo comercial después de haber dirigido su propia empresa durante varios años y no tardó en cerrar varios contratos muy creativos y lucrativos. Tenía mucha experiencia con los clientes y una larga historia de credibilidad con ellos.

Cuando me enteré de que teníamos que encontrar a alguien para liderar un equipo comercial, su nombre apareció entre los posibles candidatos. A medida que avanzamos en el proceso de entrevistas, se hizo evidente que sus habilidades comerciales eran impecables. Parecía ser la candidata ideal. Sin embargo, cuando hablamos con sus compañeros y con su jefe, fue apareciendo otra imagen. Aunque era cierto que obtenía mejores resultados que casi todos los vendedores de la región, los coordinadores que trabajaban con ella no la tenían en tan alta estima. Se quejaban de sus comentarios condescendientes y manifestaron frustración por su costumbre de ponerlos siempre en situación de urgencia, para luego descubrir que, casi siempre, no era más que una argucia para conseguir que se adhirieran a su plan.

Seguimos hablando con más gente y fue definiéndose un patrón: era una vendedora extraordinaria, pero no se llevaba muy bien con las personas con las que debía trabajar a diario. Su jefe decidió no ascenderla. Cuando se lo comuniqué, se mostró muy decepcionada y dijo que hasta entonces nunca había tenido ningún problema de credibilidad y que había dirigido su empresa con éxito durante años.

A pesar de toda la credibilidad que la extraordinaria vendedora hubiera podido ganar como genio solitario, las nuevas circunstancias exigían que ahora se adaptara a trabajar en un equipo más amplio. De repente, cuando tuvo que trabajar con los plazos, habilidades, personalidades y prioridades de los demás, no estuvo a la altura. Se había centrado demasiado en sus propios objetivos, en detrimento de los objetivos del equipo. En consecuencia, su credibilidad se resintió y perdió la oportunidad de ascender.

Siempre hay que pagar un precio por la pérdida de credibilidad. Aunque haya veces en que podamos tener la tentación de abandonar, lo cierto es que seguir en el empeño y crear continuamente credibilidad con nuestra conducta tiene sus ventajas, incluso cuando nuestra credibilidad ha recibido un golpe o se ha visto mermada. Me pregunté si el primer mecánico al que visitó Chelsea se habría dado cuenta ya de ello.

Mi amiga siguió el consejo y acabó ahorrándose casi 800 dólares. También llamó al primer taller, para cancelar la cita y, además, manifestar su descontento.

«¿Puedo hablar con el encargado?», preguntó cuando descolgaron el teléfono.

«Ahora no está, pero quizá pueda ayudarla yo». Mi amiga reco-

noció la voz del mecánico que había intentado venderle 1 000 dólares de neumáticos que no necesitaba.

«Tengo una queja —respondió—. Ayer vine porque se me había ponchado una llanta y me dijo que tenía que comprar un juego completo».

«Sí, lo recuerdo».

«Bueno, pues me gustaría explicarte algo. Fui a otro taller y, además de descubrir que no habías medido bien el surco del neumático, me dijeron que no era necesario cambiar las cuatro ruedas. Al final solo he tenido que comprar una y pedir que limaran el surco un poco para que coincidiera con el de las otras tres. Solo quería que supieras que me dio la impresión de que querías aprovecharte de mí. Espero estar equivocada».

Mi amiga me explicó luego que esperaba que el mecánico o bien colgara directamente o bien respondiera con palabras subidas de tono.

«Señora, lo siento —respondió—. ¿Qué le gustaría que hiciera ahora?».

«Bueno, para ser sincera, probablemente nada, pero gracias por escucharme», dijo mi amiga.

Una vez que hemos dañado la reputación y la credibilidad que tenemos ante alguien, recuperarlas puede ser muy difícil y, ciertamente, no es algo que pueda suceder de la noche a la mañana. A mi amiga no le resultó demasiado complicado encontrar otro proveedor de llantas. Sin embargo, cuando se trata de relaciones, sustituir a las personas no es tan sencillo. Si ha dañado o perdido su credibilidad ante alguien o si necesita aumentar su carácter o su competencia, empiece hoy mismo a crear credibilidad con su conducta.

APLICACIÓN 3
CREE CREDIBILIDAD CON SU CONDUCTA

¿Cómo puede crear credibilidad con su conducta?

1. Piense en una función o en una situación en la que le gustaría aumentar su credibilidad.
2. Piense en dos o tres personas cuya confianza deba ganar para ser creíble.
3. Repase las cualidades que encontrará a continuación y añada otras que puedan ser importantes para las personas ante las que quiere ganar credibilidad.
4. Puntúese a sí mismo en cada cualidad a partir de cómo cree que le puntuarían las personas a las que ha seleccionado.

Carácter	Menos									Más
Modela honestidad e integridad	1	2	3	4	5	6	7	8	9	10
Es abierto y humilde	1	2	3	4	5	6	7	8	9	10
Tiene en cuenta los intereses de todos	1	2	3	4	5	6	7	8	9	10
Demuestra lealtad	1	2	3	4	5	6	7	8	9	10
Demuestra respeto a los demás	1	2	3	4	5	6	7	8	9	10
_____	1	2	3	4	5	6	7	8	9	10
_____	1	2	3	4	5	6	7	8	9	10

Competencia

Logra resultados de manera constante	1	2	3	4	5	6	7	8	9	10
Mejora sus habilidades continuamente	1	2	3	4	5	6	7	8	9	10
Se compromete y mantiene sus compromisos	1	2	3	4	5	6	7	8	9	10
Expresa sus ideas con seguridad	1	2	3	4	5	6	7	8	9	10
Aclara las expectativas	1	2	3	4	5	6	7	8	9	10
_____	1	2	3	4	5	6	7	8	9	10
_____	1	2	3	4	5	6	7	8	9	10

Pregunte a las personas a las que ha seleccionado cómo podría aumentar su credibilidad ante ellos en cualquiera de las categorías en que la puntuación haya sido inferior a 9.

PRÁCTICA 4
INTERPRETE BIEN SU ROL

¿ALGUNA VEZ HA LOGRADO EL ÉXITO EN UN ÁREA DE SU VIDA EN DETRIMENTO DE OTRAS?

Si ha respondido afirmativamente, le propongo la

PRÁCTICA 4: INTERPRETE BIEN SU ROL.

Si no desempeña bien su rol, su habitación puede parecer el infierno de Sartre porque:

- Se siente culpable y falto de equilibrio constantemente.

- Puede desatender una función importante durante tanto tiempo que cause daños graves en las relaciones asociadas a la misma.

- La vida no resulta gratificante.

Rachel, una buena amiga mía, se divorció hace ya varios años y su exmarido la dejó con una montaña de deudas que, en su mayoría, debía a conocidos. Con dos hijas adolescentes, tuvo que convertirse inmediatamente en el único sustento de la familia. Su padre le recomendó que se declarara en bancarrota, pero ella estaba decidida a cumplir con la palabra dada a personas a las que respetaba. Para poder llegar a fin de mes, aumentó significativamente su jornada laboral y renunció a todo el tiempo libre que había tenido hasta entonces. Cada día salía de casa a las siete de la mañana, tras asegurarse de que sus hijas fueran a clase, y raro era el día en que volvía antes de las siete de la tarde. Tras cenar rápidamente y hablar un momento con sus hijas, seguía trabajando hasta altas horas de la noche. Sus hijas también trabajaban a cambio del salario mínimo en un restaurante de comida rápida cercano. Tras un par de años a este ritmo, además de agotada, estaba cada vez más triste por perderse continuamente los acontecimientos importantes en la vida de sus hijas.

Un domingo por la noche, mientras se preparaba para otra semana de trabajo maratoniana, Rachel se dio cuenta de que algo tenía que cambiar. Anunció a sus hijas que disminuiría su carga de trabajo y que reevaluaría el ritmo al que se sentía obligada a devolver las deudas; además, se comprometía a estar en casa cada día a las cinco y media. Una de sus hijas respondió: «Mamá, no importa a qué hora vuelvas a casa. Incluso cuando estás aquí, es como si no estuvieras».

No se me ocurre nadie que, al igual que mi amiga, no tenga dificultades para equilibrar todos los roles importantes que desempeña en su vida. Por el contrario, conozco a muchas personas que toman la decisión deliberada de identificar qué funciones son más importantes para ellas y prestan atención a cómo quieren contribuir a cada una. Y, en consecuencia, se ven recompensadas con más equilibrio y propósito y, lo que es más importante, con relaciones más ricas.

Cuando hablo de «interpretar» roles, no me refiero a que actúe o finja, como si siguiera un guion. Interpretar bien un rol significa expresar su sistema de valores más auténtico y profundo en lo que dice y en lo que hace. Incluso cuando un actor ha de interpretar un rol ficticio, solo puede conectar con la verdad de la condición humana si aporta al personaje una parte auténtica de sí mismo. Vi reflejado este sentimiento cuando tuve la oportunidad de acudir a la representación de una de mis obras de teatro preferidas tras haber leído que un crítico había concedido cinco estrellas a la actriz protagonista. Afirmaba: «Encarna verdaderamente las cualidades más importantes del personaje».

Aunque la mayoría de nosotros no somos actores profesionales, la metáfora del actor y del escenario puede ser muy útil cuando reflexionamos sobre cómo podemos interpretar bien nuestros roles. William Shakespeare escribió: «El mundo es un escenario y todos los hombres y mujeres son meros actores: tienen sus salidas y sus entradas; y un hombre durante su vida interpreta muchos roles...».

Reflexione sobre los múltiples roles que desempeña en su vida: líder, vecino, miembro de un equipo, hijo, padre, amigo, mentor, hermano, etcétera. Imagine que tuviéramos la oportunidad de leer una crítica de nuestra interpretación de los roles importantes que desempeñamos. ¿Cuántas estrellas obtendríamos? Piense en las cuatro personas siguientes y en cómo puntúan en las distintas funciones.

JEFA DE VENTAS **

María se lanza al rol de jefa de ventas con entusiasmo. Quiere ganar y demuestra su insatisfacción con el statu quo. Sin embargo, como está tan centrada en lograr resultados, suele pasar por alto las sutiles señales de los miembros de su equipo, que necesitan que frene un poco e invierta tiempo en ellos.

AMIGA *

Allison se ha comprometido a traer el aperitivo para la cena en casa de un amigo. Todos, excepto ella, son puntuales. Como esto es algo habitual, su amiga ha preparado un aperitivo por si acaso. A pesar de que Allison es amable y simpática, tiene reputación de ser poco fiable.

SOCIA *****

La fecha de entrega estaba muy cerca, por lo que a Sarah le hubiera resultado fácil ignorar a su socia, que quería desarrollar una aplicación además del producto básico que les habían encargado. Sin embargo, se sentó con ella y la escuchó. Para su sorpresa, descubrió que su socia tenía relación con un equipo creativo cuyos honorarios eran asequibles y que acabaron ayudándolas a resolver un problema con el producto básico mientras desarrollaban la aplicación. Sarah interpretó su rol de un modo excelente y dejó a un lado sus sesgos personales para tener en cuenta otro punto de vista.

PADRE**

William tiene tres hijos pequeños, a quienes les encanta pasar tiempo con él. Impulsado por el deseo de competir con el éxito de un compañero de trabajo, acepta un ascenso que en realidad no desea y que le exige alargar la jornada laboral y viajar con frecuencia. Se da cuenta de lo que ha hecho cuando, solo en una habitación de hotel, no puede hablar con su hijo el día de su cumpleaños.

Revisar con espíritu crítico y de forma regular los distintos roles que desempeñamos nos sería de gran ayuda, pero, con demasiada frecuencia, solo lo hacemos en los momentos más significativos de nuestras vidas (cumpleaños, funerales, graduaciones, etcétera). Bronnie Ware pudo experimentar de un modo único esta realidad durante su trabajo como enfermera en una unidad de cuidados paliativos en Australia, donde pasó muchos años atendiendo a pacientes durante sus últimas semanas de vida. Mantuvo múltiples conversaciones con ellos mientras reflexionaban por última vez acerca de los distintos roles que habían desempeñado. Ware plasmó estas experiencias en su libro *De qué te arrepentirás antes de morir. Los cinco mandamientos para una vida plena*, donde reveló que, en la última etapa de la vida, las personas manifestaban arrepentirse de cosas similares. Los cinco arrepentimientos más frecuentes en el lecho de muerte eran:

1. Ojalá me hubiera atrevido a vivir haciendo lo que yo quería hacer, en lugar de lo que otros querían que hiciera.
2. Ojalá no hubiera trabajado tanto.
3. Ojalá me hubiera atrevido a expresar mis sentimientos.
4. Ojalá hubiera mantenido el contacto con mis amigos.
5. Ojalá me hubiera permitido ser más feliz.

Esperar a mantener una conversación con alguien como Bronnie es una manera de pasar revista a nuestras funciones, pero hacerlo antes tiene la ventaja añadida de que nos permite modelar el resultado. Si queremos mejorar el modo en que desempeñamos nuestros roles, antes tenemos que identificarlos y decidir qué aportación real queremos hacer a cada uno.

IDENTIFIQUE QUÉ ROLES DESEMPEÑA

Cuando reflexione sobre los roles que desempeña actualmente en casa y en el trabajo, preste atención a cuántos asume. Si alguna vez ha visto a un hombre o mujer orquesta, sabrá lo extraordinario que es ver a un único artista tocar múltiples instrumentos. Sin embargo, por mucho talento que tenga, es imposible que los pueda tocar todos bien al mismo tiempo. Por desgracia, es muy habitual que sobreestimemos nuestra capacidad para prestar atención a varias cosas a la vez. Lo único que conseguimos al tocar demasiadas teclas simultáneamente es mediocridad. Por ejemplo, puedo redactar un correo electrónico importante en mi rol de director de proyecto mientras hago como que escucho a un empleado que me ha llamado por teléfono para desahogarse conmigo. Sin embargo, ¿a quién creo que estoy engañando? Cuando intento hacer varias cosas a la vez, no puedo prestar toda mi atención ni ser auténtico en ninguna de ellas. Y los demás lo perciben.

Algunos de mis roles más importantes son padre, hijo, abuelo, líder, marido, voluntario en la comunidad y *coach* empresarial. Otros ejemplos de roles profesionales podrían ser líder de equipo, escritor, contador, asesor, profesor, ingeniero informático, director de marketing, abogado, psicoterapeuta, etcétera. Y otros ejemplos de roles en la faceta personal podrían ser hermana, entrenador de futbol, marido, voluntario en un hospital, artista, nadador, amigo o viajero. La decisión de qué funciones requieren más atención en un momento dado es personal. Recuerde que no se trata de invertir el mismo tiempo en todos los roles (la mayoría de las personas dedica más horas semanales al trabajo que a sus aficiones o a las relaciones personales importantes), sino de recordar con regularidad cuáles son los más importantes para usted y de asegurarse de que mantiene un equilibrio global a largo plazo. Fíjese en que hay algunos roles que pueden permanecer con nosotros durante toda la vida (padre, pareja, amigo), mientras que otros pueden ir cambiando con el tiempo (empleo, voluntariado en la comunidad, etcétera). Con frecuencia, son los roles a largo plazo los que nos permiten experimentar el mayor crecimiento tanto en nuestro carácter como en nuestras relaciones.

Nadie puede decidir por usted qué roles son los más importantes en su vida. Es algo que debe hacer usted mismo a partir de su sistema de valores. A veces, y sobre todo cuando hablamos de decisiones en la vida profesional, acabamos desempeñando roles que otros han elegido por nosotros.

Un buen amigo mío creció viendo cómo su padre, Paul, gestionaba con éxito la panadería familiar. Ser panadero es un trabajo que requiere muchas horas y, además, resulta físicamente agotador. Paul se levantaba a las cuatro de la madrugada seis días a la semana, para ir al trabajo y cargar de un lado a otro sacos de harina de diez kilogramos de peso, pesar los ingredientes y amasar el pan antes de que la panadería abriera a las siete de la mañana. Una vez pasada la hora punta matinal, limpiaba los hornos y la cocina y se preparaba para recibir a los clientes de la hora del almuerzo. A lo largo del día, iba y venía continuamente de los hornos a los congeladores y viceversa, para preparar ingredientes y congelar masa, antes de volver a limpiar la cocina de arriba abajo (incluyendo los múltiples cuencos, recipientes y utensilios) y dejarlo todo listo para volver a empezar de nuevo a la madrugada siguiente. Hacía la mayor parte del trabajo solo, ya que solo tenía un par de empleados que lo ayudaban o que atendían a los clientes en el mostrador. Estaba casado y tenía dos hijos pequeños, por lo que Paul sentía la necesidad inmediata de proporcionar sustento a su familia y cuidar de su padre anciano, que tanto se había esforzado en mantener el negocio a flote. Sin embargo, y aunque para él era importante desempeñar sus roles como marido y como hijo, Paul no era feliz trabajando en la panadería.

Además de que el trabajo era agotador y tedioso, las largas jornadas laborales le impedían pasar tiempo con la familia (y, cuando lo hacía, estaba tan cansado que tampoco podía disfrutarlo). Paul era una persona extrovertida y le encantaba estar rodeado de gente, pero el trabajo en la panadería lo mantenía aislado y no le permitía expresar sus talentos sociales innatos. Fueron pasando los años y Paul estaba cada vez más cansado y deprimido. Ser buen marido, buen padre y buen hijo formaba parte de los valores más importantes para él, pero se dio cuenta de que había perdido el norte. La panadería lo había absorbido todo y apenas le dejaba tiempo ni energía para nada más. Así que, llegado a la mediana edad, decidió hacer un cambio radical en su vida: traspasó la panadería y empezó a vender periódicos. Aunque a primera vista pudiera parecer un cambio profesional extraño, lo cierto es que, de repente, Paul comenzó a sentirse mucho más feliz de lo que había sido desde hacía años. Tenía un horario regular, había dejado atrás un trabajo físicamente agotador y había empezado a aplicar sus habilidades sociales y su extraversión para abrirse un nuevo camino profesional de éxito. Y, lo que era más importante, se sentía más satisfecho en el trabajo, lo que su vez le permitió estar más disponible para su mujer y su familia. Si representamos roles incongruentes con quienes somos en realidad, vale la pena que hagamos un cambio. Recuerde el mayor arrepentimiento de quienes estaban al final de sus vidas: «Ojalá me hubiera atrevido a vivir haciendo lo que yo quería hacer, en lugar de lo que otros querían que hiciera».

Asumir demasiados roles al mismo tiempo es un extremo del continuo. El otro consiste en ser excesivamente miope y resultar extraordinario en un único rol a expensas del resto. Por ejemplo, Ruben, un compañero de trabajo, me explicó las dificultades que había tenido en relación con esto cuando aún era un ejecutivo joven. Había aceptado un cargo nuevo y el peso abrumador de las responsabilidades que tuvo que asumir súbitamente invadió todos los aspectos de su vida. En sus propias palabras, se pasaba la vida «apagando fuegos y matando dragones». Un día que se había quedado a trabajar hasta tarde, de repente lo interrumpió un recordatorio de la agenda. Miró el calendario para ver de qué se trataba y vio que había quedado con su mujer y sus hijos para hacerse un retrato familiar. Como sabía que su mujer había contratado un paquete que incluía varias sesiones en el estudio fotográfico, decidió cancelar la sesión de ese día. Llamó a su mujer a pesar de que apenas había margen de tiempo, le dijo que tenía demasiado trabajo y le pidió que reprogramara la sesión de fotos. Ella le respondió que lo entendía y que se ocuparía de ello. Una vez despejada la agenda, Ruben reanudó su trabajo, agradecido por el tiempo que había conseguido arañar.

Un par de meses después, el día de Navidad, Ruben se sentó junto a su familia para abrir los regalos. Cuando desenvolvió el paquete que llevaba su nombre, descubrió un precioso retrato familiar enmarcado. Sin embargo, en la imagen faltaba algo: ¡Ruben! Su esposa, con la mejor intención del mundo, había decidido acudir a la sesión de fotos. Mientras miraba la fotografía en la que él brillaba por su ausencia, Ruben se dio cuenta de que tanta atención a su rol profesional estaba empezando a perjudicar a su rol como marido y como padre. Esta imagen de la familia sin él fue un recordatorio no demasiado agradable de que sus prioridades estaban desenfocadas. «Había perdido de vista qué era lo más importante —me dijo al recordarlo—. El trabajo podía esperar. Formar parte de la vida de mi familia, no. Decidí que nunca más volvería a estar ausente de una imagen familiar».

Añadió que tampoco se había detenido a pensar en lo que suponía anular la sesión de fotos media hora antes de la hora prevista.

Tenían tres hijas menores de seis años, así que su mujer se había pasado varias horas ocupada bañando, peinando y vistiendo con ropa nueva a las niñas, por no hablar de los esfuerzos necesarios para mantenerlas en ese estado impecable. Mi amigo no había dado el paso atrás necesario para tener en cuenta la imagen completa y valorar cómo el hecho de centrarse en un único rol afectaría a otros. Aún tiene esa foto de familia sobre su escritorio, para asegurarse de que no volverá a olvidarlo.

Puede resultar tentador pensar que el trabajo siempre es el malo cuando hablamos de priorizar roles. Creo firmemente, y he sido testigo de ello, que podemos hacer grandes aportaciones, estar comprometidos y ser muy productivos en nuestro rol profesional mientras, al mismo tiempo, somos excepcionales en nuestra faceta personal (críticas de cinco estrellas en ambos roles). Es cuestión de prioridades y, quizá, signifique renunciar a una afición, a salir a cenar con unos amigos, etcétera. Al final siempre tenemos que sacrificar algo, pero sin olvidar que la clave está en el equilibrio.

Una vez que haya identificado qué roles son los más importantes para usted, podrá determinar cómo y cuándo quiere representarlos. A la hora de establecer prioridades y de centrar la atención, piense en cómo los controladores aéreos ayudan a los aviones a aterrizar. En un momento dado, puede haber docenas de aviones en movimiento, ya sea acercándose hacia la pista de despegue, despegando o aterrizando. Todos son muy importantes y el controlador ha de ser consciente de todos los aviones que aparecen en su radar, pero sería un error (además de imposible) prestar la misma atención a todos ellos. En el momento crítico del aterrizaje, solo hay un avión que merezca todo el talento, atención y experiencia del controlador. Para atender a todos los aviones y a sus pasajeros con excelencia, debe centrarse en ayudar a aterrizar a los aviones de uno en uno. Lo mismo sucede con nuestros roles más importantes: jamás debemos perder de vista a ninguno de ellos en nuestro radar, pero también tenemos que estar dispuestos a prestar toda nuestra atención al que la necesite más en cada momento.

DECIDA QUÉ QUIERE APORTAR A CADA ROL

Cada día debemos llevar a cabo múltiples tareas, por lo que quizá resulta fácil pensar tanto en los distintos roles que desempeñamos como en listas de tareas pendientes. Sin embargo, es un error, ya que estos roles son algo mucho más profundo. Los roles que desempeñamos son mucho más que lo que hacemos: son el modo en que expresamos cuáles son nuestros valores y quiénes somos en realidad. Por lo tanto, son mucho más que «algo que hacer». También son «algo que ser». Algo que hacer suele ser una tarea con un principio y un fin. Algo que ser es un valor constante o una cualidad de carácter que nos esforzamos por desarrollar o por mejorar. Piense en nuestro crítico imaginario escribiendo acerca de cómo representamos nuestros roles. ¿Cómo describiría quiénes somos, es decir, nuestras cualidades de carácter? ¿Somos egoístas o altruistas? ¿Ambiciosos o amistosos? ¿Egocéntricos o igualitarios? (O cualquier otro par de atributos opuestos). Si un observador externo no puede asociar nuestra conducta a nuestros valores, es que estamos haciendo algo mal. En la «Práctica 7: Piense en nosotros, no en mí», hablo de lo potente que resulta dedicar tiempo a reflexionar sobre la intención, tanto la nuestra como la de los demás. Podemos hacer algo parecido cuando nos preparamos para operar en nuestros distintos roles si redactamos lo que yo llamo «declaración de intenciones». Declarar qué tenemos intención de aportar nos ayuda a mantenernos anclados en nuestros valores y a asegurarnos de que hacemos lo que más nos importa: construir y cuidar las relaciones personales más importantes y significativas para nosotros.

Una declaración de intenciones sobre cómo queremos ser en cada función sienta las bases del «enunciado de misión personal», que expresa nuestro propósito y nuestros valores y que se convierte en la vara con que medimos todo lo demás en nuestra vida. Fíjese en las declaraciones de intenciones siguientes y en cómo se relacionan con los valores fundamentales de cada persona.

Padre o madre: Crearé un espacio de amor incondicional, de seguridad y de crecimiento para que mis hijos puedan expresar todo su potencial y se conviertan en adultos responsables.

Ingeniero: Encontraré maneras nuevas de dar acceso a agua potable a todos los miembros de mi comunidad y ayudaré a desarrollar políticas que mejoren drásticamente los sistemas de reciclado, para ayudar al planeta a sobrevivir.

Directivo: Seré el líder que desarrolle la siguiente generación de líderes en nuestra empresa.

Arquitecto: Dejaré un legado artístico en mi ciudad.

Amigo: Escucharé con paciencia y sin juzgar y buscaré el modo de dar apoyo, de perdonar y de ayudar.

Músico: Me aseguraré de que el arte siga siendo fundamental en la vida de las personas de nuestra comunidad.

Maestro: Me esforzaré en identificar y liberar la pasión por la lectura y el aprendizaje en mis alumnos.

Director de proyecto: Seré la persona a la que acudan los demás cuando quieran que algo se haga bien.

Hijo adulto: Seré paciente, amable y considerado cuando cuide de mis padres ancianos y los visitaré todas las semanas.

***Coach* empresarial:** Consideraré a todos mis *coachees* como a personas capaces, con recursos y completas, no como a personas con problemas, de modo que puedan empezar a experimentar su propio potencial.

Yo: Me comprometeré con mi bienestar físico, emocional, mental y espiritual y cumpliré con mis compromisos.

Fíjese en que he añadido «yo» como rol. Cuando exploramos el planteamiento de Sartre de que el modo en que abordamos las relaciones personales puede ser la clave para la desdicha o para la felicidad, debemos recordar la relación que mantenemos con nosotros mismos. El motivo por el que las instrucciones de seguridad de las líneas aéreas le instan a que se ponga primero la máscara de oxígeno en caso de emergencia no es que usted sea más importante que las personas que lo rodean, sino que le será imposible ayudar a nadie si no se ayuda a usted mismo primero. Si no se cuida, no podrá cuidar a nadie. Su *integridad* no estará ahí. Dedique el tiempo necesario a profundizar en el autoconocimiento: cuáles son sus sueños, qué desea aportar, qué cualidades de carácter anhela. Acuérdese también de la salud de su cuerpo, mente, situación social/emocional y vida espiritual.

Nadie puede decirle cómo ha de vivir cada uno de sus roles ni qué aportaciones debe hacer. Son únicos para usted. Recuerdo que tras un vuelo nocturno a Chicago para reunirme con un cliente a primera hora de la mañana, me sentía algo descentrado al principio de la reunión. Estábamos en una sala de juntas recargada, con una gran mesa de caoba y butacas de piel roja. Todo era muy formal. Nuestros clientes empezaron a llegar y nos presentamos. Me fijé en que uno de los asistentes, un ejecutivo de cabello canoso y de unos cincuenta y pocos años, llevaba una libreta con las cubiertas de un llamativo color naranja. No me refiero a un tono sutil que pudiera representar la cúspide de una nueva moda, sino al tipo de naranja chillón, brillante y explosivo que resultaría perfecto para un chaleco reflectante. Dado el estilo clásico de la sala de juntas y de la formalidad de la reunión, la libreta era como un cartel de neón encendido.

Fuimos ocupando nuestros asientos alrededor de la mesa y mis ojos se desviaban sin cesar hacia la cubierta de la libreta. Tenía que significar algo. ¿O quizá era el *jet-lag*, que me hacía tener visiones? Porque, ¿quién era yo para juzgar a ese hombre porque le gustara el naranja chillón? Entonces, vi cómo el distinguido ejecutivo dejaba el celular sobre la mesa, junto a la libreta: iba envuelto en una funda de un naranja tan chillón como el de la libreta.

Una vez terminada la reunión, me acerqué a él y le agradecí que nos hubieran recibido. No pude evitarlo: señalé la libreta y el celular: «Es un color extraordinario», dije.

«Sí, lo es», respondió sonriendo.

«Si no le importa que se lo pregunte... ¿significa algo?».

Asintió. «Sí, de hecho sí. Me recuerda que haga lo que haga en el despacho, que por complicadas que se pongan las cosas en el trabajo, tengo otra función que es aún más importante para mí».

La respuesta de este alto ejecutivo me sorprendió. Sonrió al ver mi reacción, a la que probablemente ya estaba acostumbrado, y siguió hablando: «Mi hija adora este color desde que era niña. No le encuentro explicación, pero le gusta todo lo que tenga este tono de naranja. Le gusta tanto que mi mujer y yo dejamos que eligiera una parte de la pared de su dormitorio y la pintara de este color, como si fuera un cartel de aviso en un terreno en construcción. La pintamos juntos un fin de semana y es uno de mis recuerdos preferidos. Así que busqué una libreta y una funda de celular de ese mismo color y los llevo conmigo allá donde voy. Así, por muy agobiado que pueda estar por cuestiones de trabajo, cada vez que los veo pienso en mi familia. Es algo muy sencillo, ya lo sé, pero me ayuda a no perder de vista nunca lo que más me importa en esta vida».

Me quedé asombrado. Este ejecutivo había encontrado una manera única de recordar lo importante que era para él su rol de padre. Y, a partir de este símbolo tan sencillo como significativo, asumí que también se centraba en equilibrar el resto de roles que eran importantes para él, tanto en su vida personal como en la profesional, para asegurarse de que los desempeñaba bien. Nos habían llamado para que los ayudáramos a resolver un problema en su organización, pero no pude evitar pensar que quien había aprendido más de la reunión era yo. Me hizo pensar en mi amiga Rachel y en sus dificultades para equilibrar los distintos roles que representaba en su vida.

Un domingo por la noche, mientras se preparaba para otra semana de trabajo maratoniana, Rachel se dio cuenta de que algo tenía que cambiar. Anunció a sus hijas que disminuiría su carga de trabajo y que reevaluaría el ritmo al que se sentía obligada a devolver las deudas; además, se comprometía a estar en casa cada día a las cinco y media. Una de sus hijas respondió: «Mamá, no importa a qué hora vuelvas a casa. Incluso cuando estás aquí, es como si no estuvieras».

Lo cierto del comentario de su hija llevó a Rachel a dar un paso atrás y a reflexionar acerca de los otros roles importantes que debía desempeñar. Su función como madre había salido muy perjudicada. Así que decidió reevaluar su manera de hacer las cosas. Como en la analogía de los controladores aéreos, Rachel se dio cuenta de que estaba en un momento clave para priorizar un rol (ser madre) sin perder de vista los demás. Tras una reflexión intensa, se le ocurrió una idea genial. Convenció a sus hijas para que dejaran de trabajar en los restaurantes de comida rápida y empezaran a trabajar para ella como administrativas a medio tiempo. Como su jefe contrataba con regularidad a empleados puntuales para que trabajaran en los distintos eventos que ella organizaba, preguntó si podía contratar a sus hijas. Con el tiempo, muchas de las largas jornadas separadas se convirtieron en momentos compartidos: la familia se unió y se desarrolló de un modo extraordinario. Mi amiga se centró en mantener a la familia cuando fue necesario y así consiguió superar un cataclismo económico. Además, dio un paso atrás y reevaluó el resto de las funciones en su vida. Cuando fue necesario, hizo un cambio importante y así encontró el equilibrio y reforzó la relación con sus hijas.

APLICACIÓN 4
INTERPRETE BIEN SU ROL

1. Identifique entre cinco y siete roles importantes en su vida. Asegúrese de incluir varios tanto de su faceta personal como de la profesional.

2. Piense en una persona sobre la que ejerza una influencia significativa en cada rol (por ejemplo, si se trata del rol de padre o madre, será uno de sus hijos; si es el rol de líder, elija a un miembro de su equipo).

3. Escriba un párrafo breve desde el punto de vista de esa persona. ¿Qué diría si fuera a otorgarle una puntuación de cinco estrellas? En otras palabras: ¿cuál quiere que sea su contribución a ese rol?

4. Decida qué cambiará esta semana para hacer realidad ese ideal.

Rol	Personas importantes a las que influyo	Declaración de intenciones
1. Madre	Hija	Vivir y comportarme de tal modo que demuestre a mi hija que es una prioridad para mí.
2. Líder	Miembro del equipo	Le comunicaré de acción y de palabra que creo en su potencial.
3.		
4.		
5.		
6.		
7.		

VEA EL ROBLE ENTERO Y NO SOLO LA BELLOTA

CUANDO TRATA CON PERSONAS, ¿SUELE PENSAR QUE «NO HAY MÁS LEÑA QUE LA QUE ARDE»?

Si es así, le propongo la

PRÁCTICA 5: VEA EL ROBLE ENTERO Y NO SOLO LA BELLOTA.

Cuando no puede ver más que la bellota, en lugar del roble entero, su habitación puede parecer el infierno de Sartre porque:

- Sus creencias limitantes se hacen realidad.

- Su crecimiento y el de los demás se ve atrofiado.

- Busca en otros lugares talento que, quizá, esté justo frente a usted.

Rhonda me envió tres mensajes de texto en menos de treinta minutos, algo que no era en absoluto habitual. Yo estaba en una reunión importante de la que no podía salir, a pesar de su críptico mensaje: «Voy a hacer un cambio de personal en mi equipo. Llámame».

Una vez terminada la reunión, vi que disponía de tiempo antes de mi siguiente compromiso y me dirigí a su despacho, porque intuí que hablar en persona sería mejor que llamar por teléfono. Encontré a Rhonda sentada en su escritorio, revisando documentos y armada con un marcador fluorescente en una mano y un bolígrafo rojo en la otra. Me miró por encima de los lentes y alzó una ceja. «Al final has decidido venir a trabajar», bromeó. Rhonda asumía que todo el mundo tenía la capacidad innata de hacer varias cosas a la vez, como ella, y si alguna vez hubiera anunciado que procedía de un antiguo linaje de malabaristas de circo no me hubiera sorprendido en absoluto.

«Siento no haber respondido antes —dije—. Pero ahora tengo unos minutos, si te queda bien».

«Sí, no creo que tardemos demasiado», respondió.

Cerré la puerta tras de mí y me senté. «Así que cambios de personal», empecé.

«Pues sí. Necesito a Ava fuera de mi equipo y sé que no puedo hacerlo sin pasar antes por todos los aros de Recursos Humanos». Me esforcé en borrar de mi mente la imagen de artistas circenses. «Dime qué hemos de hacer para marcar todas las casillas y despe-

dirla —prosiguió—. Sé que debemos seguir un protocolo para este tipo de cosas, así que, ¿cuál es la manera más rápida?».

«Entendido —respondí—. Pero ¿te importaría empezar desde el principio? ¿Y si me explicas qué sucede?».

Rhonda suspiró y dejó el bolígrafo sobre la mesa. «¿Conoces el dicho de que una cadena solo es tan fuerte como su eslabón más débil?».

«Sí, lo conozco».

«Pues es tan sencillo como eso: Ava es el eslabón débil de nuestro equipo. No cumple con sus responsabilidades, Todd. No sé si es porque no es capaz, porque es floja o por una combinación de ambas cosas. Pero lo que sí sé es que no tiene lo que hace falta tener para alcanzar el éxito y, aunque pueda parecer injusto, los demás dicen que básicamente no vale nada. No tiene el potencial suficiente para este trabajo».

La situación de Rhonda no era en absoluto única. A lo largo de los años he tenido varias conversaciones de este tipo con otros líderes que, básicamente, han dado por perdidos a miembros de su equipo. Hay veces en que es cierto que hay que hacer cambios, porque alguien no encaja en absoluto en una función. Sin embargo, y aunque con frecuencia cambiar a la persona es la primera idea que nos viene a la mente, no siempre es cierto que no encaje en el puesto. Frustrarse con la conducta de alguien y querer deshacerse de la persona, sobre todo cuando no hace el trabajo del modo que uno cree que debería hacerse, forma parte de la naturaleza humana. Esto es precisamente lo que le sucedía a Joseph Degenhart, un profesor de griego a quien enfurecía la conducta de uno de sus alumnos: un chico rebelde con la reputación de contar chistes en clase y hacer travesuras. Degenhart llegó a pedir que se expulsara al niño de la escuela y escribió un comentario devastador: «Jamás llegarás a nada. Tu mera presencia merma el respeto de la clase hacia mí».

El alumno en cuestión era Albert Einstein.

Y la historia no termina aquí. Debido a las pésimas referencias, Einstein estuvo a punto de no poder entrar a la universidad. Sin embargo, fue allí donde conoció a un alumno más mayor que vio un gran potencial en él. Se llamaba Michelangelo Besso y también estudiaba física. No era muy habitual que un alumno de último grado se interesara por un compañero de primero, pero acabó convirtiéndose en el mejor amigo de Einstein. Besso no solo ayudó al atribulado Einstein a encontrar un trabajo, sino que, con frecuencia, mantenían interesantes conversaciones sobre ciencia. Einstein encontró en Besso a alguien que realmente sabía escuchar y que era una tabla de resonancia para sus ideas. Einstein dio su gran salto de descubrimiento precisamente durante una de estas conversaciones con Besso: se le ocurrió la extraordinaria idea de que cada átomo de materia debía contener una cantidad de energía prácticamente ilimitada. Esto llevó al descubrimiento de la energía atómica y cambió para siempre nuestro concepto del universo. Más adelante, Besso afirmó que «Einstein, el águila, cobijó a Besso, el gorrión, bajo su ala y, así, el gorrión voló un poco más alto».[1] Aunque ahora casi nadie recuerda a Besso, si no hubiera sido por su confianza en Einstein, «el águila», es posible que el mundo se hubiera perdido a uno de los mayores pensadores de la historia de la humanidad.

Cuando estudiamos el potencial de una persona, ya se trate de un compañero de trabajo, de un subordinado directo, de un amigo, de un socio o de un hijo, debemos mirar más allá de la «semilla» e imaginar el magnífico árbol que puede llegar a ser. El paradigma de ver el potencial de los demás reconoce el crecimiento como un principio orgánico. No sucede de la noche a la mañana, sino que es una función del crecimiento a lo largo del tiempo. Después de muchos años de observar y de ayudar a otros a crecer en su carrera profesional y relaciones personales, he llegado a creer que las personas son intrínsecamente capaces, completas y llenas de recursos, una postura diametralmente opuesta a la idea de que las personas están rotas, son incapaces o están estropeadas.

Recuerdo un incidente al principio de mi carrera en que una de mis jefas vio no solo quién era en ese momento, sino también lo que sería capaz de hacer en un futuro. Me habían contratado como director de Selección en lo que entonces se llamaba Centro de Liderazgo Covey. Era mi 35° día de trabajo y, aunque no recuerdo mucho de lo que sucedió ni en el 34° ni el 36°, recuerdo el 35° con gran claridad. Tras una reunión a primera hora de la mañana, Pam, mi

76

jefa, me presentó a uno de los altos ejecutivos de la organización. Mientras nos dábamos la mano, Pam anunció: «Permite que te explique todo lo que Todd ha conseguido durante sus primeros 35 días con nosotros».

Me asusté, porque no tenía ni la menor idea de lo que iba a decir. No podía pensar ni en *una sola cosa* que hubiera conseguido durante esos 35 días que mereciera la atención de uno de los altos ejecutivos. Así que, tembloroso, escuché lo que Pam tenía que decir al respecto: «Todd ha conseguido cerrar la vacante de ventas en Chicago que llevaba seis meses abierta, ha redactado una política de traslados que necesitábamos desde hacía tiempo, ha desarrollado la estrategia de selección para el año que viene...». Y la lista siguió.

Con esta anécdota no pretendo vanagloriarme de mis éxitos. La comparto porque recuerdo ese momento como si fuera ayer. Aunque sabía que había logrado todo lo que Pam estaba enumerando, me sorprendió muchísimo que demostrara un interés tan activo en lo que estaba haciendo. Recuerdo que, entonces, pensé «Esta mujer cree que soy capaz de todo». Esa convicción resonó en mi interior durante los años siguientes y llevó a que, para mí, fuera prioritario superar las expectativas de Pam en todo lo que pudiera pedirme. Creía en mí de verdad (más de lo que yo creía en mí mismo) y no tenía la menor intención de defraudarla.

Es muy probable que usted también tenga a alguien que reconoció y creyó en su potencial, es decir, alguien que vio en usted el roble que podía llegar a ser, no solo la bellota que era entonces. Quizá fueran sus padres, un hermano, un maestro o incluso un jefe. El doctor Covey explicaba así su experiencia personal con el hombre que le mostró el camino que, al final, se convirtió en el trabajo de su vida: «Su capacidad para ver en mí más de lo que yo mismo podía ver y su disposición a confiarme responsabilidades que me llevaban al límite de mi potencial desbloquearon algo en mi interior». Esta experiencia tan potente fue el origen de la máxima que el doctor Stephen R. Covey repetía con tanta frecuencia: «El liderazgo consiste en comunicar a las personas su valía y su potencial con tal claridad que lleguen a verlos por sí mismas».

¿Recuerda la anécdota que le he explicado en la primera práctica, acerca de mi hija Sydney y de mis dificultades para ayudarla a terminar un maratón? Recuerdo con claridad una ocasión en la que fuimos juntos al videoclub, cuando ella aún era una niña. (Si no sabe lo que es un videoclub, imagine que Netflix es una tienda donde descargan películas en grandes rollos de cinta magnética, para que se las pueda llevar a casa). Sydney tenía 8 años y, dado su déficit de audición, su madre y yo éramos las únicas personas que podíamos entenderla a la primera cuando hablaba. Sin embargo, mi precoz hija estaba decidida a ser la que pidiera al dependiente del videoclub la película de Disney que quería ver. Me puse nervioso al instante. No tenía ni idea de cómo ese desconocido reaccionaría ante la incapacidad de mi hija de hablar con claridad ni de cómo eso podría afectarla a ella. Era su padre, por lo que quería protegerla del dolor que estaba seguro que iba experimentar, quería proteger su autoestima de cualquier golpe que pudiera recibir. Sin embargo, mi pequeña siguió en sus trece y se acercó, decidida, al mostrador. Anunció llena de seguridad la película que quería. Su discurso era poco claro, porque como carecía de la dicción normal que los niños adquieren al oír hablar a los demás, juntaba las palabras.

El dependiente, confuso, negó con la cabeza: no le había entendido. «Lo siento, ¿qué has dicho?».

Quería saltar en defensa de mi hija. Y hubiera sido muy fácil hacerlo y ahorrarle así más dolor o bochorno. Sin embargo, Sydney persistió y repitió el título una segunda vez. El dependiente me miró, invitándome a que le explicara qué quería mi hija. De nuevo, antes de que pudiera decir nada, mi hija se agarró al mostrador y volvió a intentarlo.

«Lo lamento muchísimo, pero sigo sin entenderlo», respondió el dependiente. No podía ni imaginar cómo se estaría sintiendo mi preciosa niñita de 8 años. Casi deseé que se rindiera y se diera media vuelta. Sabía que solo tenía que mirarme con ojos suplicantes para que yo interviniera y resolviera la situación. Pero no lo hizo. Respiró profundamente y volvió a pronunciar las palabras tan bien como pudo. Este intento de comunicación se repitió una y otra vez. Y hay que decir que el dependiente siguió esforzándose al máximo para entender a mi hija. Sin embargo, no había manera y no reconocía las palabras que intentaba decir. Yo seguía observando, sin saber qué hacer. Me preocupaba que cada nuevo intento hiciera que la derrota final fuera todavía más dolorosa. Sydney, imperturbable, hizo el séptimo intento. Me pregunté cuánto tiempo más podía durar. Entonces, la expresión del dependiente se iluminó: había conseguido entender una palabra entre los sonidos que emitía mi hija.

«¿Sirenita? ¿*La sirenita*? ¿Es esa la película que quieres?», preguntó.

Mi hija asintió, emocionada y observó, con expresión de triunfo, cómo el dependiente iba a buscar la cinta. En ese momento, me di cuenta de la imagen limitante que se había infiltrado en mi percepción de Sydney. No estaba rota, no era incapaz ni había que arreglarla. Sí, era cierto que tenía sus dificultades, pero se me había olvidado que esa asombrosa niña convivía con su déficit de audición desde que era una bebé. Había aprendido a superarlo una y otra vez. Esa niña poseía la fuerza y el potencial para conseguir lo que se propusiera en la vida. Mi paradigma cambió cuando pude ver a mi hija como a una persona con mucho más potencial del que le había atribuido hasta ese momento. Si hubiera intervenido para ayudarla, y por buenas que hubieran sido mis intenciones, hubiera echado por tierra todos sus esfuerzos. En mi intento de ayudarla, hubiera podido restringir su potencial y, quizá, ralentizar su crecimiento de pequeña bellota a roble magnífico. El fracaso es muy potente. Sola ante el mostrador del videoclub, Sydney tuvo la oportunidad de intentarlo y de fracasar sin que nadie interviniera. Al contenerme, le envié un mensaje distinto: el mensaje de que creía en ella. Y, aunque el miedo me paralizaba, fue un momento extraordinario, porque hizo que me diera cuenta de todo lo que era capaz.

Ver el potencial en los demás no consiste en limitarse a *esperar* que tengan éxito. Consiste en creer que tienen talentos, capacidades y oportunidades de crecimiento sin límites. También consiste en entender que el camino hacia el éxito está pavimentado con fracasos y que crecer es un proceso continuo que puede durar toda la vida. Si adoptamos una visión a largo plazo, nos damos cuenta de que el fracaso puede ser un momento de aprendizaje y de reflexión que, de hecho, aumente las probabilidades de éxito. El fracaso es una función importante y necesaria del crecimiento y ese es el motivo por el que no he llamado a esta práctica «Vea el roble entero y no solo la bellota únicamente cuando el otro no cometa errores y lo haga todo bien a la primera».

Permitirnos ver el potencial de los demás no tiene nada que ver con la adulación: no se trata de ser el animador de turno que va por el mundo chocando los cinco con todo el que se encuentra y diciéndoles que son lo mejor desde que se inventó la rueda. En el extremo opuesto, ver el potencial tampoco consiste en corregir continuamente el desempeño ni centrarse en todos los riesgos y errores que se interponen entre una persona y el despliegue de su potencial. Una vez, un compañero de trabajo me explicó que se sentía como si su jefe corriera junto a él diciéndole sin cesar cómo debía llevar la bicicleta: «Acuérdate de ponerte el casco, no te olvides de mirar a ambos lados antes de cruzar, cuidado con los coches, ¡has estado a punto de chocar!». Aunque podamos pensar que al centrarnos en lo negativo para evitarle un disgusto al otro le estamos haciendo un favor, lo cierto es que no es así. Ver el potencial en los demás nos exige creer que la bellota se convertirá en un roble magnífico si recibe los nutrientes adecuados.

Responda a las siguientes preguntas sobre cómo piensa acerca de los demás:

- ¿Tiende a percibir únicamente los puntos débiles de los demás o los anima constantemente a que apliquen sus capacidades?
- ¿Se esfuerza en sorprender a los demás haciendo algo bien o espera a dejarlos en evidencia cuando se equivocan?
- ¿Anima a los demás a que asuman retos nuevos o intenta evitar que se arriesguen?
- ¿Se apresura a corregir a la primera señal de fracaso o concede tiempo y oportunidades para que el otro pueda demostrar de qué es capaz?

TODAS ESTAS PREGUNTAS SE BASAN EN LA IDEA DE QUE TODOS PODEMOS INFLUIR EN LOS DEMÁS. RECUERDO UNA CITA QUE COMPARTIERON CONMIGO: «EN LA VIDA DE TODOS, EN ALGÚN MOMENTO, NUESTRO FUEGO INTERIOR SE APAGA. ES ENTONCES CUANDO ESTALLA EN LLAMAS POR EL ENCUENTRO CON OTRO SER HUMANO».

—ALBERT SCHWEITZER

Seamos francos. El hecho de que esté leyendo este libro (en lugar de, por ejemplo, *La guía del perfecto narcisista para la promoción personal más descarada*) dice algo de usted: le preocupan las relaciones con las personas que lo rodean. No sé si su fuego interior arde con fuerza, pero sí sé lo intenso que puede llegar a ser ver el potencial en los demás y que en el momento de contacto, cuando una llama prende otra, ambas acaban brillando con más fuerza. Y esta es la idea que quería compartir con Rhonda.

«Pues es tan sencillo como eso: Ava es el eslabón débil de nuestro equipo. No cumple con sus responsabilidades, Todd. No sé si es porque no es capaz, porque es floja o por una combinación de las dos cosas. Pero lo que sí sé es que no tiene lo que hace falta tener para alcanzar el éxito y, aunque pueda parecer injusto, los demás dicen que básicamente no vale nada. No tiene el potencial suficiente para este trabajo».

Me acomodé en la silla y reflexioné sobre la postura de Rhonda. Ciertamente, tenía que estar abierto al hecho de que hay veces en que, sencillamente, una persona no es la adecuada para una función concreta. Sin embargo, no estaba convencido de que ese fuera el caso. O al menos, aún no. «De acuerdo, Rhonda. Por cierto, ¿cómo estás?».

Mi pregunta la sorprendió. «¿Cómo estoy yo?».

«Sí, bueno, eres una de las personas más eficientes y efectivas que conozco. ¿Has sido siempre así?».

«No, no siempre —admitió—. Pero mi madre... Ella sí sabía cómo lograr que las cosas se hicieran. Crecer en un hogar así te enseña un par de cosas... como a tener expectativas elevadas para todo y para todos».

Asentí. «Parece que esa experiencia te ha ido bien».

«Sí, supongo —respondió con cautela—. Pero no estábamos hablando de mí».

«Cierto —añadí—. Pero me pregunto si Ava habrá tenido alguna vez un ejemplo parecido en el que fijarse».

Rhonda me miró fijamente. «Pues no tengo ni idea. Y, si te digo la verdad, tampoco estoy muy segura de que eso pueda ser muy importante».

«Sí, quizá tengas razón —dije—. Pero permite que te pregunte una cosa acerca de algo que has dicho antes. Me has explicado que otros miembros del equipo dicen que Ava "no vale nada". No puedo imaginar que se refieran a que no vale nada como ser humano. ¿Hablan de su valía en su cargo? Quiero insistir en este punto. ¿Es así de verdad? ¿No hace nada bien?».

Rhonda se encogió de hombros. «Claro que sí. Es muy agradable con las personas y, para ser justa con ella, tiene que trabajar con algunas personalidades muy fuertes».

«Sí, he oído comentarios positivos acerca de lo fácil que resulta trabajar con ella», añadí yo.

«Pero incluso así, tenemos objetivos que cumplir —replicó Rhonda—. Está muy bien que sea agradable, pero necesito que las cosas se hagan».

«Pensaba que ella había desarrollado todo el Proyecto de Certificación en línea y sin ningún percance», comenté.

«Sí, claro, al final —respondió—. El problema no es la calidad de su trabajo, sino que tengo que estar siempre encima de ella para que lo termine».

«Entonces, si te he entendido bien —proseguí—, Ava tiene buenas habilidades sociales y puede hacer un trabajo de calidad. El problema es que no es proactiva y pasas demasiado tiempo controlándola. ¿Es así o me he perdido algo?».

«No, es eso», admitió Rhonda.

«Y, aunque Ava tiene que mejorar en algunas áreas y tú no puedes seguir pasando todo el día encima de ella, no creo que estés diciendo que no quieres ayudar a los demás a crecer».

«No, claro que no estoy diciendo eso».

«Eso me parecía a mí. ¿Qué te parecería probar una cosa? ¿Podrías dejar a un lado el pasado durante los próximos treinta días? —sugerí—. Sé que parece que es ralentizar el proceso, pero escúchame: Ava trabaja bien con los demás y tiene buenas capacidades, pero necesita que la ayudemos a ser más proactiva. Veamos qué es capaz de hacer o no. Lo peor que puede pasar es que le hayamos dado una última oportunidad».

«¿Ayudarla cómo?», preguntó Rhonda, enarcando las cejas.

«Sugiero que tomemos una elección: podemos ver a Ava como

una persona fundamentalmente equivocada para el puesto o como a una persona con un potencial sin descubrir».

«¿Qué propones, entonces?».

«Que hables con ella. Empieza diciéndole que puedes verla teniendo un éxito colosal en su trabajo, pero que hay algo que se interpone en el camino hasta allí. Hazle saber que valoras mucho lo fácil que es trabajar con ella y las capacidades que demuestra en tareas como el Proyecto de Certificación, pero transmítele también que necesitas que sea más proactiva. Creo que es muy posible que incluso debas explicarle con claridad qué quieres decir cuando hablas de "proactividad". Dale ejemplos específicos relacionados con su trabajo. La proactividad no es una de sus habilidades naturales, por lo que le irá bien que le indiques exactamente qué esperas de ella».

Rhonda reflexionó unos instantes y asintió. «Sí, creo que puedo hacer eso».

Cuatro semanas más tarde, Rhonda vino a mi despacho. Sabía que había estado trabajando con Ava y tenía ganas de conocer los resultados.

«¿Cómo ha ido?», pregunté.

«Para ser sincera, al principio fue algo raro —admitió Rhonda—. Supongo que eso dice algo acerca de mí y de que tengo que mejorar en cómo ayudo a los miembros de mi equipo. Sin embargo, seguí tu consejo. Le dije a Ava que veía el potencial que tenía y que había algo que le impedía desplegarlo. También seguí tu otra sugerencia y le hablé de una vez en que me dijeron cosas difíciles de escuchar y que me dolieron un poco, pero que también me ayudaron a hacer cambios que me impulsaron en mi carrera».

«¿Cómo se lo tomó?».

«Bueno, a media conversación me di cuenta de que solo hablaba yo y de que ella se había bloqueado. Así que me detuve y le pregunté qué era importante para ella en su trabajo y en su carrera profesional. Al final fue una conversación fantástica y se abrió completamente. En fin, hablamos de que ser proactiva la ayudaría a lograr lo que quería y, al mismo tiempo, resolvería mis preocupaciones. La verdad es que aún no he acabado de decidirme, pero he de decir que estoy impresionada por cómo ha empezado a hacer las *cosas de otra manera. Aún no es ideal pero sí ha habido una mejoría drástica».*

«Entonces, ¿qué piensas ahora acerca de dejarla ir?».

«Como he dicho, aún no está donde tiene que estar, pero al menos ha empezado muy bien. Espero que las cosas sigan mejorando».

APLICACIÓN 5
VEA EL ROBLE ENTERO Y NO SOLO LA BELLOTA

Cuando cree en el potencial de los demás, los ayuda a ver con mayor claridad de qué son capaces, a activar puntos fuertes y talentos que hasta ahora estaban latentes y a, en definitiva, convertirse en las personas que quieren ser.

Piense en dos o tres personas cuyo potencial le cueste ver. Como en el ejemplo siguiente, enumere las creencias o paradigmas que mantiene ahora acerca de las capacidades, talentos, habilidades y estilo de cada una. A continuación, responda a las preguntas de las dos últimas columnas.

Relación	Creencias o paradigmas limitantes	Cuestione su pensamiento actual: ¿qué hace bien?, ¿qué necesitaría para desplegar su potencial (cambio de situación, *coaching*, etc.)? ¿Qué dirían de él sus mayores defensores?	¿Qué puedo hacer para ayudar a esa persona?
Tyler	Tyler es un seguidor, no un líder. Carece de la seguridad en sí mismo necesaria para que los demás quieran seguirlo.	—Tyler llega hasta el final de todas las tareas que se le asignan. Es puntual. No chismorrea sobre los demás. —Tyler necesita pequeñas experiencias de liderazgo que lo ayuden a construir seguridad en sí mismo. Necesita una retroalimentación más positiva acerca de lo que hace bien ahora. —Tyler puede hacer cualquier cosa si se le da la oportunidad de participar. Tiene buen corazón y es una persona íntegra. Se puede confiar en él.	1. Escribir a Tyler para manifestarle que valoro todo lo que he visto que hace bien. 2. Valorar la posibilidad de asignarle el liderazgo de un proyecto pequeño el próximo trimestre.

PRÁCTICA 6
EVITE EL SÍNDROME DEL *PINBALL*

¿ALGUNA VEZ LLEGA AL FINAL DEL DÍA CON LA SENSACIÓN DE QUE NO HA LOGRADO NADA QUE VALGA LA PENA?

Si ha respondido que sí, le propongo la

PRÁCTICA 6: EVITE EL SÍNDROME DEL *PINBALL*.

Si no evita el síndrome del *pinball*, su habitación puede parecer el infierno de Sartre porque:

- No se da cuenta de dónde ha acabado hasta que es demasiado tarde.
- Está tan ocupado apagando fuegos que no le queda tiempo para prevenirlos.
- No gana jamás la partida a la máquina y, con frecuencia, se acaba sintiendo como la pelota.

Para Melissa era importante ejercer una influencia positiva en el mundo y había trabajado con gran diligencia a lo largo de una carrera profesional que ya casi alcanzaba las dos décadas. Ahora lideraba un canal crucial para la organización y tenía a varios colaboradores directos. Por eso me quedé algo sorprendido cuando Garret, que hacía mucho tiempo que pertenecía a su equipo, vino a hablar conmigo: «Ya sabes que pienso que Melissa es una persona excelente —empezó, con un tono de voz que evidenciaba que algo le preocupaba mucho—. La aprecio de verdad a varios niveles, pero ahora estoy preocupado por cómo trabajamos juntos. Y, si te soy sincero, por primera vez en diez años estoy empezando a pensar en pedir el traslado a otro departamento». Siguió su discurso y me dio permiso para hablar con Melissa, que ya había cancelado varias reuniones con él. Y ese tipo de cosas era, precisamente, lo que había estado viviendo últimamente. Añadió que no era la única persona que se sentía así. De hecho, la conversación confirmó algunos patrones que yo también había detectado. Agradecí a Garret que hubiera sido tan honesto y decidí abordar el tema con Melissa, durante una reunión que ya teníamos programada para el día siguiente.

Nos reunimos en mi despacho y, tras un par de minutos en que intercambiamos saludos, etcétera, le pregunté si le parecía bien que empleáramos el tiempo para hablar de un tema que no estaba previsto. «Sí, claro —contestó. Si tenía la sensación de que algo no iba bien en su equipo, no daba muestras de ello—. Tengo muchísimas cosas que hacer, pero siempre tendré un par de minutos para ti». Sonreí al oír esas palabras. A lo largo de los años las había oído muchas veces, pero con Melissa siempre eran sinceras. Formaba parte de su encanto, lo que hacía que el tema de la conversación resultara aún más desconcertante.

«Gracias —proseguí—. He estado dudando sobre si compartir esto contigo o no, porque quería estar seguro de que entendía plenamente lo que quería transmitir. Espero que sepas que lo único que persigo con esta conversación es ayudarte a tener éxito».

«De acuerdo —dijo Melissa mientras se inclinaba hacia delante en la silla—. Me acabas de poner algo nerviosa, pero sigue».

«Ayer, Garret vino a hablar conmigo y me explicó algunas preocupaciones que tienen tanto él como otros miembros del equipo. Ha llegado a tal punto de frustración que, tras diez años de trabajar con nosotros, está pensando en pedir el traslado a otro departamento».

«¡Vaya! Sabes que eso es lo último que deseo».

«Sí, lo sé. Y por eso me gustaría ayudarte si puedo. ¿Te importa que comparta contigo algunas observaciones?».

«Por supuesto que no, adelante».

«Bueno, Melissa, cuando te miro, veo a una persona que siente pasión por su trabajo y por la empresa y que no es en absoluto arrogante a pesar de lo mucho que ha logrado. Sin embargo, aunque siempre cumples con los objetivos de tu departamento, me da la impresión de que, por el camino, estás perdiendo los corazones y las mentes del equipo».

Melissa frunció el ceño. «¿Garret dijo todo eso?».

«No con esas palabras, pero creo que reflejan bastante bien cómo se siente. Y, aunque creo que nadie cuestiona tus intenciones, la sensación imperante es que te centras más en las tareas que en las personas. No sé si eso explica, por ejemplo, por qué acabas cancelando tantas reuniones con los miembros de tu equipo. Uno de los motivos por los que Garret vino a hablar conmigo es que no pudo hacerse un hueco en tu agenda».

«Siento mucho oír esto —respondió Melissa mientras su celular emitía un pitido. Vio el mensaje y esperé mientras lo leía antes de poner el celular en silencio—. Disculpa. Pero ya ves cómo son

las cosas. En un mundo perfecto, me encantaría tener reuniones
individuales regularmente con todos los miembros de mi equipo, de
verdad que sí. Pero la realidad es otra. No tengo tiempo, te lo ase-
guro».

Hace poco, conduciendo hacia el trabajo, no pude evitar fijarme en
un conductor en el carril de al lado que parecía tener una prisa tre-
menda. En cada cruce, ambos esperábamos a que el semáforo cambiara. Sin embargo, en cuanto aparecía la luz verde (y como si fué-
ramos pilotos en una pista de carreras), él apretaba el acelerador,
cruzaba la intersección a todo gas y aceleraba hacia los automóviles que se avistaban en la distancia. Por el contrario, yo avanzaba al
ritmo adecuado para alguien cuya idea de riesgo es quedarse a ver
los programas de televisión que se emiten a altas horas de la noche.
Cuando alcanzaba la fila de conductores que iban por delante de mí,
volvía a encontrarme con el conductor ansioso (cuyo *sprint* de 500
metros no lo había llevado más allá de los coches o los semáforos
que había delante) y esperaba a que el semáforo volviera a cambiar
a verde. Mire al conductor con el rabillo del ojo y vi que tenía el
cuerpo inclinado hacia delante y que miraba el semáforo como si
pudiera hacer que cambiara a verde con la intensidad de su mirada.
El semáforo cambió a verde y el hombre volvió a acelerar. Y yo
volví a alcanzarlo.

Este tira y afloja fue repitiéndose a medida que avanzábamos de
semáforo en semáforo, cruce a cruce. Me pregunté si el conductor
llegaría a darse cuenta alguna vez de la inutilidad de su esfuerzo.

Esta situación me hizo pensar en las veces que hacemos carreras
con semáforos metafóricos en nuestra vida, pisando el acelerador a
fondo y corriendo, manzana a manzana, sin ni siquiera darnos cuenta de las consecuencias de nuestros actos para las personas que nos
rodean. ¿Podría ser que esa atención exagerada nos impidiera dar un
paso atrás y examinar la carretera? Además, ¿adónde nos lleva esa
carretera? Con esto en mente, recordé a un antiguo socio de una
empresa anterior. La ocasión era su funeral.

Era una tarde de invierno gris y me puse a reflexionar sobre la
vida del hombre a quien íbamos a despedir. Había dedicado la ma-

yor parte de su tiempo a la empresa que había fundado y había recibido múltiples reconocimientos profesionales. Lanzar una empresa exige mucho tiempo; las urgencias abundan y la atención a lo inmediato puede marcar la diferencia entre el éxito o el fracaso de la empresa. Recordé una conversación que habíamos mantenido muchos años antes y en la que dijo que, aunque su intención había sido que las urgencias fueran algo temporal, por desgracia se habían acabado convirtiendo en un modo de vida. Su «temporada de desequilibrio», como le gustaba llamarlo, se había prolongado durante más de treinta años.

Mientras escuchaba lo que me parecían comentarios superficiales sobre él y sobre su devoción por el trabajo, me asaltó la idea de que, en un par de días, la vida continuaría. Alguien se haría cargo, sin más, de las tareas pendientes, de las reuniones, de las visitas a los clientes y de todas las actividades que habían ocupado sus jornadas laborales. La empresa seguiría adelante.

Entonces me fijé en la familia del difunto: sus hijos adultos escuchaban, sentados estoicamente, la elegía más bien genérica que alguien estaba leyendo, mientras que su exmujer estaba sentada junto a su nuevo marido. Detrás de ellos, filas de sillas vacías anunciaban a gritos que apenas había venido nadie. Se trataba del funeral de un hombre que se había esforzado en alcanzar una posición importante y respetada: había viajado por todo el mundo, gestionado equipos y, en ciertos aspectos, había logrado el éxito. Sin embargo, al ver a su familia parecía evidente que todos los logros profesionales y todas las tareas urgentes le habían salido muy caros.

Comparé la experiencia con otro funeral al que había asistido a principios de ese mismo año. Se trataba de una mujer que había trabajado de administrativa. Jamás había ostentado un título importante, liderado a otros o viajado a ningún lugar interesante por cuestiones de trabajo. Y, sin embargo, creo que encarnaba los principios que he intentado plasmar en este libro. Su familia había hecho grandes esfuerzos para acelerar y adelantar la boda de su hijo, para que pudiera asistir al importante acontecimiento antes de morir. La sala del funeral estaba abarrotada de compañeros de trabajo, de amigos, de familiares y de multitud de personas a las que había influido positivamente. La gratitud y el amor inundaron la reunión a medida que una anécdota tras otra ilustraba cómo esa mujer humilde había dedicado su vida a los demás. Y, aunque despedirse de ella fue difícil, todos los que asistimos al funeral nos fuimos con la impresión de que esa alma maravillosa había dejado atrás una vida bien vivida.

Al reflexionar sobre los dos funerales, se me ocurrió que la principal diferencia entre esas dos personas había sido cómo habían repartido sus prioridades. Uno había permitido sin darse cuenta que las urgencias mermaran las relaciones importantes. La otra había convertido la construcción de relaciones personales en parte de su trabajo vital. Y esto hizo que me planteara dos preguntas: ¿qué nos distrae de lo que hemos decidido que es realmente importante para nosotros?, ¿por qué estamos dispuestos a cambiar lo eterno por lo transitorio? Denomino como «síndrome del *pinball*» a ceder a la presión de lo urgente en detrimento de lo importante.

Piense en la última vez que jugó en una máquina de *pinball*. Sé que hay muchas aplicaciones de dispositivos móviles con este juego, pero yo me refiero específicamente a las máquinas que vivieron su apogeo a finales de la década de 1970 y principios de la de 1980. Eran unas máquinas magníficas que combinaban de un modo extraordinario elementos fantásticos, mecánicos y electrónicos. Funcionaban así: el objetivo del jugador era usar una o dos pequeñas barras móviles para lanzar una bola de metal contra múltiples objetivos, acumular puntos y desbloquear distintas recompensas. Eran juegos bellísimos a nivel visual y estaban diseñados para cautivar todos los sentidos: las luces parpadeaban mientras grandes marcadores reflejaban el proceso, sonaban campanas, los obstáculos emitían diferentes ruidos al ser golpeados por la bola y esta crujía y rodaba sobre pistas de madera y de metal. Era una experiencia muy visceral y era muy fácil que las imágenes y los sonidos inundaran todos los sentidos y exigieran la atención más absoluta. Al final, la gravedad siempre acababa ganando la partida y la bola se deslizaba entre los *flippers* (barritas), que se movían frenéticamente, y desaparecía de nuestra vista. Pero no había de qué preocuparse: otra bola siempre estaba dispuesta a ocupar su lugar. Lo único que debíamos hacer era tirar del émbolo y lanzarla.

La verdad es que el síndrome del *pinball* puede atraparnos a todos en prácticamente cualquier trabajo o carrera profesional que valga la pena. Piense en la máquina de *pinball* como en una metáfora de todas las cosas urgentes que exigen nuestra atención a lo largo de la jornada. Y, aunque no nos parezca que estemos jugando a nada, cuando completamos esas tareas urgentes podemos sentirnos atraídos (o incluso seducidos) por el ritmo acelerado y por la atención que debemos prestar para completarlas. Si añadimos un pequeño subidón de endorfinas cada vez que tachamos una tarea de la lista de «pendientes», resulta fácil ver lo gratificante, o incluso adictivo, que puede resultar lo urgente. La dificultad reside en que algunas de las urgencias también pueden ser importantes, pero la atracción del juego hace que todo parezca tener el mismo peso. Como resultado, podemos acabar dedicando tiempo y energía a lo menos importante. En palabras de Albus Dumbledore, el personaje de la escritora J.K. Rowling: «Los humanos son expertos en elegir precisamente las cosas que son peores para ellos».

Las cosas urgentes actúan sobre nosotros. Compiten por nuestra atención y exigen una respuesta. Piense en el terrible ejemplo del vuelo 401 de Eastern Air Lines, que el 29 de diciembre de 1972 voló de Nueva York a Miami. El avión iba repleto de viajeros de vacaciones cuando inició el descenso final hacia el Aeropuerto Internacional de Miami. Cuando el piloto tiró de la palanca que hacía bajar el tren de aterrizaje, una de las luces no se puso verde.

En este caso, la luz del tren de aterrizaje de la nariz estaba apagada, lo que significaba que, o bien el tren de aterrizaje no había descendido y no se había fijado en su sitio de forma segura, o bien el foco se había fundido. El piloto se dirigió a la torre de control: «Torre, aquí el vuelo 401 de Eastern. Parece que tendremos que dar una vuelta. Aún no se ha encendido la luz del tren de la nariz».

La torre ordenó al avión que cambiara de rumbo y que volviera a subir a los 2000 pies de altura. Los pilotos programaron el piloto automático para que volara en círculos y centraron su atención en el foco. Primero, el capitán y el copiloto intentaron cambiar el foco, pero se encontraron con que la cubierta estaba bloqueada. Tras intentar sacarlo sin éxito, un ingeniero se unió a sus esfuerzos, pero tampoco pudo sacar el foco. Entonces, el copiloto sugirió que usaran un pañuelo para poder sujetarlo mejor, pero hicieran lo que hicieran no servía de nada. Al final, el ingeniero sugirió que usaran unos alicates, pero advirtió que, si forzaban demasiado, podían acabar por romper el mecanismo. Los pilotos siguieron en ello, profiriendo improperios contra el foco que se negaba a ser sustituido por otro.

A continuación, la caja negra grabó la voz del segundo oficial:[1] «Hemos hecho algo con la altitud».

«¿Qué?», respondió el capitán, confuso.

«Seguimos a 2 000 pies, ¿no?», preguntó el copiloto.

El capitán pronunció entonces sus últimas palabras: «¡Eh! ¿Qué pasa aquí?».

El micrófono grabó los sonidos del avión cayendo sobre los Everglades y arrebatando la vida a los 101 pasajeros y a la tripulación.

El informe final determinó que la causa del accidente había sido un error humano y afirmó que «la tripulación dejó de controlar los instrumentos durante los últimos cuatro minutos de vuelo y no detectó el descenso imprevisto a tiempo para impedir el impacto contra el suelo. La preocupación por un mal funcionamiento... distrajo a la tripulación de los instrumentos ocasionando que no se dieran cuenta del descenso».[2]

Se trata de un ejemplo extremo y es cierto que resolver el problema de la luz del tren de aterrizaje era urgente. Sin embargo, aterrizar con seguridad era de una importancia vital. Por desgracia, en su celo por resolver lo urgente, la tripulación se distrajo y, sin querer, perdió de vista lo más importante.

En el lugar de trabajo, suele ser fácil identificar las urgencias, como contestar el teléfono, responder un mensaje de texto o abrir un correo electrónico. Sin embargo, tal y como ilustra el ejemplo del vuelo 401, la tendencia a confundir lo urgente con lo importante puede tener repercusiones irreparables. Al igual que la siguiente bola que nos presenta la máquina de *pinball*, sobre nosotros actúa una procesión constante de urgencias: todas compiten por nuestra atención inmediata. Por el contrario, las cosas importantes suelen necesitar que nosotros actuemos sobre ellas. Las cosas importantes son las que contribuyen a nuestros valores y se alinean con nuestros objetivos más elevados. Son deliberadas y a largo plazo, en lugar de aleatorias y pasajeras. Y, casi siempre, incluyen relaciones importantes.

Lo que caracteriza al síndrome del *pinball* es la confusión de lo urgente y de lo importante. Y, como las organizaciones suelen recompensar las conductas urgentes (porque, por su propia naturaleza, son fáciles de reconocer), el trabajo puede convertirse en un potente incentivo para volver a tirar del émbolo y jugar partida tras partida. Por supuesto, aparecerán urgencias que realmente necesiten nuestra atención. Muchas cosas son urgentes *e* importantes a la vez. Cuando hablo de evitar el síndrome del *pinball*, no digo que debamos abandonar el juego por completo, sino que debemos diferenciar entre cuándo *debemos* jugar y cuándo *elegimos* jugar. La máquina de *pinball* está trucada y siempre acaba ganando. Por elevadas que sean las puntuaciones que hemos acumulado en el marcador, por muchas que sean las horas durante las noches y los fines de semana que hemos dedicado a jugar, la bola acabará deslizándose entre las barras. En el mejor de los casos, todas las victorias son temporales y no nos dan más que un breve respiro antes de que el marcador vuelva a cero y la próxima bola haga su aparición. Es lo que hacemos en ese momento (agarrar el émbolo o alejarnos de la máquina) lo que marca la diferencia. Y, en el fondo, es la misma diferencia que percibí entre los dos funerales a los que asistí: un hombre que había jugado a un juego aparentemente eterno por la ilusión de una puntuación elevada y una mujerse que decidió alejarse de la máquina y conectarse con las personas que había a su alrededor. Resistirse a la atracción del juego no es tarea fácil. Nos exige demorar la satisfacción y pensar a largo plazo. Con eso en mente, es posible que estos dos consejos le resulten útiles:

- **Establezca objetivos que importen.** Reflexione sobre qué es importante para usted al nivel más profundo y significativo. Es como programar el GPS: para poder calcular la ruta más rápida a nuestro destino, antes debemos saber adónde nos dirigimos. Cuanto más exacta sea la dirección, más probabilidades tenemos de llegar. Normalmente, los objetivos que importan tienen que ver con reforzar relaciones, con planificar el futuro y con el crecimiento personal.

- **Elija con cuidado sus prioridades semanales.** En lugar de redactar una larga lista de tareas pendientes, piense en qué actividades ejercerán el mayor impacto sobre las relaciones y los resultados más importantes para usted. Piense en qué acciones construirán confianza, harán más fácil el trabajo de los demás, lo ayudarán a ser más paciente en su trato con los demás o crearán valor para sus clientes. Intente pensar en su calendario semanal como en filas de contenedores vacíos y limitados por un espacio finito (es decir, tiempo). Las personas aquejadas del síndrome del *pinball* creen, erróneamente, que podrán encajarlo todo: todas las múltiples tareas menores y urgentes entre las más valiosas e importantes, que son más escasas. Tendemos a ocuparnos primero de lo que puede proporcionarnos una victoria rápida y a meter tantas tareas urgentes como somos capaces en el espacio limitado de nuestros contenedores. Y, aunque acaban llenos, con frecuencia no contienen logros significativos. Pero hay un problema: cuando estos espacios limitados se llenan de cosas urgentes, las cosas importantes acaban quedando fuera. Si los plasmamos en un calendario, los contenedores llenos de urgencias tienen un aspecto así:

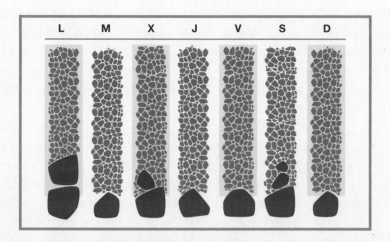

Si reflexionamos para identificar y programar primero las tareas más importantes (las prioridades que exigen que actuemos en lugar de reaccionar), lo que queda fuera son las cosas urgentes y menos importantes. Y, como son menos importantes, no ocuparnos de ellas inmediatamente no nos desvía de nuestro camino.

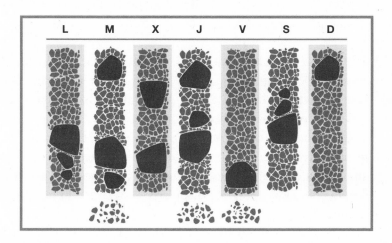

En mi oficina tengo un monumento al síndrome del *pinball*. Hace varios años, el equipo de atención a las personas llevó a cabo una lluvia de ideas con el objetivo de mejorar la cultura en nuestra sede corporativa. En aquella época, todo el mundo trabajaba mucho, pero parecía disfrutar muy poco. Decidimos centrarnos en cuatro iniciativas que escribimos en el pizarrón de mi despacho. Todos nos sentíamos entusiasmados con la lista, pero cuando regresamos al trabajo nos vimos inundados inmediatamente por las urgencias de siempre. Hablamos de la lista durante semanas, pero, al cabo de un tiempo, dejamos de mencionarla en absoluto. Tres años después, seguía resistiéndome a borrar la lista del pizarrón, porque me aferraba a la esperanza de que consiguiéramos ponerla en práctica algún día. Al fin y al cabo, era importante. Al final, renuncié. Con cierto desaliento, intenté borrar la lista... solo para descubrir que no desaparecía. Aunque la había escrito con un rotulador no permanente, había estado allí tanto tiempo que se había vuelto permanente. Nuestro equipo había caído en las garras del síndrome del *pinball*. Nos quedamos tan pegados a lo urgente que perdimos de vista lo que podía haber ejercido el máximo impacto sobre nuestra cultura. Y ahora tengo un recordatorio permanente de lo sucedido.

Aunque, con frecuencia, las urgencias adoptan la forma de cosas, las personas pueden empujarnos al síndrome del *pinball* con la misma facilidad que una lista de tareas pendientes. A continuación le propongo algunas de las estrategias que he aprendido que pueden ayudarnos a evitar que las urgencias creadas por personas nos arrastren:

- **Prepárese para lo inesperado.** Cada semana, reserve tantos espacios de tiempo como pueda para gestionar los imprevistos que puedan surgir y avise a las personas que trabajan con usted cuándo podrá atenderlas si sucediera algo. Si no hay crisis inesperadas, podrá aprovechar esos minutos adicionales para centrarse en las cosas importantes y no urgentes, como la planificación estratégica, la construcción de relaciones personales, la previsión y prevención de crisis... o criar a hijos adolescentes.

- **Reflexione sobre su día.** Al final de la jornada, repásela y pregúntese qué ha ido bien y qué no. Entonces, comprométase a gestionar mejor las cosas mañana. El objetivo de esta reflexión es aprender, no fustigarse por lo que no ha hecho.

- **Prepárese para las interrupciones.** Ensaye frases que pueda usar cuando alguien lo interrumpa con sus problemas o solicitudes urgentes. Cuando me piden que asuma un nuevo proyecto de repente, mi respuesta suele ser algo así: «Mi problema es el siguiente. Nada me gustaría más que ayudarte, pero también quiero ser realista con los compromisos que establezco con los demás. Si te parece, te diré lo que creo que puedo hacer siendo realista». A veces, cuando me preguntan si tengo un minuto para hablar, respondo con honestidad: «Sí, tengo un minuto. Pero no tengo cinco. ¿Lo resolveremos en un minuto? Si no, busquemos un momento en que pueda dedicarle la atención que merece».

Uno de los aspectos más siniestros del síndrome del *pinball* es que puede atraparnos a cualquiera de nosotros. Y eso es lo que sospechaba que le había sucedido a Melissa...

«Siento mucho oír eso —respondió Melissa mientras su celular emitía un pitido. Vio el mensaje y esperé mientras lo leía antes de poner el celular en silencio—. Disculpa. Pero ya ves cómo son las cosas. En un mundo perfecto, me encantaría tener reuniones individuales regularmente con todos los miembros de mi equipo, de verdad que sí. Pero la realidad es otra. No tengo tiempo, te lo aseguro».

Era la respuesta clásica de una persona dedicada y con talento atrapada en el síndrome del pinball. Casi podía ver a Melissa, inclinada sobre la máquina y haciendo todo lo posible para mantener la bola en movimiento, ajena al equipo que la rodeaba.

Pensé en mi pizarrón y en la ahora infame lista imborrable. Sabía tan bien como el que más lo fácil que resultaba perder de vista lo importante cuando se caía en el síndrome del pinball. «Melissa, ¿es importante para ti conservar a Garret en tu equipo?».

«Sí, mucho».

«Háblame de lo que está pasando», le pedí.

«Me resulta descorazonador saber que Garret se siente así. Lo considero un miembro del equipo muy valioso y lo aprecio mucho. Aunque entiendo que el hecho de cancelar las reuniones no puede haber ayudado mucho a arreglar la situación».

«¿Te importaría hablar de ello? ¿Qué pasó?».

«Bueno, ya sabes cómo van las cosas cuando se acerca el cierre del trimestre. Me quedo prácticamente enterrada en las peticiones de los distintos departamentos a los que apoyo. Una cosa urgente en el último minuto detrás de otra».

«¿Lo tienes en cuenta cuando programas tu agenda? Quiero decir, me da la impresión de que este aumento de trabajo al final del trimestre es bastante predecible».

Melissa reflexionó unos instantes. «Parece que, obviamente, no lo tengo en cuenta lo suficiente».

«Cuéntame cómo es un día de trabajo normal para ti».

«Bueno, cada mañana leo la lista de tareas pendientes y voy tachando las que puedo. Que normalmente no son muchas antes de que surja algo. Sin embargo, el trabajo es así, e intento hacer tanto como puedo antes de que acabe la jornada y al día siguiente lo retomo donde lo dejé».

«*Muy bien. Entonces, teniendo en cuenta cómo inviertes tu tiempo y tu energía normalmente, ¿cómo crees que se ve Garret en relación con tus prioridades diarias?*».

Melissa dudó e, inconscientemente, desvió la mirada hacia el celular.

«*Sí, entiendo por qué podría creer que no me importa. Pero no es así en absoluto*».

«*Creo que, probablemente, tienes razón —respondí—. Supongo que la cuestión es cómo podrías cambiar esa percepción*».

«*Tengo que hablar con él*».

Una de las consecuencias de vivir con el síndrome del pinball *es que perdemos de vista dónde acabamos. A pesar de sus buenas intenciones, Melissa no había detectado las señales de que su equipo estaba cada vez más frustrado.*

«*Sí, creo que es una buena idea*», dije.

«*Lo que no sé es cómo resolver mi problema de tiempo*».

«*¿Puedo hacer una sugerencia?*».

«*¡Por supuesto!*».

«*Tal y como describes tu jornada, da la impresión de que tu intento de acabar con la lista de tareas pendientes se ha convertido en una batalla eterna*».

«*Sí, la verdad es que sí*», admitió Melissa.

«*Parece que asumes como algo inevitable que siempre quedará algo por hacer o, como has dicho antes, "algo que retomar al día siguiente donde lo dejaste"*».

«*Sí*».

«*Entonces, quizá la pregunta adecuada no sea cómo abarcar aún más cosas, sino qué dejas ir. Quizá estás dejando que las urgencias se antepongan a lo que es verdaderamente importante, como la necesidad de tu equipo de pasar más tiempo contigo*».

«*La verdad es que no lo había visto así, pero creo que tienes razón. Podría reservar tiempo no solo para las emergencias de final de trimestre, sino también para mi equipo, antes de que las crisis estallen*».

«*Intenta levantar una muralla impenetrable alrededor de las cosas importantes —proseguí—. No pasa nada si las cosas urgentes pero no importantes se retrasan un poco*».

«Creo que es difícil darse permiso para hacer eso. Bueno, al menos para mí lo es».

«Creo que, probablemente, lo es para todos», admití, esforzándome todo lo que podía en no volver a mirar el pizarrón. Cuando Melissa se fue, vi con optimismo las probabilidades de Melissa para resistirse a la atracción del síndrome del pinball y de dedicar más tiempo a su equipo. Y me dispuse a pedir un pizarrón nuevo.

APLICACIÓN 6
EVITE EL SÍNDROME DEL *PINBALL*

1. Al final de la semana, imprima la agenda y la lista de tareas de la semana que acaba de terminar o, si no las gestiona electrónicamente, lleve un registro de tiempo durante una semana y apunte todas las actividades en las que participa; si es posible, en franjas de una hora.

2. Rodee con un círculo las actividades urgentes y subraye las importantes. Si ve que todas las actividades (incluidas las urgentes) son importantes, priorícelas.

3. Determine qué proporción de tiempo dedica a lo urgente y a lo importante.

4. Elija una o dos actividades urgentes que pueda borrar o posponer hasta la semana próxima y reserve tiempo en la agenda de la semana que viene para una o dos cosas importantes que hará en su lugar.

PRÁCTICA 7
PIENSE EN NOSOTROS, NO EN MÍ

¿PERCIBE SU CAPACIDAD PARA TENER ÉXITO O GANAR ÚNICAMENTE A EXPENSAS DE LOS DEMÁS? ¿O TIENE EN CUENTA A TODO EL MUNDO A EXPENSAS DE SU PROPIO INTERÉS?

Si ha respondido que sí a cualquiera de estas dos preguntas, le propongo la

PRÁCTICA 7: PIENSE EN NOSOTROS, NO EN MÍ.

Cuando no piensa en «nosotros», sino en «mí», su habitación puede parecer el infierno de Sartre porque:

- Vive con el temor de que nunca hay lo suficiente y, quizá, le molesta el éxito de quienes lo rodean.

- Logra victorias a corto plazo, a expensas del éxito genuino a largo plazo.

- Los demás tienen prisa por salir de su habitación, porque no quieren ni vivir ni trabajar con un mártir.

Gran parte de mi trabajo consiste en escuchar a los demás a lo largo del día, por lo que, cuando tengo algún momento libre, a veces decido comer a solas para poder desconectarme un poco. No hubiera sido la primera vez que personas especialmente propensas a reunirse de forma imprevista e improvisada me tendían una emboscada para atraparme en uno de estos momentos en que bajaba la guardia, así que no sé si esa era la intención de Lewis, un directivo de cuarenta y tantos años que, definitivamente, venía a mi encuentro.

«Eh, Todd —anunció mientras se aproximaba, con voz más ansiosa que entusiasmada—. Me alegro de haberte encontrado. ¿Tienes un momento?».

«Sí, por supuesto», respondí al darme cuenta de que mi tiempo a solas tendría que esperar.

«Gracias. Tengo un problema del que me gustaría hablar contigo».

«De acuerdo. ¿Te importa que hablemos mientras damos un paseo? —le pregunté, porque necesitaba algo de aire fresco. Lewis accedió y empezamos a caminar por el campus—. ¿Qué sucede?».

«Tenemos un problema con las retribuciones —empezó—. Sabes que me encanta mi trabajo y que recibo un buen sueldo, pero uno de mis colaboradores directos va a ganar más que yo este año y me está costando digerirlo».

«Explícame un poco más», le pedí.

«Es que no me parece bien. Quiero decir, ¿por qué querría nadie mi trabajo si mis colaboradores directos pueden ganar más que yo? Francamente, no me parece bien que podamos tener una situación en la que alguien gana más dinero que su jefe. Y eso es lo que sucede con Brenda».

«¿Crees que los resultados de Brenda no son los adecuados?», pregunté. Brenda era una vendedora con mucho talento y que había estado haciendo un trabajo extraordinario en su zona.

«No me has entendido bien —me corrigió Lewis—. El problema no son los resultados de Brenda, sino que vaya a ganar más que yo».

Vivimos en un mundo competitivo. Los sistemas educativo, corporativo, deportivo y legal, por nombrar solo unos pocos, nos impulsan y nos recompensan cuando superamos al otro, cuando llegamos a la cima de la campana de Gauss, aterrizamos en el percentil superior, logramos la máxima puntuación o añadimos la «V» definitiva a la columna de victorias. Uno de nuestros talleres más conocidos empieza con un juego que ayuda a los participantes a tomar conciencia de lo mucho que les importa ganar. El facilitador presenta el juego diciendo algo parecido a: «A la mayoría de los niños le gusta jugar al gato. ¿Les gustaba a ustedes?». Normalmente, todo el mundo asiente. Entonces, el facilitador pregunta a los participantes: «¿Cuál era el objetivo del juego cuando lo jugabais de niños?». «Ganar tan rápido y tantas veces como fuera posible», responden la mayoría de los participantes en el taller.

Llegados a ese punto, el facilitador les pide que se agrupen por parejas y que jueguen unas cuantas partidas de un juego nuevo. «No vamos a jugar exactamente al gato, sino a algo muy parecido, llamado "gato extremo". Cada raya de *cuatro* elementos (X o O) cuenta un punto. Si terminan la primera partida durante el tiempo previsto, empiecen otra inmediatamente. Recuerden que el objetivo es *ganar tan rápido y tantas veces como sea posible»*.

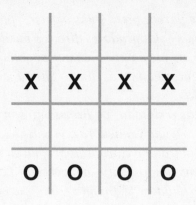

Normalmente, la primera ronda activa el condicionamiento competitivo para ganar que la mayoría de nosotros aprendió de pequeños. Los participantes se enfrentan entre ellos y se esfuerzan con denuedo para derrotar a su pareja y aumentar su puntuación individual. Al final de la primera ronda, cada pareja comparte los puntos conseguidos. La mayoría ha conseguido muy pocos, porque han estado compitiendo.

Entonces, el facilitador da a la parejas tiempo para pensar antes de la segunda ronda, insistiendo en que el objetivo es *ganar tan rápido y tantas veces como sea posible*. Poco a poco, las parejas empiezan a darse cuenta de que no tienen por qué competir por los puntos. Por el contrario, pueden colaborar para acumularlos. Se dan cuenta de que, si colaboran en lugar de competir, pueden trabajar con más rapidez y eficiencia. Una vez que han tenido ese momento «eureka», empiezan a llenar las tarjetas del juego tan rápidamente como pueden. Tras la segunda o tercera partida, las parejas logran cuatro, seis o incluso diez veces más puntos que cuando trabajaban individualmente.

En tanto que seres humanos, nos han condicionado para que veamos el mundo como un lugar con recursos limitados, por lo que más nos vale conseguir *los nuestros* mientras podamos. Recuerdo que un colega me explicó una vez lo difícil que le resultaba la temporada navideña cuando era pequeño. Cuando le pregunté por qué, respondió: «Porque cuando veía a mis hermanos abrir sus regalos, pensaba "Mira, un regalo menos para mí". ¡Y tenía muchos hermanos!».

LA IMPORTANCIA DE LA MENTALIDAD

Mi colega (y muchos de nosotros) nos resignamos a vivir con una mentalidad ganar-perder: si usted recibe un regalo, yo me quedo sin. Cuando se trata de cómo vivimos y trabajamos con los demás, existen otras mentalidades:

- Perder-Ganar
- Perder-Perder
- Ganar-Perder
- Ganar-Ganar

Estas mentalidades dependen fundamentalmente de dos factores:

- El nivel de madurez personal.
- La cantidad de coraje y de consideración que empleamos cuando tratamos con los demás.

EL NIVEL DE MADUREZ

En FranklinCovey enseñamos tres niveles de madurez: dependencia, independencia e interdependencia. La dependencia viene acompañada de la mentalidad «tú». *Tú* eres responsable de mí, de mis sentimientos y de mis circunstancias. Es *tu* trabajo cuidarme. De niños, dependemos de nuestros cuidadores para todo: alimento, ropa, vivienda y amor. Ser dependiente en situaciones concretas no tiene nada de malo. Sin embargo, muchos de nosotros hemos trabajado con adultos que siguen manifestando una conducta dependiente: creen que usted u otros son los responsables de sus éxitos, de sus fracasos, de sus estados de ánimo y de sus emociones. La dependencia es el nivel más bajo de madurez personal y significa que hacemos a los demás responsables de nuestra felicidad o adoptamos una mentalidad de víctima cuando las cosas no van bien. Con frecuencia, suena así: «me has decepcionado», «me has hecho enfadar», «no lo hiciste», «es culpa tuya».

De todos modos, cuando asumimos una nueva función o adquirimos una habilidad nueva, hay un período durante el que cabe esperar que dependamos de otros para que nos enseñen mientras aprendemos ese funcionamiento nuevo. Hace muchos años, cuando empecé a trabajar como seleccionador de personal médico en el sector sanitario, carecía de experiencia en ese sector. Dependía de otros profesionales para que me enseñaran cómo funcionaba. Podríamos decir que, en esos momentos, era dependiente. Pero, poco a poco, fui aprendiendo y madurando.

La independencia es el siguiente nivel de madurez y viene acompañado de la mentalidad «yo». La independencia suena así: «yo puedo hacer esto», «yo soy el responsable», «yo decidiré qué es lo mejor». Cuando pensamos y actuamos a este nivel, desplazamos la atención de las personas que nos rodean a nuestras propias fortalezas y capacidades. Muchos piensan que la independencia representa la cúspide de la madurez. Cuando hube acumulado unos años de experiencia, conocimiento y práctica seleccionando a médicos, empecé a verme como a una persona de mucho éxito. Pensé que lo había logrado. ¿Qué más había que aprender? (véase «Práctica 15: Empiece con humildad»).

Aunque, ciertamente la independencia es mucho más madura que la dependencia, hay algo mucho más satisfactorio y transformacional, que sucede cuando personas independientes deciden trabajar juntas.

Con la interdependencia, adoptamos la mentalidad de «nosotros». Cuando pensamos y actuamos de forma interdependiente, elegimos combinar nuestros talentos y capacidades con los de los demás, con lo que creamos algo mucho más grande. La interdependencia suena así: «podemos hacerlo», «juntos podemos colaborar y juntos podremos resolverlo». Recuerdo la primera vez que asistí a una convención del sector, donde conocí a otros profesionales de éxito que llevaban mucho más tiempo que yo en la industria. Fue entonces cuando me di cuenta de lo mucho que me quedaba por aprender de los demás y me bajé del enorme burro de la independencia.

Hay muchos estudios que sugieren que la naturaleza usa también estrategias cooperativas y no solo la ley del más fuerte. La cooperación tiene una potencia innata, que surge de la unión de todas las fuerzas.

La manera más efectiva de reforzar las relaciones personales y de lograr resultados ganar-ganar es ver y adoptar una mentalidad interdependiente. Si no prestamos atención, cuando nos encontramos en situaciones que pueden activar la reactividad podemos caer en conductas independientes o, peor aún, dependientes: culpar y acusar a los demás o hacer responsables a otros de nuestro bienestar emocional. Así me fueron las cosas cuando *no* tenía una mentalidad interdependiente.

Hace unos años, una compañera reescribió completamente una presentación que yo había preparado. Al ver los cambios, me inundaron toda suerte de pensamientos negativos: «¿Quién se cree que es? Hace años que hago esto y ahora resulta que la experta es ella. ¡Pues que se encargue ella de todo!». Asumí malas intenciones, cuestioné sus motivos y caí en una mentalidad de víctima. Me centré en cómo *ella* me había *hecho* enfadar, es decir, vivía en un estado de dependencia. Permití que la situación se convirtiera en una competencia entre mi compañera y yo.

Luego, empecé sentirme aún más orgulloso: «He recibido multitud de elogios, no necesito la opinión de nadie más. Sé lo que me hago. Solo tengo que seguir con lo mío y olvidarme de ella». Había pasado al nivel de madurez de la independencia y veía a mi compañera como un obstáculo que se interponía en mi camino. Estaba dispuesto a redoblar mis esfuerzos y a descartar por completo sus consejos.

Sin embargo, al día siguiente le expliqué lo que sucedía a un amigo en quien confiaba. Me escuchó con paciencia mientras enumeraba mis planes y mi letanía de quejas. Cuando terminé, me dijo: «Imagino lo difícil que ha de ser recibir críticas después de todo lo que te has esforzado. También quiero que sepas que tu capacidad para cautivar al público es uno de los motivos principales por los que se te pide que hagas estas presentaciones. Eres bueno en lo que haces, Todd».

Su sinceridad empezó a ablandar mi actitud defensiva. Prosiguió: «Dejando a un lado el modo poco diplomático en el que decidió ofrecerte sus ideas, creo que algunas de sus sugerencias ayudarían a que tu presentación fuera aún mejor. Quizá te ayudaría separar lo que sientes acerca de lo sucedido de lo que podrían ser sugerencias potencialmente útiles. Me he dado cuenta de que quiere que insistas en algunos puntos clave, porque así la presentación será más persuasiva. Su idea de iniciar la presentación con esa cita inspiradora ayudará al público a entender antes el concepto». Compartió conmigo algunas ideas más que el día anterior hubiera sido incapaz de escuchar.

Me hizo pensar: «¿Es posible que quisiera ayudarme a que la presentación fuese lo mejor posible? La verdad es que a ella también le interesaba que saliera bien. Quizá ganaríamos más si trabajamos juntos en lugar de cada uno por nuestro lado...».

Los sabios consejos de mi amigo me permitieron dejar a un lado la actitud defensiva y reflexionar de verdad sobre las sugerencias que había recibido. Concluyó: «Creo sinceramente que sus intenciones son buenas. Quizá no lo haya puesto en práctica de la mejor manera posible, pero su intención es evidente: quiere ayudarte».

Con su actitud interdependiente, mi amigo me ayudó a olvidarme de mi ego y a reflexionar sobre qué había sugerido mi compañera y por qué. Aunque no acepté todas sus sugerencias, sí me di cuenta de que muchas de sus recomendaciones mejoraban significativamente la presentación. Incluso le pedí otra reunión, para practicar con ella lo que había aprendido. Decidí trabajar interdependientemente. Cuando llegó el momento de volver a dar la presentación, había mejorado muchísimo. Desde entonces, le he pedido consejo en varias otras presentaciones que he tenido que preparar y realizar.

CORAJE Y CONSIDERACIÓN

Las personas que modelan la interdependencia de forma constante equilibran el coraje y la consideración cuando trabajan con otros. Definimos el «coraje» como la voluntad y la capacidad de expresar con respeto lo que pensamos; y la «consideración» como la voluntad y la capacidad de buscar y escuchar con respeto lo que piensan y sienten los demás. A pesar de lo difícil que puede resultar mantener un equilibrio perfecto entre las dos en todas las situaciones, lo que debemos hacer es asegurarnos de que no estamos muy sesgados ni hacia la una ni hacia la otra. Demasiada consideración sin el coraje suficiente puede convertirnos en el proverbial tapete. Y demasiada valentía sin la consideración necesaria puede convertirnos en abusivos.

Demasiado coraje

Hace años, trabajé con un hombre a quien precedía su reputación. Era de aspecto rudo y malhumorado e interrumpía a los demás constantemente. Cuando no estaba de acuerdo con algo o manifestaba su opinión, no dedicaba ni un solo segundo a pensar sobre cómo su actitud ofensiva podría afectar a los demás. Puede imaginar lo contento que me puse cuando me dijeron que debía trabajar con él en un proyecto importante.

Cuando empezamos a componer el equipo, rechazó inmediatamente a todos los candidatos que sugerí: «Este es idiota», «No tiene lo que hay que tener» o «No es la persona adecuada para el trabajo». Y así. Su problema no era precisamente la escasez de valentía. Los siguientes seis meses de proyecto fueron los más largos de toda mi vida. Sorprendentemente, acabamos el proyecto a tiempo, pero nadie quiso volver a colaborar con él, que siguió trabajando como un genio solitario durante el resto de su carrera.

Demasiada consideración

En un empleo anterior, trabajé con una persona que era la consideración *personificada*. Hacía recados para los demás durante su hora libre de la comida, siempre se quedaba a trabajar hasta tarde y se ofrecía de voluntario para realizar los proyectos de otros durante el fin de semana; incluso tareas que no estaban incluidas ni en la descripción de su trabajo o que no eran responsabilidad suya. Era muy sensible a cualquier *feedback* negativo, por lo que evitaba decir que no a nadie. Aunque le caía bien a todo el mundo (¡no podía ser de otro modo, jamás decía que no!), carecía del valor necesario para expresar sus opiniones con seguridad y me dijo que no siempre se sentía respetado. A lo largo de los años, cada vez se fue sintiendo más agotado, desmoralizado y poco valorado por los demás.

Aunque las grandes ideas y el coraje pueden ser cruciales a la hora de hacer bien un trabajo, sin consideración y respeto en el único equipo donde le querrán es en uno compuesto por usted solo. Por el contrario, con mucha consideración y poco coraje, es muy probable que caiga bien, pero que al final sienta que no lo respetan. Del mismo modo que la persona con demasiada valentía aleja a los demás, la persona muy considerada puede acabar sintiéndose sola.

El reto está en demostrar gran coraje y gran consideración en *todas* las relaciones. A veces, somos más valientes en casa que en el trabajo o más considerados con nuestros colegas profesionales que en nuestras relaciones personales. Cuando nos esforzamos en equilibrar ambas fuerzas, allanamos el camino a la interdependencia y a los resultados mutuamente beneficiosos en todas las relaciones. Cómo decidimos ver *a* y trabajar *con* los demás nos conduce a uno de cuatro resultados. Permítame ilustrarlo con la anécdota que le he explicado antes, acerca de cómo me sentí cuando mi colega reescribió mi presentación.

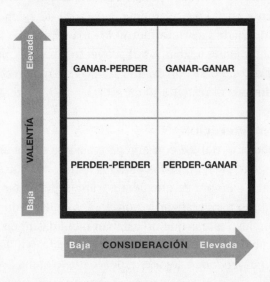

- Perder-Ganar (alta consideración, bajo coraje). Reconozco que los cambios que ha hecho mi compañera en mi presentación son acertados y que me equivoco al cuestionar sus motivos. Me rindo ante su manera de pensar y acepto todas las modificaciones, emprendiendo así el camino de la menor resistencia.

- Perder-Ganar tiene este aspecto:
  – Me falta el valor para expresar o pedir lo que necesito.
  – Me siento intimidado con facilidad, cedo rápidamente.
  – Lo que me motiva es ser aceptado por los demás.
  – Tiendo a ocultar lo que siento de verdad.

- Perder-Perder (baja consideración, bajo coraje). Me siento atacado y humillado, por lo que me justifico a mí mismo cuando destruyo toda la presentación: su versión y la mía. Además de *no* estar en absoluto interesado por lo que pueda decir mi compañera, estoy dispuesto a abandonar también mi propio trabajo. Que pierda otro el tiempo si quiere, yo ya estoy harto. Y peor para ella si no puede encontrar un sustituto.

- Perder-Perder tiene este aspecto:

- Si yo pierdo, tú también.
  – Estoy dispuesto a sufrir, si eso significa que tú sufrirás también. Renuncio a lo que importa de verdad.

- Ganar-Perder (alto coraje, baja consideración). Mi compañera ha lanzado la primera piedra y me ha atacado, así que tengo motivos para hacer lo mismo. Pulsaré «rechazar todo» en su revisión, redactaré un correo electrónico larguísimo y le diré exactamente lo que pienso de ella. Tengo que ponerla en su sitio.

- Ganar-Perder tiene este aspecto:
  – Uso mi posición, poder, credenciales, posesiones o personalidad para salirme con la mía.
  – Critico a los demás para quedar por encima de ellos.
  – Compito en lugar de colaborar.
  – Voy a ganar y tú vas a perder.

- Ganar-ganar (alto coraje y alta consideración). Escucharé con consideración y respeto el punto de vista de mi compañera y luego plantearé con educación mi punto de vista. Asumiré que tiene buenas intenciones y decidiré trabajar junto a ella, porque sé que ambos tenemos fortalezas que aportar y que, en consecuencia, lograremos un mejor resultado.

113

- Ganar-ganar tiene este aspecto:
  - Trabajaremos juntos hasta que encontremos una solución que nos beneficie a ambos.
  - Valoro tus necesidades y tus deseos tanto como los míos.
  - Colaboro en lugar de competir.
  - Equilibro la valentía y la comunicación cuando comunico.
  - Puedo estar en desacuerdo con respeto.

En mi experiencia, el impacto a largo plazo de cualquier resultado distinto a Ganar-Ganar acaba escorándose antes o después hacia Perder-Perder.

Pensar en *nosotros*, en lugar de en *mí* es tremendamente potente. Además de aumentar las probabilidades de lograr los resultados que queremos, reforzamos las relaciones. Me pregunté si Lewis, el directivo preocupado por lo que iba a cobrar una de sus colaboradores directas había perdido eso de vista.

«No me has entendido bien —me corrigió Lewis—. El problema no son los resultados de Brenda, sino en el hecho de que vaya a ganar más que yo».

«Me da la sensación de que lo ves como una competencia —respondí mientras seguíamos paseando—, en la que el vencedor es quien consigue más dinero al final del año».

Lewis reflexionó unos instantes antes de responder: «Creo que se trata de ser justos, no de competir».

«Muy bien, pues vayamos por ahí —proseguí—. Cuando Brenda obtiene buenos resultados, ¿tú sales beneficiado?».

«Sí, claro. Yo tengo un objetivo para toda la región y sus resultados me ayudan a lograr mi objetivo», respondió.

«Entonces, cuando Brenda obtiene buenos resultados, tú ganas más dinero y te resulta más fácil lograr tus objetivos. Quizá incluso duermes algo más tranquilo sabiendo que esa parte concreta de la región funciona bien».

«Sí», admitió Lewis.

«Y, mientras, Brenda sigue motivada para esforzarse y desarrollar la región todavía más. Digamos que reestructuramos el plan

de retribución en tu zona, para que Brenda no pueda superar un techo de compensación. ¿Cómo crees que respondería ante eso?».

«Bueno, obviamente no le gustaría —respondió Lewis—. Probablemente, tendría la tentación de relajarse una vez alcanzado el tope».

«*¿Crees que podría frustrarse tanto que llegara a pedir el traslado?*», pregunté.

«Espero que no, pero nunca se sabe. Supongo que podría empezar a buscar otras opciones».

Me detuve un momento y miré a Lewis a los ojos.

«*¿Y en qué te beneficiaría eso a ti? A mí me parece un Perder-Perder claro. Sí, te sales con la tuya en el aspecto económico, pero al final, los dos salen perjudicados. ¿Es eso lo que quieres?».*

Lewis suspiró.

«No es solo cuestión de principios».

«*Sabes que hay otros directores regionales cuyos vendedores acaban ganando más que ellos, ¿verdad? Se alegran de contar con personas en su equipo que pueden acabar ganando tanto. La verdad es esta: aunque Brenda se lleve una porción más grande del pastel, no está comiendo de tu plato. Ella ha hecho que haya más pastel para todos. Y eso me parece un Ganar-Ganar».*

«Sí, quizá», admitió Lewis.

Proseguí.

«*Has sido un buen líder. La has formado a lo largo de estos años y la has ayudado a llegar a donde está ahora. Y eso vale mucho. ¿El único modo de medir el éxito es el dinero?».*

«No, no lo es», dijo Lewis.

«*Una opción sería que volvieras a asumir una función puramente comercial. Probablemente ganarías más dinero. Sin embargo, eso significaría renunciar a liderar el equipo, algo que haces extraordinariamente bien, por cierto, y algo que creo que es muy importante para ti».*

«Tienes razón, no quiero renunciar a ello. Quizá he perdido de vista que además del dinero hay otras recompensas».

«*¿Qué te parecería trabajar individualmente con todos los miembros de tu equipo para que tuvieran tanto éxito que todos acabaran ganando más que tú?».*

«Lo pensaré».

*Aunque Lewis siguió teniendo ciertas dificultades con la retri-
bución de Brenda, he visto a otros líderes que se enorgullecen del
éxito económico de los miembros de su equipo y que modelan el
espíritu de pensar en* nosotros, *en lugar de en* mí.

APLICACIÓN 7
PIENSE EN NOSOTROS, NO EN MÍ

Cuando se alcanza un equilibrio entre el alto coraje y la alta consideración en las relaciones personales, estamos en el camino de pensar en *nosotros* en lugar de en *mí*. Si quiere mejorar en esta práctica, haga el ejercicio siguiente.

1. Elija una relación personal y otra profesional que en la actualidad pase por dificultades o no sea del todo ideal.

2. Puntúe el nivel de valentía y de consideración que muestra en cada relación y coloque el nombre de la persona en el punto correspondiente de la gráfica (vea el ejemplo a continuación).

3. El lugar donde ubique cada nombre en la gráfica determina cómo suele relacionarse con esa persona. Si ha puntuado bajo en consideración y alto en valentía, quizá esté operando desde una mentalidad Ganar-Perder. Si ha puntuado alto en consideración y bajo en valentía, es posible que esté operando desde una mentalidad Perder-Ganar.

4. Recuerde que lo ideal es mostrar niveles elevados de coraje y de consideración en todas las relaciones, tanto personales como profesionales.

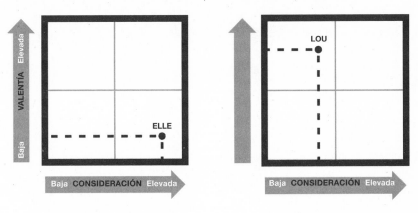

5. Si ve que ha puntuado bajo en coraje, pruebe lo siguiente:
   - Escriba sus ideas y sus opiniones y practique cómo expresarlas con personas con quienes se sienta seguro.

- Pruebe a pedir cosas. Empiece por pedir cosas que sabe que le concederán.

- Comprométase consigo mismo a aportar una idea en la siguiente reunión.

- Tras las reuniones, redacte una versión escrita de sus comentarios.

6. Si ve que ha puntuado bajo en consideración, pruebe lo siguiente (pero tenga en cuenta que las normas culturales de cada contexto pueden exigir otra estrategia):

- Apague todos los dispositivos electrónicos y establezca contacto visual cuando hable con los demás.

- En las reuniones, no hable hasta que dos o tres personas hayan compartido ya sus ideas.

- No interrumpa.

- Apunte sus ideas para recordarlas, en lugar de expresarlas al momento, sobre todo si las emociones son intensas.

- Acabe la idea con una pregunta, pidiendo la opinión de los demás.

MANTENGA SU CUENTA BANCARIA EMOCIONAL CON SALDO POSITIVO

¿CORRE EL RIESGO DE ACABAR EN DESCUBIERTO O INCLUSO EN QUIEBRA EN SUS RELACIONES PERSONALES?

De ser así, le aconsejo la:

PRÁCTICA 8: MANTENGA SU CUENTA BANCARIA EMOCIONAL CON SALDO POSITIVO.

Si no mantiene su Cuenta Bancaria Emocional con saldo positivo, su habitación puede parecer el infierno de Sartre porque:

- No entiende por qué alguien no valora sus esfuerzos por ayudar.

- Tarda más de lo debido en recuperarse de un error.

- Sin darse cuenta, pierde la confianza de las relaciones importantes para usted.

Vi la pantalla de mi celular, que había empezado a vibrar, y vi el nombre de Jerome, un amigo con el que hacía años que no hablaba. Habíamos trabajado juntos en una empresa anterior, pero luego habíamos perdido el contacto. Me alegré al contestar y oír su voz.

«Todd, cuánto tiempo», dio Jerome con la voz profunda y alegre de siempre.

«Sí, lo sé. Me alegro de oírte».

Hablamos un rato acerca de la empresa donde habíamos coincidido y del curso que habían seguido nuestras vidas respectivas. Al cabo de unos minutos, Jerome dijo que lamentaba que hubiéramos estado tanto tiempo desconectados. «Me alegro de haber retomado el contacto —añadió—. Oye, ¿por qué no quedamos para almorzar algún día?». Respondí que sí y le dije que lo llamaría. Estaba a punto de agradecerle de nuevo que hubiera llamado cuando me interrumpió: «Por cierto, ¿sabes qué acabo de recordar? ¿Tu tío aún tiene acceso a vales de descuento para el Día de los Amigos y Familiares en el Sports Hut?».

La verdad es que me dejó desconcertado. De repente, todas las buenas sensaciones que experimentaba por haber recuperado el contacto con mi antiguo compañero desaparecieron y se vieron sustituidas por la sospecha de que la inesperada llamada tenía mucho más que ver con mi tío y con sus vales de descuento que conmigo.

«No lo sé, tendría que preguntárselo», le respondí con voz desprovista de emoción.

Me despedí y colgué.

«Caramba —pensé—. Menudo oportunista». Normalmente, hubiera estado encantado de pedirle un favor a mi tío. Pero no ahora.

La mayoría de nosotros presta mucha atención a sus cuentas bancarias: los depósitos, los reintegros, los intereses y comisiones, la evolución del saldo... La idea es bastante sencilla: depositamos fondos para acumular una reserva a la que acudimos para satisfacer los diversos gastos que podamos tener en el futuro. La tecnología actual nos permite controlar las transacciones prácticamente en tiempo real. Si pensamos en las relaciones personales, veremos que llevamos a cabo transacciones parecidas y que hacemos depósitos o realizamos reintegros en lo que en FranklinCovey llamamos «Cuenta Bancaria Emocional» (CBE). Cuando el saldo es elevado, también lo es el nivel de confianza resultante. Cuando el saldo es bajo, las relaciones salen mal paradas. Aunque podemos encontrar muchas similitudes en el funcionamiento de las cuentas bancarias tradicionales y una Cuenta Bancaria Emocional, hay algunas diferencias clave que vale la pena destacar:

- **El único objetivo de la CBE es hacer depósitos y construir confianza con los demás.** Jamás acumulamos saldo para realizar reintegros deliberados y programados más adelante.
- **Las Cuentas Bancarias Emocionales no permiten depósitos automáticos.** A diferencia de una cuenta bancaria normal, no podemos domiciliar cobros (como las nóminas) en la CBE. Los depósitos en la Cuenta Bancaria Emocional exigen que nos acerquemos al cajero, como si dijéramos, y hagamos la transacción en persona. Y esta atención es importante, porque, en mi experiencia, las relaciones que damos por sentadas (y en las que funcionamos en piloto automático) suelen ser, precisamente, las que necesitan una atención más constante y deliberada.
- **La CBE rinde intereses en forma de alta confianza, buena voluntad y compromiso pleno**, no de rendimientos monetarios o de intereses anuales considerables. Cuando mantene-

mos un saldo elevado en la CBE que tenemos con una persona concreta, nos sentimos seguros y dinámicos. Si se pregunta qué tipo de saldo tiene con alguien, piense en cómo reacciona usted cuando le llama: ¿responde cuando ve su nombre en la pantalla o deja que salte el contestador aunque disponga de tiempo para responder? Cuando aparece inesperadamente en su casa, ¿su primer instinto es darle la bienvenida y hacerle pasar u esconderse bajo el sofá? Cuando le pide un favor, ¿desea ayudar y responde rápidamente que sí, casi antes de saber de qué favor se trata o teme lo que pueda pedirle? Todas las relaciones que mantenemos tienen un balance asociado en nuestras Cuentas Bancarias Emocionales respectivas. A continuación encontrará algunas de las formas en que hacemos depósitos y reintegros:

Depósito	Reintegro
Procurar primero entender.	Asumir entender.
Demostrar amabilidad, cortesía y respeto.	Demostrar crueldad, mala educación o desprecio.
Cumplir las promesas.	Incumplir promesas o no prometer nada.
Demostrar lealtad a los ausentes.	No ser digno de confianza y ser desleal cuando el otro no está presente. Criticar o cotillear.
Fijar expectativas claras.	Crear expectativas ambiguas o ninguna.
Pedir perdón.	Mostrarse descortés, orgulloso y arrogante.
Ofrecer retroalimentación.	Permanecer en silencio u ofrecer una retroalimentación malintencionada.
Perdonar.	Ser rencoroso.

Es probable que haya oído hablar de algunas mejores prácticas de eficacia demostrada para hacerse rico, como fijarse un presupuesto, decidir cuáles son las prioridades, llevar un registro de los gastos, etcétera. Del mismo modo, hay seis mejores prácticas para mantener un saldo elevado y sólido en las CBE:

1. No depositar jamás con el objetivo de poder retirar.
2. Conocer en qué moneda opera el otro.
3. Comunicar en qué moneda se opera.
4. Evitar los depósitos con moneda falsa.
5. Hacer depósitos pequeños y regulares a lo largo del tiempo.
6. Corregir los errores.

NO DEPOSITAR JAMÁS CON EL OBJETIVO DE PODER HACER REINTEGROS

En el infierno ficticio de Sartre, el único modo de convertir esa prisión en un paraíso es prestar una atención sincera y honesta a los demás. Por eso, jamás deberíamos acumular depósitos con el objetivo de poder hacer reintegros cuando lo necesitemos. Sé de un colega que tenía una caja llena de notitas de agradecimiento en su despacho, porque había adquirido la insana costumbre de usarlas para construir una reserva de buena voluntad antes de cargar a alguien con un proyecto pesado. Esto es, precisamente, un ejemplo de cómo *no* usar la Cuenta Bancaria Emocional.

La manipulación, o usar la CBE como medio para un fin, puede causar un daño irreparable en las relaciones. Si los reintegros son flagrantes y el saldo en la CBE es reducido, es muy posible que luego deba hacer múltiples depósitos para reconstruir la relación y restablecer la confianza o, en el peor de los casos, la cuenta podría quedar en quiebra para siempre. Por el contrario, si el reintegro es poco importante y el saldo era elevado, unos pocos depósitos sinceros pueden hacer que la cuenta vuelva a estar en números negros. Recuerde que todas las relaciones son distintas. Y si ha empezado a hacer cuentas, sepa que no ha entendido cómo funciona. Aspirar a un saldo elevado en una Cuenta Bancaria Emocional es un principio con base en el que vivir, no una hoja de cálculo.

CONOCER EN QUÉ MONEDA OPERA EL OTRO

Todas las cuentas bancarias requieren que se use la divisa autorizada para las mismas. Tras ganar una partida de Monopoly, uno podría caer en la tentación de ir al banco a depositar todos los billetes que acaba de ganar. (Atención: si lo intenta, probablemente dé con sus huesos en la cárcel). Por mucho que los llamativos billetes puedan ser válidos sobre el tablero de Monopoly, su banco tendrá una opinión muy distinta al respecto. Lo mismo sucede con las personas: cada uno aceptamos un tipo de moneda distinto. En la vida, lo que para una persona es un depósito importante puede carecer de valor para otra o, incluso, equivaler a un reintegro para una tercera. Y este reintegro inesperado es precisamente lo que le sucedió a Leslie, una amiga mía.

Leslie decidió pedir un día de vacaciones para ir a esquiar con Kristen, su hermana pequeña. Aunque Leslie no era una experta, tenía más experiencia que su hermana, que quería pasar del montículo para principiantes a pistas más avanzadas. Kristen tuvo dificultades en cuanto puso los esquís sobre la pista. Cada vez que intentaba abandonar el montículo, tomaba velocidad, perdía el equilibrio y caía al suelo. Leslie decidió acercarse para ayudarla. Como había pasado por un proceso de aprendizaje similar, Leslie empezó a dar consejos a su hermana: «inclínate un poco más hacia atrás», «flexiona las rodillas», «desplaza el peso hacia el esquí descendente», etcétera.

Tras cada fracaso, Leslie le daba más consejos a su hermana, que cada vez estaba más frustrada. Al final Kristen lanzó los palos y exclamó: «¡Si quiero tus consejos, te los pediré!».

Leslie no supo qué decir. Recordaba las dificultades que ella había tenido y lo bien que le habían funcionado los consejos que le habían ofrecido esquiadores con más experiencia. Sin embargo, Kristen no era Leslie. Era más competitiva que su hermana mayor y siempre lo había pasado mal cuando algo no se le daba bien a la primera. De hecho, lo que para Leslie había sido moneda en efectivo, no lo era en absoluto para Kristen. Lo que quería ser un depósito acabó convertido en reintegro.

Hace muchos años tuve una experiencia parecida con la moneda emocional. Estaba en una reunión de dirección cuando el equipo de finanzas presentó una nueva hoja de cálculo. No tenía ni idea de cómo interpretarla. Me resultaba absolutamente ininteligible, como una partitura de ópera. El problema era que parecía que todos, excepto yo, la entendían perfectamente. Así que permanecí en silencio mientras me sentía la persona más estúpida del mundo y hacía todo lo posible por parecer justo lo contrario, mirando el informe fijamente y asintiendo cuando veía que los demás hacían lo propio. Tras una larga conversación, uno de los miembros del equipo se dirigió a mí para pedirme la opinión.

«Bueno —dije tras una larga pausa—. Creo que los números hablan por sí solos». Sonreí y todos empezaron a reír a mi alrededor. Tenía la esperanza de que mi sutil sentido del humor pudiera ocultar que, si los números hablaban, lo hacían en un idioma desconocido para mí. Conseguí esquivar la pregunta y la reunión prosiguió. Luego, otro de los miembros del equipo me llamó aparte.

«Me encanta tu sentido del humor, Todd —dijo—. ¿Puedo hacerte una pregunta?».

«Claro», respondí.

«Me ha dado la impresión de que estabas algo incómodo con el nuevo informe financiero. ¿Puedo ayudarte en algo?».

«Pues en realidad sí —respondí—. ¿Tienes una máquina del tiempo para que pueda volver a asistir a las clases de contabilidad que no aprobé en la universidad?».

Sonrió. «Lo siento, pero no. Lo que sí puedo hacer es explicarte el informe; no es tan complicado como parece». Aunque el ofrecimiento hubiera podido hacer que me sintiera inseguro, no fue así. Mi compañero entendió que usaba el sentido del humor para disimular la ansiedad y me hizo saber que entendía y valoraba por qué había sentido la necesidad de actuar de ese modo. Se había dado cuenta de que estaba incómodo, pero, en lugar de hablar delante de los demás, se ofreció a hacerlo en privado. Entendía que una moneda importante para mí (y para la mayoría de las personas que conozco) es no quedar en evidencia en público. Construyó confianza e hizo que me sintiera seguro abordando lo que hubiera podido ser un tema embarazoso: hizo un depósito en lugar de un reintegro. No fue necesario que realizase ningún gran gesto ni que planificara nada: sencillamente, reconoció y usó una moneda importante para mí a la hora de abrir una Cuenta Bancaria Emocional conmigo.

COMUNICAR EN QUÉ MONEDA SE OPERA

Hay que reconocer que, a veces, cuesta saber qué moneda es importante para los demás, sobre todo cuando no los conocemos demasiado. Podemos ayudarlos si, sencillamente, comunicamos qué moneda preferimos. Aprendí esta lección a las malas en una batalla sobre un pastel de piña que se prolongó durante 16 años. Todo empezó cuando mi esposa y yo estábamos recién casados y su tía hizo un pastel de piña con crema para una fiesta familiar. Era una de los muchos pasteles que se sirvieron durante la fiesta y, cuando lo trajeron, yo me deshice en elogios.

«¡Tiene un aspecto fantástico, tía Gladys! —anuncié—. ¿Cómo sabías que es mi pastel preferido?». Trish, mi esposa, me oyó y tomó nota. Cuando llegó mi cumpleaños, preparó exactamente el mismo pastel, con crema incluida. Se lo agradecí, algo sorprendido al ver el pastel de nuevo, pero seguimos con la celebración tal y como estaba previsto. El año siguiente, el pastel volvió a hacer su aparición. Y así nació una tradición: un año detrás de otro a partir de ese primero. Mi mujer acabó haciendo pastel de piña con crema durante mis siguientes 15 cumpleaños. Es lo que tardé en sincerarme.

«¿Sabes una cosa, Trish? —le pregunté un día poco antes de mi cumpleaños—. ¿Puedo confesarte algo? —Quizá esta no sea la mejor pregunta con la que dejar intrigada a la pareja, así que decidí seguir—. No me gusta el pastel de piña».

«¿Cómo que no te gusta? ¿Desde cuándo?».

«Desde siempre».

«Pero si te lo he estado haciendo durante años. Recuerdo que le dijiste a la tía Gladys que era tu preferido».

«Sí, es cierto. Pero fue en aquella fiesta en la que todo el mundo trajo pasteles y me di cuenta de que nadie comía el pastel que había traído ella. Acabábamos de casarnos y quería dar una buena impresión. No quería que se sintiera mal, así que tomé una porción enorme y le dije que era mi pastel preferido. En ese momento me pareció buena idea».

«Pero ¿no fue tu preferido?», preguntó mi mujer.

«Mmm... no».

«Así que todo este tiempo...».

«Ya... lo siento».

A mi mujer le costó algo de tiempo superar la confusión y el dolor. Durante 15 años, había creído que me preparaba mi pastel preferido. ¿Era responsabilidad suya leerme la mente? Por supuesto que no. Podría haber evitado (y debería haberlo hecho) herirla y confundirla si, todos esos años antes, le hubiera confesado que el pastel de piña no ocupaba precisamente el primer lugar de mi lista. En esta situación, la responsabilidad de comunicar cuál era mi moneda preferida era mía y hacer ver que me gustaba el pastel de piña equivalió a hacer reintegros innecesarios en mi CBE. De nuevo, la responsabilidad era mía. Tenía que habérselo dicho.

Con demasiada frecuencia, asumimos que los demás tienen una especie de bola de cristal en lo relativo a los depósitos y los reintegros. De hecho, si no tenemos cuidado, podemos acusar a alguien de estar haciendo reintegros cuando su intención es precisamente la contraria. Si somos proactivos, podemos asumir la responsabilidad de hacer saber a los demás por adelantado cuál es nuestra moneda preferida.

Comunicar con qué moneda trabajamos es buena idea en nuestra vida personal, pero también muy efectivo en nuestra vida profesional. Hace poco contratamos a una directora comercial, Rebecca, para que sustituyera a otro directivo que estaba a punto de jubilarse. El director saliente se implicaba mucho al principio de las relaciones con nuevos clientes y acompañaba a los vendedores cuando hacían las visitas, para asesorarlos acerca de cómo consolidar y expandir las cuentas ya existentes. Sus vendedores aprendieron a operar con su moneda: sabían que, cuando estaba en la ciudad, tenían que programar tantas visitas con los clientes existentes como pudieran. Por el contrario, Rebecca tenía la habilidad de encontrar y desarrollar clientes nuevos. Como sabía que sus vendedores habían aprendido la moneda del director anterior, Rebecca se reunió con los miembros de su equipo al principio, para explicarles cómo prefería trabajar ella. Aunque también quería que desarrollaran las cuentas ya existentes, prefería dedicar su tiempo acompañándolos a reuniones con nuevos clientes. Su moneda consistía en que exploraran nuevos caminos y programaran tantas reuniones con clientes nuevos como pudieran. Como explicó cuál era su moneda al principio de la relación profesional, sus vendedores no tuvieron que perder tiempo intentando adivinar qué era importante para ella o intentando aprender su estilo. Ella los puso inmediatamente en el camino del éxito.

EVITAR LOS DEPÓSITOS CON MONEDA FALSA

A veces, hacemos depósitos con moneda falsa. Todos sabemos qué es la moneda falsa y es lo último que deseamos tener en nuestra cuenta bancaria. Si no tenemos cuidado, estos depósitos ficticios pueden intentar abrirse camino en nuestra Cuenta Bancaria Emocional. Suelen adoptar la forma de elogios forzados, disculpas falsas o incluso regalos extravagantes. (Algunos podrían considerar que mi elogio del pastel de tía Gladys era falso, pero cuando el receptor es una anciana de 90 años, las reglas se vuelven algo laxas). Quizá haya tenido ya a un jefe que va de despacho en despacho diciendo a todos los compañeros de un modo vago e hiperbólico lo fantásticamente maravillosos que son y la profunda e inevitable admiración que siente por ellos. Sin embargo, los elogios pronto empiezan a sonar como un intento de halagar, diseñado para lograr que la gente haga lo que el jefe quiere que hagan. Estos tributos verbales llegan a ser tan rutinarios y previsibles que los miembros del equipo empiezan a hacer chistes sobre ellos a espaldas del jefe: «¿Es que aspira a ser político o qué?». Y, mientras, el saldo en las distintas CBE va disminuyendo.

Cuando hacemos depósitos con moneda falsa en Cuentas Bancarias Emocionales, pagamos un precio elevado. Esto no significa que deba reprimir los elogios cuando sean merecidos; hay mucha gente que hace un trabajo extraordinario cada día. Sin embargo, la adulación exagerada jamás se convierte en depósitos en las CBE. Una manera de evitarla es ser conscientes de nuestra intención: ¿busca una recompensa (un rendimiento sobre su inversión) o actúa porque aprecia de verdad al otro? (Para más información sobre este tema, véase «Práctica 9: Reflexione sobre sus verdaderos motivos»). Hay una diferencia entre una estrategia de compensación y un depósito sincero.

Esto me recuerda de nuevo a mi líder y mentora, Pam, con quien trabajé al principio de mi carrera en Recursos Humanos. En la «Práctica 5: Vea el roble entero y no solo la bellota», he explicado cómo, cuando no contaba con más de 35 días en el puesto, Pam me presentó a uno de los directivos explicando todo lo que había logrado durante el poco tiempo que llevaba en la empresa. Pam hubiera podido decir: «Está haciendo un muy buen trabajo». Sin embargo, en lugar de eso, enumeró de forma muy específica lo que había logrado. Supe que no se trataba de adulación artificial, sino que entendía y creía de verdad todo lo que decía.

En esta misma línea, pidieron a una compañera que se encargara de un taller de jornada completa con un grupo de vendedores a los que no conocía muy bien. Era un reto complicado, por decirlo suavemente. Al terminar, nuestro CEO le envió una nota manuscrita para agradecerle el tiempo y el esfuerzo. Mencionó explícitamente una anécdota que ella misma había modificado para adaptarla a las necesidades específicas del grupo. Mencionó lo mucho que apreciaba cómo había gestionado dos preguntas concretas que, de otro modo, hubieran podido afectar negativamente a la dinámica del grupo. Y también le agradeció la delicadeza con que había manejado algunas de las personalidades más fuertes en el aula. Ella se quedó absolutamente sorprendida al ver la atención al detalle del CEO y el tiempo que había invertido en escribir la nota. Este gesto personal fue un depósito sincero e importante en su CBE.

HACER DEPÓSITOS PEQUEÑOS Y REGULARES A LO LARGO DEL TIEMPO

Cuando hacemos depósitos en la CBE, debemos realizarlos de un modo deliberado y constante. La seguridad y la confianza en las relaciones crecen cuando se construyen mediante aportaciones conscientes, significativas y continuadas, en lugar de con grandes gestos ocasionales. Muchas personas son tan buenas haciendo pequeños depósitos de forma continuada que esa manera de hacer acaba formando parte de quiénes son. Esta acumulación de buena voluntad puede tener un valor incalculable cuando nos encontramos con las inevitables dificultades que nos presenta la vida.

Si alguien entiende este principio, es Maisie Devore. Aunque la siguiente historia ilustra depósitos de dinero real, piense en ella en términos de cómo los pequeños depósitos a lo largo del tiempo pueden transformarse en una verdadera fortuna. Maisie era una madre joven que vivía en la pequeña población rural de Eskridge (Kansas) y quería que sus hijos contaran con una alberca municipal que los ayudara a pasar los largos días de verano. Sin embargo, la ciudad no disponía del dinero necesario para construir ni mantener algo semejante. Parecía que su deseo se quedaría sin cumplir. Pero, Maisie estaba decidida a que se hiciera realidad. Así que empezó a recoger latas, que aplastaba en su garaje, y a ahorrar el dinero que conseguía al venderlas.

Empezó a caminar por las calles alrededor de su casa todas las tardes, para recoger latas y llevarlas a la planta de reciclado. Mientras tanto, los habitantes de la ciudad le iban diciendo que jamás conseguiría el dinero suficiente para construir y mantener una alberca. Maisie no se arredró y siguió recogiendo latas, chatarra, baterías de coche abandonadas y trastos de los residentes en la zona. Durante un tiempo tuvo que sobrellevar el apodo de Crazy Masie (Maisie la Loca), pero persistió, lata a lata, y siguió en pos de su objetivo.

Treinta años después, había ahorrado más de 100 000 dólares y su historia inspiró al senador de su circunscripción, que encontró subvenciones para cubrir el resto de costos. Por su parte, el comité educativo donó el terreno. En 2001, construyeron la alberca frente a la casa de Maisie, que pudo ver a sus tataranietos nadar en ella. Con el tiempo, la autopista donde Maisie había empezado a recoger latas fue rebautizada en su honor. Su historia es un recordatorio importante acerca de la potencia de ir haciendo pequeños depósitos a lo largo del tiempo. ¿Es única Maisie? Personalmente, creo que hay personas que se centran en la oportunidad de ayudar a los demás, porque han hecho de ello un hábito. Si siente la satisfacción que se obtiene al hacer depósitos en las Cuentas Bancarias Emocionales de otros, lo hará cada vez con mayor frecuencia, hasta que se convierta en una forma de vida para usted. Al igual que Maisie, que acabó marcando una gran diferencia en su comunidad, depósito a depósito.

CORREGIR LOS ERRORES

El doctor Covey compartió con nosotros parte de la sabiduría oriental con esta enseñanza: «Si vas a inclinarte, inclínate mucho». Enseñó que las disculpas sinceras equivalen a depósitos en las CBE de los demás.

Recuerdo a Francis, un compañero de trabajo conocido por su temperamento volátil. Un día se encontró sometido a la presión de un plazo de entrega que se le venía encima y necesitaba que su línea de producción no se detuviera ni un instante. La directora de otra división le pidió que la detuviera un momento, porque necesitaba examinar uno de los productos. Él se negó, pero ella insistió.

Francis perdió los estribos y se lanzó al ataque. Le dijo adónde podía ir y cómo llegar en una voz tan alta que todos pudimos oírlo. Este tipo de conducta es inaceptable en nuestra empresa (y espero que en la suya también). Francis era plenamente consciente de ello y, luego, me confesó que se sentía mal por haber estallado, pero que no sabía qué hacer al respecto. También admitió que, al mismo tiempo, sentía que tenía algo de razón. Aunque había cruzado una (o dos) líneas rojas de etiqueta, lo había hecho para satisfacer las necesidades de un proyecto más significativo. Al fin y al cabo, su trabajo consistía en cumplir con sus objetivos. ¿Cómo se suponía que iba a hacerlo si los demás lo ralentizaban? Sí, había herido los sentimientos de la otra directora, pero ¿acaso sus propias emociones y responsabilidades no eran importantes también?

Estuvo tan inquieto durante todo el fin de semana siguiente que no pudo dormir. Tras mucho debate interno, decidió que tenía que disculparse con su compañera. El lunes por la mañana, nada más llegar, se dirigió directamente a su despacho, llamó a la puerta y fue invitado a entrar. Se disculpó por haber alzado la voz y por haber usado un lenguaje que hubiera hecho sonrojar a cualquiera, pero esperaba que ella pudiera entender que tenía razón, aunque lo hubiera gestionado tan mal. No era culpa suya que la organización ejerciera tanta presión sobre la línea de producción. Tampoco era culpa suya ser el responsable último de lograr sus objetivos, aunque para ello tuviera que herir los sentimientos de otros. Siguió ofreciendo excusas disfrazadas de disculpas que, como usted podrá imaginar, cayeron en terreno baldío. En lugar de emprender el camino para corregir su error, lo redobló e hizo otro reintegro en una Cuenta Bancaria Emocional que ya estaba casi en quiebra.

La mayoría de las personas ya se ha olvidado de los detalles de lo que sucedió aquel día y, desde entonces, han llegado y pasado múltiples evaluaciones y objetivos trimestrales. Sin embargo, el daño que se hizo ese día sigue ahí. Francis no ha conseguido recuperarse del reintegro inicial. Por desgracia, al perder la oportunidad de corregir el error cuando tuvo la oportunidad, la relación sigue sufriendo por la falta de confianza.

Por el contrario, las disculpas sinceras son depósitos en las Cuentas Bancarias Emocionales de otros. Es el primer paso para empezar a corregir los errores, pero si no se gestionan bien o llegan demasiado tarde, pueden equivaler a reintegros todavía más considerables.

Si aplicamos estas seis mejores prácticas para consolidar nuestras Cuentas Bancarias Emocionales, no solo empezaremos a desarrollar hábitos a partir de los depósitos significativos que hacemos en las cuentas de los demás, sino que construiremos el tipo de seguridad y de confianza que pueden compensar los errores de reintegros no intencionados. La visión de Sartre de un más allá infernal solo se hace realidad si las personas en la habitación destruyen activamente a los demás en lugar de hacerlos crecer. Cuando centramos la energía y la atención en realizar depósitos regulares en las CBE, la eternidad se asemeja mucho más al cielo que al infierno de Sartre.

La llamada inesperada de mi antiguo compañero, Jerome, se pareció más a lo segundo...

«Por cierto, ¿sabes qué acabo de recordar? ¿Tu tío aún tiene acceso a vales de descuento para el Día de los Amigos y Familiares en el Sports Hut?».

La verdad es que me dejó desconcertado. De repente, todas las buenas sensaciones que experimentaba por haber recuperado el contacto con mi antiguo colega desaparecieron y se vieron sustituidas por la sospecha de que la inesperada llamada tenía mucho más que ver con mi tío y sus vales de descuento que conmigo.

«No lo sé, tendría que preguntárselo», le respondí con voz des-provista de emoción.

Me despedí y colgué.

«Caramba —pensé—. Vaya oportunista». Normalmente, hubie-ra estado encantado de pedirle un favor a mi tío. Pero no entonces.

Pasaron unas semanas y olvidé la petición de Jerome. Reconoz-co que hacer ese favor no era en absoluto prioritario para mí, pro-bablemente por el inesperado reintegro que había sufrido en mi CBE. Se me pasó. Y sospecho que Jerome se sentía demasiado incómodo para volver a llamarme. La experiencia me llevó a reflexionar sobre el resto de las relaciones en mi vida y a plantearme si estaba hacien-do depósitos conscientes y constantes, sobre todo en las relaciones más cercanas y de mayor confianza, que son las que más fácilmente podemos dar por sentadas.

MANTENGA SU CUENTA BANCARIA EMOCIONAL CON SALDO POSITIVO

1. Identifique una relación importante para usted.

2. ¿En qué «moneda» opera la otra persona? Si no lo sabe, ¡averígüelo!

3. Ponga por escrito tres cosas que aún no haya hecho por esa persona, pero que sabe que serían depósitos para ella. Decida cuándo y cómo hará esos depósitos.

   1. Qué:_____ Cuándo: _____ Cómo: _____

   2. Qué: _____ Cuándo: _____ Cómo: _____

   3. Qué: _____ Cuándo: _____ Cómo: _____

4. Ponga por escrito tres cosas que haya hecho en el pasado que pudieran ser reintegros no intencionados y que aún no ha reparado. Decida cómo podría arreglarlos, si es necesario, y cómo evitará hacer esos mismos reintegros en el futuro.

   1. _____

   2. _____

   3. _____

PRÁCTICA 9
REFLEXIONE SOBRE SUS VERDADEROS MOTIVOS

¿ESTÁN ALINEADOS SUS MOTIVOS CON SUS VALORES Y CON SUS CONDUCTAS? ¿SABE CUÁLES SON SUS MOTIVOS SUBYACENTES?

Si ha respondido que no a cualquiera de las dos preguntas, le recomiendo la

PRÁCTICA 9: REFLEXIONE SOBRE SUS VERDADEROS MOTIVOS.

Si no reflexiona sobre sus verdaderos motivos, su habitación puede parecer el infierno de Sartre porque:

- Sufre el sabotaje de conductas inconscientes que llevan a resultados no efectivos.

- Puede pensar que está engañando a los demás, pero no es así: sus motivos son más elocuentes que sus palabras o sus acciones.

- Empieza a perder de vista sus valores y quién quiere ser en realidad.

Kevin leyó, decepcionado, el correo electrónico que había recibido toda la empresa. Ahí estaba la estrategia tecnológica que había desarrollado durante meses. Había comprobado y vuelto a comprobar todo el trabajo, había estudiado los análisis de mercado hasta casi aprendérselos de memoria y había pasado horas y horas reuniéndose con distintos proveedores para encontrar el más adecuado. Se lo había presentado todo a Sam, su jefe, en un plan escrito. Sam elogió el trabajo, al que calificó de inspirador y original, y, aunque hizo algunas sugerencias adicionales, aceptó toda la propuesta tal y como Kevin la había presentado.

«Es un trabajo excelente. Tienes muchísimo talento», le dijo Sam a Kevin, que agradeció el cumplido. Había supuesto un esfuerzo colosal, pero había merecido la pena.

O al menos eso era lo que pensaba hasta que leyó el correo electrónico.

En él, Sam anunciaba varias iniciativas tecnológicas de próxima implantación, que incluían un «cortar y pegar» del plan de Kevin. Lo que no aparecía por ningún sitio era la menor pista de que Kevin había desarrollado el plan. Y, aunque era cierto que Sam no se atribuía explícitamente el mérito del plan, el correo electrónico sugería implícitamente que él era el responsable. De repente, toda la satisfacción que Kevin había sentido por sus semanas de trabajo y esfuerzo se transformó en resentimiento. «¿Por qué hace siempre lo mismo?».

Escribió a Sam un correo electrónico para solicitar una reunión durante el desayuno el día siguiente, que Sam aceptó. «Quizá le diré que me voy —pensó—. Como mínimo, le diré que estoy harto de que se atribuya el mérito del trabajo de los demás. ¿En qué estaría pensando?».

Los motivos son las razones subyacentes de las acciones que emprende y de las palabras que pronuncia. Y hay motivos saludables y no saludables, tal y como veremos más adelante en este mismo capítulo. Nadie puede decirle cuáles son sus motivos. Pueden intentarlo, pero el único que puede saber por qué hace las cosas es usted.

Imagine que tratásemos los motivos como si fueran un plan de vuelo. El capitán tiene momentos de conductas deliberadas y activas, pero la mayor parte del vuelo (más del 90%) transcurre en piloto automático. Activar el piloto automático permite al capitán centrarse en otras cosas, como la navegación, la comunicación y el funcionamiento de los sistemas. Sin embargo, cuando hablamos de personas, dejar que nuestros motivos funcionen automáticamente y sin supervisión es muy arriesgado.

Hace poco, mi amigo Jerry me explicó algo que le había sucedido. Hacía unos años lo habían ascendido a un cargo de liderazgo y, aunque estaba muy contento con el nuevo trabajo, dudaba de sí mismo. «¿Estoy preparado para asumir esta función? ¿Cometeré errores que me harán quedar mal? ¿Me seguirán respetando los demás si fracaso?».

El jefe de Jerry, un hombre muy sensato, lo llamó aparte y le dio un consejo muy específico: «Aunque quedar bien y lograr los objetivos de ventas es importante, dentro de unos años nadie se acordará de si los lograste todos o no —le dijo—. Lo importante y lo que todos recordarán es qué legado dejas a tu equipo, cómo los ayudas a crecer y cómo permites que aprendan de sus errores *mientras* crecen. Lograr los objetivos es importante, pero si por el camino pierdes de vista a las personas, nada de lo que consigas tendrá una importancia duradera».

Jerry aceptó plenamente el consejo de su jefe y decidió operar su liderazgo desde el motivo más saludable. Al principio, hizo todo lo que pudo para ayudar a su equipo a crecer. Sin embargo, le resultaba imposible deshacerse del temor de que, al final, fuera incapaz de hacer su trabajo. Además de los errores que pudiera cometer él mismo, le preocupaban los que pudieran cometer los miembros de su equipo, por cómo pudieran afectarle a él.

Este cambio en su motivación se hizo evidente cuando Lilly, un miembro del equipo de Jerry, tuvo la oportunidad de llevar a cabo una serie de entrevistas radiofónicas con escritores y oradores importantes. Hubiera supuesto un gran impulso para su carrera y le habría abierto unas enormes oportunidades de crecimiento. Además, era algo que, muy probablemente, entraba dentro de sus capacidades. Jerry recordó su motivo de ayudar al equipo a crecer, habló con Lilly de la oportunidad y se ofreció a ayudarla a desarrollar sus habilidades de entrevista durante los meses siguientes. Sin embargo, tal y como suele suceder, otras prioridades se interpusieron por el camino, situaciones urgentes llegaron y se fueron y, cuando llegó el momento de las entrevistas, Jerry se dio cuenta de que no había reservado el tiempo que consideraba necesario para formar a Lilly.

Entonces entró en juego la inseguridad de Jerry (que podríamos considerar un motivo no saludable). «Es un proyecto muy importante. ¿Y si lo echa a perder?». «¿Qué pensará la gente de ella? ¿Y qué pensarán de mí?». Por otro lado sabía, aunque decidió no tenerlo en cuenta, que Lilly había estado practicando por su cuenta y que estaba preparada y emocionada por la oportunidad de llevar a cabo las entrevistas. Según el criterio de la mayoría, Lilly estaba capacitada para encargarse de ellas. Sin embargo, en el último momento, Jerry cedió ante sus inseguridades. Perdió de vista su motivo original y dio la oportunidad a otra persona a la que consideraba más experimentada y preparada para la tarea. Jerry recurrió al piloto automático sin pensar demasiado en ello y la relación se resintió.

«No pude ofrecerle la formación a la que me había comprometido, así que dejar que se encargara ella era demasiado arriesgado», me dijo. Pero era evidente que se sentía incómodo con la decisión que había tomado.

«¿Qué te llevó a hacer el cambio?», le pregunté. Jerry reflexionó unos instantes.

«Bueno, me gusta dar a mi equipo oportunidades para que se

esfuercen y demuestren su valía —respondió—. Pero esta no era una buena ocasión».

«¿No? ¿Y qué la hubiera hecho una buena ocasión?».

Jerry empezó a hablar, pero desistió. «No lo sé...».

Como éramos amigos y lo conocía bien, le pregunté: «¿Podría ser que tu *verdadero* motivo no tuviera que ver con encontrar una buena oportunidad para Lilly?».

«¿Qué quieres decir?».

«Bueno, quiero decir que, si pudieras dar un paso atrás y señalar qué impulsó realmente tu decisión, ¿qué sería?».

Jerry volvió a reflexionar.

«Para serte sincero, no quería que la entrevista fracasara. Me preocupaba que, si iba mal, fuera *yo* quien tuviera que dar explicaciones. Estoy trabajando muchísimo, demasiado como para permitir que otra persona estropee las cosas. Supongo que suena muy duro, pero es así».

Hablamos durante un tiempo más y Jerry recordó el consejo que le había dado su jefe. En un momento de reflexión personal, se dio cuenta de que había perdido de vista el motivo importante y saludable y de que lo había sustituido por un motivo no saludable, como consecuencia de su inseguridad personal. Había desatendido su objetivo de centrarse en promover el desarrollo de los demás y había empezado a desviarse. No de forma deliberada y tampoco de golpe, sino gradualmente a lo largo del tiempo. El cambio no era ni premeditado ni radical. Mi amigo no se había puesto bombín y monóculo y se había dejado crecer un gran mostacho de un día para otro (mil disculpas, si es así como viste usted). Este es el problema de permitir que los motivos vayan en piloto automático: acaban reflejándose en las costumbres y rutinas inconscientes que adoptamos a pesar de nuestras buenas intenciones (quizá sea por eso que el camino hacia el infierno está pavimentado con ellas).

Para ser justo con Jerry, he de continuar diciendo que se disculpó con Lilly y que renovó sus esfuerzos para desactivar el piloto automático, analizar qué era lo más importante y convertir su motivo saludable y deseado en su *verdadero* motivo.

Permítame que, para definir qué es un motivo saludable y otro no saludable, recurra al doctor Martin Luther King, Jr., que a su vez recurrió a santo Tomás de Aquino cuando escribió su famosa carta desde la cárcel de Birmingham (EEUU). «Toda norma que enaltece la personalidad humana es justa. Toda norma que degrada la personalidad humana es injusta». Creo que es muy cierto y que puede ayudarnos a desarrollar una definición nueva de motivos para el propósito de este capítulo.

Motivo saludable: todo motivo que enaltece la condición humana en nosotros mismos y en los demás.
Motivo no saludable: todo motivo que degrada la condición humana en nosotros mismos y en los demás.

Reflexionemos sobre la diferencia entre un motivo no saludable (quedar por encima) y un motivo saludable (superarse). Walt Disney estaba muy motivado por la calidad y desafiaba constantemente a sus artistas e ingenieros de ideas a que pensaran en lo que era posible y, después, fueran más allá. Pensaba en todos los miembros de su equipo como en personas capaces de contribuir, añadir valor y ofrecer más de lo que los clientes de Disney compraban o esperaban recibir: personas capaces de superarse. Compare eso con un equipo en el que todos intentan destacar sus propias aportaciones. Sea lo que sea que haya logrado el otro, impera la necesidad de destacar los propios logros, de asegurarse de quedar por encima. Todos hemos trabajado con personas que sienten la necesidad de pisar a los demás en la competencia para ser el rey de la colina en un proyecto o en un objetivo.

Si no prestamos atención, nuestros motivos pueden acabar siendo poco saludables: impulsados por el miedo, la ira o la tristeza en un momento y, en el siguiente, por la necesidad insatisfecha de aceptación, poder o seguridad. Con demasiada frecuencia, funcionamos en piloto automático y permitimos que los motivos fluyan de nuestras rutinas diarias sin antes haber comprobado las premisas subyacentes ni cuestionado nuestras decisiones. Por el contrario, si reflexionamos sobre nuestros motivos con regularidad, podemos empezar a ver la diferencia entre un motivo impulsado por la inseguridad u otras necesidades insatisfechas y un motivo alineado con nuestros valores más profundos y que desarrolla el tipo de carácter que contribuye a forjar relaciones efectivas. ¿Tiene algún motivo no saludable? Reflexione sobre las preguntas siguientes:

- ¿Por qué hace comentarios específicos en las reuniones? ¿Quiere añadir valor a la conversación o sencillamente quiere que su jefe piense que es inteligente?
- ¿Por qué insiste en hacerlo todo usted mismo en lugar de delegar en personas dispuestas a ayudar y capaces de hacerlo? ¿Es porque quiere ahorrar tiempo o porque teme perder el control?
- ¿Por qué ofrece a sus compañeros consejos que no le han pedido y, además, los ofende al hacerlo? ¿De verdad quiere ayudar o necesita sentir que usted es más inteligente?
- ¿Por qué no dice nunca que no y acaba haciendo el trabajo de los demás? ¿De verdad quiere ofrecer ese servicio o se ha convencido a sí mismo de que es lo único que puede ofrecer de valor?

Para ayudarlo a reflexionar sobre sus verdaderos motivos, pruebe estas tres cosas:

1. Use los 5 «¿Por qué?».
2. Elija la abundancia.
3. Declare sus intenciones.

USE LOS 5 «¿POR QUÉ?»

Los 5 «¿Por qué?» vieron la luz a finales de la década de 1980, como parte del Sistema de Producción Toyota para construir grandes automóviles. Parte del sistema incluía una técnica «justo a tiempo» para llegar a la causa raíz de un problema. En palabras de Taiichi Ohno, el pionero del sistema, «Observe la planta de producción sin ideas preconcebidas... Pregunte "Por qué" cinco veces acerca de cualquier problema».[1]

Cuando aplicamos esta técnica a las relaciones humanas, la usamos para llegar a la intención raíz o a los motivos que nos impulsan en cualquier situación. Aunque para llegar a nuestros motivos poda-

141

mos necesitar menos (o más) de cinco «¿Por qué?» introspectivos, estos suelen estar enterrados bajo años de hábitos y han estado funcionando en piloto automático, por lo que, con frecuencia, es necesario preguntarse por qué más de una vez. Al principio, las respuestas a los 5 «¿Por qué?» pueden resultar obvias, pero si hace el ejercicio con honestidad y humildad, esta reflexión lo ayudará a entender sus verdaderos motivos.

Le daré un ejemplo de cómo funcionan los 5 «¿Por qué?». Hace unos años estábamos reestructurando una de nuestras divisiones. Nos reunimos con John, el líder de la división, para explicarle los motivos de los cambios, el calendario y quién se vería afectado. John era, y sigue siendo, una gran persona y, aunque tenía preocupaciones y opiniones sólidas, dijo que entendía la decisión y que la apoyaría. John debía informar a todo su equipo acerca de la decisión y colaborar con Recursos Humanos para ayudar a los pocos que, como resultado de la reestructuración, tendrían que abandonar la empresa. Disponíamos de dos meses para completar la transición.

Unas semanas después de la primera reunión, llamé a John para ver cómo estaban yendo las cosas y me sorprendí al descubrir que aún no había mantenido *ninguna* de las conversaciones previstas.

«John, solo nos quedan seis semanas. ¿Estás esperando por algún motivo en concreto?».

Me respondió que quería que volviéramos a reunirnos, para hablar sobre la decisión. Le pregunté si ya no la apoyaba y respondió: «No, no es eso. Aún la apoyo, pero no sé si hemos tenido en cuenta todas las implicaciones».

«¿De qué otras implicaciones quieres hablar?», le pregunté.

«No estoy seguro».

«Cuanto más tardes en resolverlo, menos tiempo tendrán las personas afectadas para empezar a mover sus contactos y buscar otras oportunidades», le expliqué.

John asintió y dijo que empezaría a hacer las llamadas al día siguiente. Conociéndole como le conocía, es probable que hubiera podido adivinar por qué había tardado tanto. Si John hubiera aplicado los 5 «¿Por qué?» a su demora, quizá hubiera sido algo así:

1. ¿Por qué estoy demorando las llamadas? *Porque no sé si estoy de acuerdo con la decisión.*
2. ¿Por qué no sé si estoy de acuerdo con la decisión? *Porque es un cambio respecto a cómo hemos funcionado hasta ahora.*
3. ¿Por qué me preocupa el cambio? *Porque los cambios pueden ser difíciles.*
4. ¿Por qué creo que este cambio será difícil? *Porque supone pedir a las personas que hagan algo distinto y difícil. Algo con lo que no están de acuerdo.*
5. ¿Por qué me preocupa pedir a la gente que haga algo difícil con lo que quizá no esté de acuerdo? *Porque durante toda mi carrera he intentado evitar el conflicto y me ha costado mantener conversaciones acerca de temas complicados. El verdadero motivo por el que he demorado las llamadas no es que no esté de acuerdo con la decisión, sino que quiero evitar el conflicto.*

Hablé con John acerca del verdadero motivo por el que estaba demorando las conversaciones difíciles y me ofrecí a acompañarlo mientras las mantenía. Fue un alivio para él y al día siguiente se encargó de las llamadas.

Mirarse a uno mismo de cerca y con honestidad exige mucho valor, humildad y autoconocimiento. Si no ve lo valioso que es examinar sus motivos y desarrollar su carácter, es posible que sus motivos acaben sirviendo a su ego en lugar de a los demás. Y, cuando esto sucede, perpetúa el miedo, la inseguridad y las necesidades insatisfechas del infierno de Sartre.

El objetivo de este capítulo no es hacer que se sienta culpable por sus motivos o avergonzarlo por haber intentado satisfacer sus necesidades. Por el contrario, pretende ayudarlo a ser más consciente de los motivos que pueda tener, para que pueda decidir reorientarlos hacia motivos más saludables y abundantes. Si se da cuenta de que sus motivos están impulsados por algo distinto a *enaltecer la condición humana* en usted mismo y en los demás, sea paciente con esa parte de usted que intenta obtener lo que necesita. Sin embargo, reconozca también la parte de usted que puede elegir un motivo distinto. Una vez hemos identificado un motivo no salu-

143

dable, ¿cómo podemos sustituirlo por otro saludable? Intente elegir la abundancia.

ELIJA LA ABUNDANCIA

Muchos de nosotros estamos codificados para creer que hay una cantidad finita de todo, que hay una suma limitada de recompensas, mérito, reconocimiento, beneficios o incluso de amor. Y, por eso, cuanto más obtenga *usted*, menos quedará para *mí*. Esta creencia da lugar a lo que en FranklinCovey llamamos «mentalidad de escasez», que, a su vez, da lugar al miedo como motivo subyacente. Si nuestra visión del mundo se basa en el miedo, cuesta mucho alejar el foco de nosotros mismos y tener en cuenta las necesidades de los demás.

Una de las cosas más importantes que me enseñó el libro *Descubra sus fortalezas en ventas*, de Benson Smith y Tony Rutigliano, es que los mejores vendedores no siempre son los mejores líderes comerciales. ¿Por qué? Porque los mejores vendedores suelen ser también muy competitivos (que es como deben ser en ese trabajo). Cuando pedimos a un comercial independiente que lidere a un grupo de personas que pueden acabar ganando más dinero que él, puede tener dificultades para adoptar una mentalidad interdependiente, es decir, redefinir el éxito y sustituir la motivación del beneficio personal por la del éxito colectivo. A no ser que puedan reflexionar profundamente y llegar a anhelar tanto la victoria del grupo como la personal, les costará crear un entorno de trabajo óptimo para el desempeño del equipo.

Por el contrario, recuerdo a un ejecutivo con mucha experiencia que era el ejemplo vivo de una mentalidad de la abundancia. Trabajaba en el sector de la hostelería y había invitado a nuestro CEO y a nuestro equipo ejecutivo para que participaran en una de las reuniones semanales de su grupo. Habían aplicado algunos de nuestros contenidos y procesos y querían demostrar sus recién adquiridas habilidades profesionales.

El director general de la empresa nos recibió y nos informó de que ese hotel era una de las propiedades clave de la empresa: empleaba a casi 4000 personas. Admitió que, con una plantilla tan numerosa, a veces daba la impresión de que dirigía una ciudad en lugar de un hotel. Antes de invitar a los líderes de las distintas divisiones a que vinieran para presentar sus resultados, el director general nos dedicó algo de tiempo para describir su cultura, algunos de los éxitos que habían logrado y algunas de las dificultades a las que todavía se enfrentaban. Nos informó que había invitado a la reunión semanal a los responsables de todas las operaciones importantes: mantenimiento, alimentos y bebidas, ingeniería, ventas, catering, etcétera. Antes de que llegaran, nos dijo que quería compartir con nosotros su visión personal sobre cada uno de ellos.

«Llevo más de veinte años en esta empresa y en el sector bastantes más —dijo con seguridad pero con actitud humilde—. Para mí, ha sido un viaje fenomenal, que me ha dado el privilegio de poder ganar en numerosas ocasiones el Premio del Club del Presidente y del viaje que lo acompaña y he disfrutado de la experiencia durante muchos años».

A continuación, dijo algo que no olvidaré jamás: «Sin embargo, ahora que tengo todos los trofeos de cristal y de vidrio que uno puede necesitar o querer en la vida, quiero que mi objetivo quede claro. De hecho, no es mi objetivo; me refiero a mi legado. Quiero tener la seguridad de que todas las personas de mi equipo, de que todas las personas que están a punto de entrar en la sala, así como sus subordinados, ganarán *sus* premios. Quiero que todos ganen el Premio del Club del Presidente y muchos otros. Y, cuando lo hagan, quiero que trasladen esta misma visión a sus colegas, y, así, durante los muchos años que sigan».

Se podía ver y sentir de verdad que la intención de ese hombre era sincera. Tenía una visión que iba mucho más allá de su propio éxito e incluía el éxito más amplio de todo su equipo. Sospeché que esa manera de pensar era uno de los principales motivos por los que había llegado a ocupar un cargo tan elevado en la organización.

Para averiguar si parte de una mentalidad de escasez o de abundancia, lea las frases siguientes y marque con un círculo cuál cree que es su posición en el continuo.

145

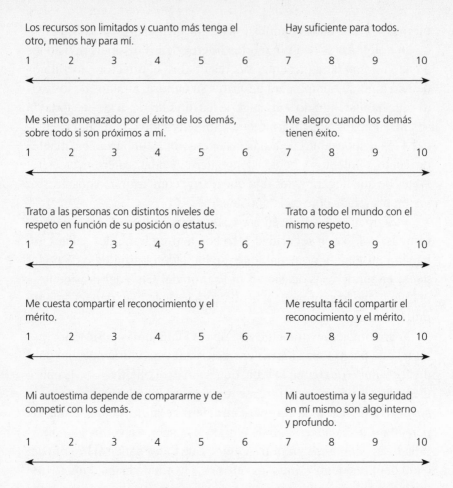

Los recursos son limitados y cuanto más tenga el otro, menos hay para mí.

Hay suficiente para todos.

1   2   3   4   5   6   7   8   9   10

Me siento amenazado por el éxito de los demás, sobre todo si son próximos a mí.

Me alegro cuando los demás tienen éxito.

1   2   3   4   5   6   7   8   9   10

Trato a las personas con distintos niveles de respeto en función de su posición o estatus.

Trato a todo el mundo con el mismo respeto.

1   2   3   4   5   6   7   8   9   10

Me cuesta compartir el reconocimiento y el mérito.

Me resulta fácil compartir el reconocimiento y el mérito.

1   2   3   4   5   6   7   8   9   10

Mi autoestima depende de compararme y de competir con los demás.

Mi autoestima y la seguridad en mí mismo son algo interno y profundo.

1   2   3   4   5   6   7   8   9   10

Si se ha dado una puntuación baja en alguna de las frases, empiece a practicar la mentalidad de la abundancia. En lugar de fijarse en lo que no tiene, empiece a centrar la atención en lo que sí tiene. Valore y exprese gratitud por lo que está ahí, en lugar de quejarse por lo que le falta. Busque maneras de compartir su abundancia con los demás.

Una mentalidad de abundancia sienta los cimientos de motivos saludables duraderos. A medida que construya esta actitud auténtica, positiva y duradera, se convertirá en un elemento clave a la hora de influir positivamente en las personas que lo rodean.

146

DECLARE SUS INTENCIONES

Stephen M.R. Covey es el hijo mayor del doctor Covey, CEO del antiguo Centro de Liderazgo Covey y autor del éxito editorial *La velocidad de la confianza*, donde escribe: «Declare sus intenciones. Declare su programa y sus motivos. Y, entonces, sea fiel a sus intenciones».[2] Hablar de intenciones es otra manera de hablar de motivos. Declarar los motivos es una de las principales conductas que construyen confianza.

Cuando nos juzgamos a nosotros mismos, solemos hacerlo con base en nuestros motivos, mientras que los demás juzgan nuestra conducta. ¿Alguna vez le ha pasado que iba manejando y alguien en el carril contiguo ha decidido cambiar de carril sin avisar? Cada vez que me sucede a mí, me asusto y me enojo. No creo que, en general, esos conductores quieran asustarme o hacerme daño deliberadamente, sino que son descuidados. Se olvidan de usar las intermitentes y no piensan en las posibles consecuencias negativas de no haber comunicado sus intenciones. Lo mismo sucede cuando no compartimos nuestros motivos o intenciones con los demás, sobre todo al principio de una conversación difícil, o de una reunión, o al empezar a escribir un correo electrónico importante. Tal y como he mencionado al principio de esta práctica, el único que conoce sus verdaderos motivos es usted. Sin embargo, si no comunicamos nuestros motivos al principio, a veces acabamos poniendo a los demás en una posición en la que deben asumirlos o adivinarlos, como la persona que cambia de carril sin poner las intermitentes. Si declara sus intenciones con tanta frecuencia y tan pronto como pueda, tranquilizará a los demás (y evitará muchos malentendidos).

No hace mucho, tuve una conversación complicada con uno de mis asociados, Drew. Su desempeño había caído, así que aplicamos un plan de desempeño escrito, un paso que damos para dar al empleado la oportunidad de lograr sus metas y objetivos. Al principio de la reunión con él y su jefe, dije: «Drew, quiero que sepas que la única intención de esta conversación y de este plan de desempeño es ayudarte a tener éxito en tu trabajo. Queremos compartir contigo las carencias que hemos detectado en tu desempeño, para ayudarte a mejorar en esas áreas. Esa es nuestra intención».

Aunque fue una conversación complicada, como Drew sabía que queríamos ayudarlo, no librarnos de él, todos pudimos ser transparentes. Meses después, Drew vino a verme. Trabajar a partir de su plan de desempeño le había sido muy útil.

«Todd —me confesó—. Quiero que sepas que en esa primera reunión estuve muy nervioso e incómodo. Estaba tan nervioso que era incapaz de entender lo que decía nadie. Sin embargo, cuando me dijiste que su "única intención" era ayudarme, apaciguaste mis temores. Te creí. Y a partir de ese momento puede oír y escuchar lo que decían».

No es necesario esperar a que se dé una situación extrema como la de Drew para declarar las intenciones. Compartirlas no tiene inconveniente alguno (a no ser que sus intenciones sean malas, caso en el que quizá quiera leer la secuela de este libro, titulada: *Empeore. 15 prácticas para destruir relaciones personales, perder la confianza de los demás y perder amigos en las redes sociales*).

En otra ocasión, el departamento de informática acudió a mí con un problema grave: uno de los empleados (al que llamaremos Taylor) visitaba sitios web inadecuados desde la computadora del trabajo durante la jornada. Me correspondía a mí enfrentarme a él y mantener lo que solo puede describirse como una conversación incómoda. Tras reflexionar sobre cómo tratar el tema, lo invité a mi despacho. Podría haber empezado sacando el manual de políticas de la empresa y leer el apartado sobre el uso adecuado del material, o podría haber citado el informe del departamento de informática que había asociado la dirección IP de su computadora a varios sitios web. En lugar de eso, decidí empezar declarando mis intenciones. Le agradecí que hubiera venido y dije: «Taylor, necesito hablar contigo de algo muy grave. Te respeto mucho y lo que debemos tratar es tan importante que, si no se corrige, corres el riesgo de perder tu trabajo. Te ruego que entiendas que mi intención es evitar que eso suceda».

Cuando pasamos a hablar de la situación, Taylor podría haberlo negado, inventado excusas o incluso culpado a terceros. Pero no lo hizo. Lo reconoció y me aseguró que no volvería a suceder.

Más adelante, después de que lo hubieran trasladado a otro estado, nos tropezamos en el aeropuerto y nos pusimos al día rápidamente. Cuando ya nos despedíamos y me dirigía hacia mi puerta de embarque, me dijo: «Oye, Todd. ¿Puedo decirte algo? Sé que hace unos años te puse en una situación muy incómoda. Y quiero que sepas lo mucho que valoré cómo lo gestionaste. Quizá no lo recuerdes, pero me dijiste que tu intención era ayudarme a conservar mi empleo. Podrías haber llevado la conversación de un modo muy distinto. Y, aunque no sentía que lo mereciera en ese momento, me trataste con respeto».

Cuando declara sus intenciones, logra varios objetivos:

- Plantea un entorno seguro en el que la relación puede prosperar y permite que la otra persona responda a lo que sucede en realidad, en lugar de tener que adivinar y desconfiar de lo que pueda estar sucediendo bajo la superficie.
- Crea transparencia y estabilidad. Si no lo explicita, hay más probabilidades de que el motivo cambie si hay momentos de alta emotividad o si alguna circunstancia lo tienta a cambiar de dirección.
- Puede anclar a todas las personas implicadas en el motivo, de modo que todas operen desde el mismo sitio. Comunica a todos qué han de buscar, reconocer, entender y aceptar.

Aunque declarar las intenciones apenas tiene inconvenientes, hacerlo es especialmente importante cuando las emociones son intensas o cuando desconocemos el saldo de la Cuenta Bancaria Emocional en la relación. (Véase «Práctica 8: Mantenga su Cuenta Bancaria Emocional con saldo positivo» si quiere leer más acerca de este tema).

Si no nos detenemos a reflexionar sobre los motivos que han empezado a funcionar en piloto automático y que han quedado enterrados bajo las rutinas y los hábitos inconscientes de la vida cotidiana, no podemos transformarlos de manera consciente en motivos saludables, algo que Sam estaba a punto de experimentar en primera persona durante su reunión matinal con Kevin.

Kevin escribió a Sam un correo electrónico para solicitar una reunión durante el desayuno el día siguiente, que Sam aceptó. «Quizá le diré que me voy —pensó—. Como mínimo, le diré que estoy harto de que se atribuya el mérito del trabajo de los demás. ¿En qué estaría pensando?».

Al día siguiente, se encontraron en un restaurante cercano. Sam se acercó y le tendió la mano a Kevin, pero se dio cuenta inmediatamente de que algo iba mal.

Una vez sentados, Kevin se sinceró.

«El correo electrónico que enviaste ayer a toda la empresa me dejó algo desconcertado —dijo—. Sabes cuánto esfuerzo he dedicado a la propuesta, cuántas noches y fines de semana he pasado trabajando en ella. Pero no mencionaste ni una palabra de eso. Parecía que toda la estrategia tecnológica hubiera sido idea tuya».

La acusación golpeó a Sam con una fuerza que casi parecía física. «Siempre te felicito».

«Sí, siempre me felicitas cuando estamos tú y yo solos. Pero cuando se trata de cosas como anuncios a la empresa por correo electrónico, como eres tú quien los escribe, suena como si tu hicieras todo el trabajo». Multitud de pensamientos acudieron a la mente de Sam. «¿Es posible que tenga razón? ¿De verdad no reconozco el mérito de mi equipo en público? ¿Por qué haría eso?».

«¿Hay algún motivo por el que no mencionaras que yo fui el que diseñó el plan?», preguntó Kevin.

«No, no creo», respondió Sam. Se disculpó y le dijo a Kevin que le había dado mucho en qué pensar.

A pesar de que Sam no había intentado activamente atribuirse el mérito de los esfuerzos de otros, en su interior, un motivo inconsciente operaba en piloto automático: el que anhelaba asegurarse de que todos en la empresa lo consideraran un líder innovador y de éxito. Y este motivo operaba a expensas de las personas a las que intentaba liderar.

Durante los días y semanas que siguieron, Sam reflexionó sobre la conversación con Kevin. «¿Por qué no otorgo a los miembros de mi equipo el reconocimiento que merecen?».

«Porque así tú quedas mejor», respondió una voz silenciosa en su interior.

Fue un momento revelador para Sam. Fue a buscar a Kevin y le preguntó: «¿Crees que podrías darme la oportunidad de reparar mi error?».

«*Por supuesto*», respondió Kevin.

«*A partir de este momento —prosiguió Sam—, me comprometo a darte a ti y a los miembros del equipo todo el reconocimiento que se merecen en público y les haré partícipes de las comunicaciones a la empresa*».

Durante los años que llevo trabajando con Sam, lo he visto detenerse y reflexionar sobre sus motivos cuando hemos hablado de distintos proyectos y de la forma de ser de las personas con quienes trabaja. Entender nuestros motivos y ser deliberados al respecto cuando nos esforzamos en desarrollar las relaciones personales con los demás es muy potente.

APLICACIÓN 9
REFLEXIONE SOBRE SUS VERDADEROS MOTIVOS

Sea su propio experto forense.

1. Piense en una situación en la que se juegue mucho y describa con claridad el resultado que desea lograr.

2. Pregúntese «¿Por qué?» tantas veces como sea necesario para identificar los motivos subyacentes que lo llevan a desear ese resultado. (Sea tan honesto como pueda acerca de sus motivos).
   1. ¿Por qué?
   2. ¿Por qué?
   3. ¿Por qué?
   4. ¿Por qué?
   5. ¿Por qué?

3. Una vez que tenga una lista con los motivos, pregúntese lo siguiente:
   a) ¿Qué motivos son egoístas y requieren mi atención (no saludables)? Márquelos con una X.
   b) ¿Qué motivos tienen en cuenta a todo el mundo (a mí y a los demás) (saludables)? Márquelos con un círculo.
   c) ¿Qué motivos están más alineados con mis valores? Márquelos con un asterisco.

4. Si otros lo observaran cuando actúa con base en los motivos egoístas (marcados con la X), ¿qué verían y cómo se sentirían? Escriba la respuesta a continuación.

5. Si otros lo observaran cuando actúa con base en los motivos más alineados con sus valores (marcados con el asterisco), ¿qué verían y cómo se sentirían? Escriba la respuesta a continuación.

6. Decida con base en qué motivos va a actuar.

HABLE MENOS Y ESCUCHE MÁS

¿ESCUCHA A LOS DEMÁS CON LA INTENCIÓN DE RESPONDER O CON LA DE ENTENDER?

Si escucha con la intención de responder, le propongo la

PRÁCTICA 10: HABLE MENOS Y ESCUCHE MÁS.

Si habla más y escucha menos, su habitación puede parecer el infierno de Sartre porque:

- En muy raras ocasiones, o en ninguna, llegará al meollo de la cuestión.

- Perderá la oportunidad de ser influido por los demás y, a su vez, ejercer más influencia sobre ellos.

- Alejará a personas que, de otro modo, lo respetarían y confiarían en usted.

Imagine una de esas comedias de la década de 1950 en una televisión en blanco y negro donde, tras la empalagosa sintonía de rigor, nos encontramos con un matrimonio a punto de tener dos conversaciones muy distintas al mismo tiempo. Podría ser algo así:

John está sentado junto a la mesa de la cocina, con la vieja aspiradora desmontada mientras mira las desgastadas hojas del manual de instrucciones.

Apenas se da cuenta de que Barbara, su mujer, se sienta en la silla frente a él.

«John, tenemos que hablar. Es importante».

«Claro, claro», responde John mientras agarra un destornillador y empieza a trastear con algo.

Barbara frunce el ceño. «¿Me estás escuchando?».

«Claro que sí, cariño», responde John con tanta amabilidad como es capaz mientras sigue girando el destornillador para soltar la vieja bolsa de la aspiradora.

Su mujer respira hondo. «Creo que mi madre debería vivir con nosotros», exclama mirando a John nerviosa.

John sacude la cabeza y tuerce el gesto mientas mira la aspiradora estropeada frente a él. «Es demasiado vieja, ya no hay nada que hacer».

«¡John! —exclama su mujer—. ¡Estás hablando de mi madre!».

John gruñe sin prestar demasiada atención, mientras observa detenidamente una pieza. «Sí, creo que le falta un tornillo».

Barbara toma aire y cruza los brazos. «¡No sabía que podías ser tan desagradable!».

John suspira, derrotado por la aspiradora. «Sí, llega un momento en el que hay que asumir que es demasiado vieja y mantenerla o cuidarla es una pérdida de tiempo. Ocupa espacio, no hace lo que tiene que hacer y, si te soy sincero, desde el verano pasado huele raro».

«¡Eres imposible!», exclama Barbara, que se levanta y se va. John levanta la mirada de su proyecto, absolutamente confundido.

«¿Decías algo?».

El público en el estudio estalla en carcajadas y el capítulo se interrumpe para dar paso a la publicidad.

A lo largo de los años, los guionistas de televisión han sabido usar los fallos de comunicación para dar golpes de efecto. Por desgracia, cuando se trata de relaciones en la vida real, la tendencia a hablar más de lo que escuchamos puede causarnos verdaderos problemas. Por supuesto, la prisa por resolver problemas y completar las tareas nos lleva naturalmente a limitarnos a *decir*. Y se nos da bastante bien. Piense en las grandes clases de comunicación que puede haber recibido a lo largo de los años. Aunque llevaban la palabra «comunicación» en el título, trataban de cómo *transmitir* o *presentar* un mensaje. Lo desafío a que encuentre alguna que tratara de cómo *escuchar* de manera efectiva.

Es posible que, de los múltiples aforismos que nos dejaron los griegos clásicos, Zenón de Citio ofreciera uno de los más prácticos: «Tenemos dos orejas y una boca, porque deberíamos escuchar el doble de lo que hablamos». Es imposible cuestionar una lógica tan aplastante. Y lo cierto es que, cuando nos proponemos llevar la voz cantante, siempre acabamos pagando un precio muy elevado.

Tomar decisiones rápidas y actuar por instinto suele conducir a soluciones mal diagnosticadas, suposiciones erróneas, estrechez de miras y datos mal interpretados. Como resultado, privamos a los demás de la oportunidad de resolver los problemas por sí mismos. Por si la pérdida de eficacia de nuestros planes no fuera suficiente, cuando no dedicamos el tiempo necesario a escuchar de verdad también ponemos en peligro la confianza. Imagine que va al médico, porque le duelen la garganta y la cabeza, pero en lugar de escuchar cómo describe sus síntomas, el médico se dedicara a mirarle las rodillas y le prescribiera sesiones de fisioterapia. ¿Volvería a ese médico? ¿Volvería a confiar en él? Por absurdo que le pueda parecer este ejemplo, somos muchos los que acostumbramos a prescribir antes de haber diagnosticado.

La primera vez que pagué el precio de no escuchar fue cuando era joven y mi padre entrenaba a nuestro equipo de beisbol. Yo no era un atleta natural y jugar beisbol no era una prioridad para mí. A pesar de todo el tiempo que pasaba con mi padre, de los entrenamientos e incluso de los partidos, apenas le prestaba atención cuando daba las instrucciones para el partido y usaba ese tiempo para ponerme al día con los amigos. Tras varios juegos en los que me eliminaron una vez tras otra, era el siguiente a quien le tocaba batear durante un partido especialmente igualado. Normalmente me aterraba tener que ocupar esa posición, porque me veía claramente golpeando el aire con el bat y siendo eliminado una y otra vez. Sin embargo, esa vez, mientras observaba al bateador delante de mí, me di cuenta de que no alzaba el bat en absoluto. Y entonces, sucedió lo increíble: tras cuatro *pitches* sucesivos y cuatro negativas a batear, el árbitro le indicó que siguiera. Observé atónito cómo corría hasta la primera base, sin la menor preocupación. ¡Eso me rompió completamente los esquemas! Por fin había averiguado cómo no hacer el ridículo y avanzar por las bases.

Me apresuré a ocupar mi posición con una perspectiva absolutamente nueva acerca del deporte. Me encantaba la idea de no intentar batear la pelota y, luego, avanzar hasta la primera base. ¿Por qué no me había hablado nadie antes de esa opción tan liberadora? Así que hice precisamente eso, apoyé el bat en el hombro y no hice el menor amago de usarlo. Recuerdo vagamente que mi padre y el resto de los jugadores me gritaban algo. Pero, de nuevo, no los escuchaba: no era más que ruido. Sabía lo que quería hacer y estaba decidido a hacerlo.

Tres *pitches* sucesivos después, para mi sorpresa el árbitro gritó: «¡*Strike* tres! ¡Eliminado!».

Mientras abandonaba el campo, cabizbajo, y me cruzaba con el siguiente bateador de camino al foso, me preguntaba: «¿Qué he hecho mal? ¿No he renunciado a batear como se supone que debía hacer? Si Greg ha podido avanzar a la primera base sin mover un dedo, ¿por qué tengo yo que volver al foso?».

Tras un largo e incómodo viaje de vuelta a casa en el coche con mi padre, me di cuenta de que dedicarme a hablar con los amigos durante los entrenamientos en lugar de escuchar para aprender la diferencia entre una bola mala y un *strike* me había pasado factura. Incluso cuando estuve en posición de batear y se me ofreció una última oportunidad de entenderlo, estaba tan centrado en lo que quería (pasear tranquilamente hasta la primera base) que no escuché la multitud de buenos consejos que me estaban gritando y malinterpreté lo que sucedió luego. Aunque en ese momento quise morir de vergüenza, fue una muy buena lección: una de las mejores maneras de evitar quedar como un tonto es escuchar a las personas que te rodean, sobre todo si una de ellas es tu padre.

HABLAR MÁS Y ESCUCHAR MENOS PASA FACTURA

Piense en algún momento en que se sintiera incomprendido por alguien. ¿Qué sensaciones experimentó? Quizá se puso a la defensiva y dio rienda suelta a la ira y a la frustración. O quizá se vio intimidado o se bloqueó y se prometió que jamás volvería a confiar en esa persona. Respondamos como respondamos, cada vez que nos sentimos incomprendidos (no escuchados de verdad) por alguien importante para nosotros, podemos pensar que nos han faltado al respeto; y nos duele. Es posible que incluso experimentemos un quebrantamiento no deliberado de la confianza, como si un elemento fundamental para el vínculo de la relación hubiera desaparecido.

Recuerdo que, en otra empresa, colaboré con Gary, un vendedor nuevo que estaba trabajando intensamente para intentar captar a un nuevo cliente. Si conseguía captar la cuenta hubiera sido la mayor que hubiera logrado hasta la fecha y le habría permitido alcanzar su objetivo de ingresos anual, lo que, a su vez, le daría acceso a una atractiva bonificación y al disputado lugar en el Club del Presidente. Durante siete meses, se reunió con el cliente potencial en varias ocasiones y descubrió lo que creyó que eran sus mayores preocupaciones. Entonces, intentó (quizá demasiado) dirigir las conversaciones de un modo que favorecieran las soluciones que había previsto para resolverlas. Estaba seguro de que tenían lo que necesitaban.

Justo cuando Gary se había convencido de que el cliente estaba a punto de cerrar el trato y de firmar sobre la línea de puntos, recibió una llamada inesperada. «Te agradecemos mucho el tiempo que has pasado hablando con nosotros, pero he debatido la propuesta con mis socios y hemos decidido ir en otra dirección». Gary se quedó hundido, pero, una vez superada la decepción inicial, sintió curiosidad y quiso entender qué había llevado al cliente a tomar esa decisión, así que llamó a su contacto unos días después.

«Hemos encontrado a otro proveedor que resuelve mejor un problema específico que tenemos», le explicó a Gary antes de contarle más sobre el problema y de puntualizar por qué era tan importante para ellos resolverlo.

Gary se quedó perplejo al escuchar sus razones. «Pero si nosotros no hablamos nunca de este tema en ninguna de las conversaciones que mantuvimos», dijo.

«Exactamente —continuó el cliente—. Para ser sincero, intenté explicarte nuestras dificultades en un par de ocasiones, pero la conversación se desviaba una y otra vez hacia la solución que tenías y lo perfecta que era para nuestras necesidades. Francamente, las preguntas que nos planteó el otro proveedor nos ayudaron a descubrir un nuevo problema que, al principio, no consideramos importante. Y eso nos hizo ver que su solución encajaría mejor y que entendía nuestras necesidades».

Ese día, Gary aprendió una lección tan dura como valiosa. Ofreció una solución con demasiada rapidez y perdió la oportunidad de escuchar y de descubrir el problema real que había que solucionar.

LA SABIDURÍA ES LA RECOMPENSA QUE OBTENEMOS TRAS TODA UNA VIDA DE ESCUCHAR CUANDO LO QUE QUERÍAMOS ERA HABLAR.

—Doug Larson, columnista

LOS BENEFICIOS DE HABLAR MENOS Y ESCUCHAR MÁS

Uno de los regalos más profundos que le puede hacer a otro ser humano es entenderlo sinceramente. Para ello, ha de deshacerse de los estorbos mentales, suspender (al menos temporalmente) su propia agenda y detenerse el tiempo suficiente para concentrarse y escuchar de verdad lo que dice el otro. Cuando se trata de crear relaciones efectivas, uno de los dichos que suelo tener en mente es: «Con las personas, lo rápido es lento y lo lento es rápido». Una escucha atenta y sin sesgos da al otro la rara oportunidad de sentirse comprendido, un regalo, tal y como afirman los psicólogos, que necesitamos más que el aire que respiramos. (Es posible que la mayoría de esos psicólogos no sean submarinistas de profundidad, pero aun así tienen razón). Estar verdaderamente presente ofrece un entorno seguro en el que las personas pueden aprender a escucharse a sí mismas, evaluar su propia conducta, diagnosticar sus propios problemas y diseñar sus propias soluciones.

No puedo decirle las veces que distintas personas han acudido a mí para que les resolviera un problema y, al final, lo han resuelto por sí mismas. Nada más terminar la conversación (que, en realidad consiste en que yo hable menos y escuche más), saben qué deben hacer. Por ejemplo, la semana pasada, Alec, un empleado, vino a verme para quejarse de lo que creía que era una distribución injusta de la carga de trabajo de un proyecto en equipo.

«Siempre me pasa lo mismo —dijo algo enojado—. ¿Recuerdas el año pasado, cuando al final resultó que había hecho el doble de tareas que todos los demás?».

«Parece que tienes la sensación de que muchas veces sales perdiendo», respondí. Y eso fue todo lo que dije durante la hora siguiente. Permanecí sentado, escuchando, y, de vez en cuando, parafraseando lo que decía él. Estas son algunas de las frases que usé durante la conversación:

«Parece que estás abrumado».

«¿Crees que los demás no llevan la misma carga que tú?».

«Da la sensación de que equilibrar la vida profesional y la personal te resulta cada vez más difícil».

También le planteé algunas preguntas clarificadoras:

159

«Recuérdame qué sucedió el año pasado y cómo gestionaste la carga de trabajo adicional entonces».

«Sé que tu jefe de equipo confía mucho en ti. ¿Sabe cómo te sientes?».

Cuanto más hablaba Alec y más escuchaba yo, y, a su vez, más entendía él lo que debía hacer. Disponer de un espacio en el que explorar sus pensamientos y sus emociones le permitió encontrar una solución. Acabamos la reunión con Alec ensayando la conversación valiente, pero también considerada, que iba a mantener con su jefe.

«Gracias por escucharme. Siempre me das unos consejos excelentes», dijo al salir. Sonreí. ¡No le había dado ningún consejo! Al final, se había aconsejado a sí mismo. Y, en este caso, esa fue la clave.

POR QUÉ NO HABLAMOS MENOS Y ESCUCHAMOS MÁS

Además de nuestras vidas ajetreadas y aceleradas, ¿qué otros factores hacen que hablemos más y escuchemos menos? A continuación encontrará algunas ideas:

1. **Nos han entrenado para que hablemos más.** Tal y como he dicho antes, nos apuntamos a todo tipo de clases para ser comunicadores, oradores y negociadores mejores y más persuasivos. Sin embargo, casi nunca nos apuntamos a clases para aprender a escuchar.
2. **Somos solucionadores de problemas por naturaleza.** La mayoría de nosotros quiere saltar a una solución lo antes posible. No tenemos mala intención, sencillamente queremos ayudar. Tendemos a considerar que quienes solucionan problemas son merecedores de elogio.
3. **El mundo tiene prisa.** En la actualidad, vivimos en una sociedad de bits de sonido. La información nos bombardea durante las 24 horas del día. Todos nuestros estilos de comunicación se han transformado en «¿Con cuánta rapidez podemos comunicar?». Y averiguar con cuánta rapidez podemos interrumpirnos se ha convertido casi en una costumbre.

4. **Queremos tener razón.** El doctor Covey lo explicaba así: «Si es como la mayoría de personas, primero buscará ser entendido. Quiere transmitir su mensaje. Y, al hacerlo, es posible que ignore por completo al otro, haga ver que está escuchando, escuche selectivamente solo ciertas partes de la conversación o se centre atentamente solo en las palabras que se dicen, pero pierda de vista por completo qué quieren decir. La mayoría de las personas escucha con la intención de responder, no de entender».

Muchos de estos motivos pueden resumirse en lo que en Franklin-Covey llamamos «escucha autobiográfica». En pocas palabras: todo lo que piensa y dice se origina en su propio punto de vista. Se escucha a sí mismo (su biografía) mientras los demás hablan, para preparar mentalmente qué decir o qué preguntar a continuación. Pasa todo lo que oye por el filtro de sus propias experiencias. Y, entonces, compara lo que oye con su propia historia para ver si se parece. Cuando escucha autobiográficamente, decide de forma prematura qué quiere decir el otro incluso antes de que haya terminado de hablar, lo que puede dar lugar a fallos de comunicación enormes.

La escucha autobiográfica puede hacer que demos consejos sin que nos los hayan pedido.

«Oh, hace unos años me pasó lo mismo y lo que hice fue...».

«Creo que no estás atendiendo a la realidad».

«Cuando hacía tu trabajo, les decía que...».

«Si fuera tú, prepararía así la reunión...».

La escucha autobiográfica puede hacer que preguntemos demasiadas cosas, no para comprender mejor lo que sucede, sino para satisfacer nuestra curiosidad:

«¿Y dónde estabas cuando sucedió esto?».

«¿Por qué dijiste eso?».

«¿Qué intentabas conseguir con esa estrategia?».

Por desgracia, cuando pasamos lo que dicen los demás por el filtro de nuestras propias experiencias e historias, llegamos a conclusiones que se basan en lo que *nosotros* haríamos o sentiríamos en esa situación. O, lo que es aún peor, como es posible que la situación nos incomode, prescribimos un solución que hace que *nosotros* nos sintamos mejor. Con frecuencia, nos da miedo que, si escuchamos con demasiada atención, nos convenzan y no nos salgamos con la nuestra. Aunque hacerlo es natural, saltar a conclusiones o responder demasiado pronto con consejos puede hacer que el otro sienta que lo estamos juzgando o evaluando, pero que, ciertamente, no le estamos escuchando. También puede hacer que el otro se aferre aún más a sus ideas y a su punto de vista, por lo que estará menos abiertos a explorar otras alternativas.

Corinne había crecido en el Reino Unido, pero llevaba diez años y medio trabajando en Estados Unidos. Aunque echaba de menos a su familia, había hecho su vida allí y se le daba extraordinariamente bien liderar proyectos importantes para su empresa. Mientras trabajaba en uno de ellos, recibió una llamada urgente de un hospital de Manchester (Reino Unido), para decirle que su padre había fallecido de manera súbita e inesperada. Fue un golpe durísimo: no había tenido tiempo para prepararse y no había podido estar con su familia. Pocas semanas después, cuando Corinne ya había vuelto del funeral, su madre sufrió varios problemas de salud que derivaron en dos prótesis de cadera y un ataque al corazón. Corinne, que temía perder a su madre tan pronto y que no quería estar lejos de ella durante un tiempo tan importante, hizo cuatro viajes a Manchester en un espacio de 14 meses, para ayudar a cuidarla. Cuando regresaba al trabajo después de cada visita, explicaba que su madre estaba cada vez más deprimida y agotada por el intento de recuperarse de todas las pérdidas.

Comprensiblemente, su madre empezó a perder el deseo de mejorar, a evitar las visitas con el fisioterapeuta y a aislarse. Apenas había llegado a casa tras el cuarto viaje, agotada tanto emocional como físicamente, cuando Corinne recibió una llamada del médico de su madre, que le informó de las últimas noticias: su madre necesitaba urgentemente un triple baipás. Si no hacía un esfuerzo consciente y verdadero para recuperarse de las operaciones de cadera anteriores, era prácticamente seguro que fallecería en menos de un año. El problema era que se negaba a someterse a otra intervención quirúrgica.

«No voy a hacerlo, Corinne. No estoy dispuesta y no puedo afrontarlo», le dijo su madre por teléfono. Asustada por la posibilidad de perder a su madre y después de haber dedicado un gran esfuerzo para ayudarla a recuperarse, Corinne estuvo a punto de caer en una respuesta autobiográfica: «¡Tienes que operarte! No puedes rendirte. Tienes que seguir adelante».

Sin embargo, se contuvo y dejó ir sus deseos y sus temores. En lugar de discutir con su madre, y, o bien manipularla o bien decirle lo que debía hacer, se limitó a escucharla. A medida que su madre compartía con ella sus miedos, Corinne cambió su perspectiva y comenzó a ver la realidad a través de sus ojos. «Veo que te preocupa mucho volver a ingresar en el hospital —dijo—. Y de verdad comprendo que los últimos 18 meses han sido muy complicados y que creas que no puedes superarlo sola».

Corinne estuvo escuchando a su madre durante treinta minutos, no con la intención de hacer que cambiara de opinión, sino con la de entenderla y empatizar con ella. Finalmente, tras haber pasado un buen rato expresando el miedo y la ansiedad que sentía, su madre dijo: «¿Sabes?, lo que de verdad quiero es estar ahí cuando crezcan mis nietos».

Incluso en ese momento, en lugar de usar esa frase alentadora para orientar la conversación hacia sus propios objetivos, Corinne se limitó a reflejar las palabras y los sentimientos de su madre: «Sí, eso es muy especial, poder formar parte de sus vidas, ¿verdad?».

«Sí, quiero ver más a mis nietos. A medida que me hago mayor, pasar tiempo con ellos es cada vez más importante para mí. —Al final, la madre de Corinne se abrió y le preguntó—: ¿Crees que podrías venir una vez más, después de que me operen?».

«Sí, mamá, claro que iré».

Hubo unos momentos de silencio antes de que la madre de Corinne siguiera hablando.

«Muy bien, lo haré».

Durante la conversación, Corinne no sugirió a su madre ni una sola vez que tenía que operarse, a pesar de que era lo que quería desesperadamente. Al escucharla para comprenderla, pudo suspender sus objetivos personales y escuchar lo dolorosas que habían sido las intervenciones anteriores y lo sola y asustada que había llegado a sentirse su madre. Corinne se dio cuenta de que volcar su propia ansiedad sobre su madre era injusto: ella era la única que tenía derecho a decidir sobre su propia vida. Al final de la llamada, Corinne sentía tanta empatía por su madre enferma que, si esta le hubiera dicho que no iba a operarse, Corinne la hubiera apoyado en su decisión.

Dos meses después, Corinne voló al Reino Unido y estuvo con su madre durante la recuperación. Posteriormente, me dijo que no estaba segura de que su madre hubiera sobrevivido si no la hubiera escuchado de verdad ese día.

CÓMO HABLAR MENOS Y ESCUCHAR MÁS

Es importante tener en cuenta que, aunque son varias las habilidades necesarias para escuchar bien, ninguna de ellas es más importante que escuchar con la actitud adecuada. Si cuenta con las habilidades pero su interés por entender al otro no es sincero, fracasará. Por el contrario, aunque no disponga de las habilidades al cien por cien, si sus intenciones son sinceras, el otro percibirá que su preocupación es genuina y, con frecuencia, le dará el beneficio de la duda.

Antes de pasar a lo específico, quiero aclarar que hablar menos y escuchar más no es lo mismo que estar de acuerdo con el otro. Muchas veces, cuando hablo de escuchar, me responden: «Pero es que no puedo dejar que siga hablando así. No quiero que piense que estoy de acuerdo con él». Aunque esté en desacuerdo con lo que el otro dice o siente, mientras escucha no impone su postura. Por el contrario, suspende sus opiniones el tiempo suficiente como para ponerse de verdad en los zapatos del otro e intentar entender el mundo desde su punto de vista. Parece algo sencillo, pero es una de las mentalidades más difíciles de desarrollar, sobre todo si se opone diametralmente al punto de vista del otro o si está implicado emocionalmente. Hay que ser increíblemente maduro para dominar esta habilidad. (Otras prácticas del libro le muestran cómo aumentar su nivel de madurez).

Hace unos años, modificamos el plan de retribución de nuestros vendedores. Uno de los más productivos me escribió un correo electrónico para comunicarme que estaba muy disgustado con el cambio. El teléfono sonó y vi su nombre en la pantalla.

«Gracias por atenderme, Todd», me dijo.

«De nada. Sé que tienes muchas preguntas sobre los motivos de este cambio y estaré encantado de responderlas. Sin embargo, antes me gustaría que me explicaras qué te preocupa. Estoy aquí para escucharte».

«Bien. Me gustaría explicarte por qué estoy molesto y compartir contigo cómo se sienten también algunos de mis compañeros», prosiguió.

«Muy bien —respondí—. Creo que eso puede resultar muy útil». Pasó el resto de la llamada contándome sus frustraciones y el impacto que el nuevo plan iba a tener sobre su retribución y sobre la de algunos de sus compañeros. En varias ocasiones reflejé lo que oía. No mostraba ni acuerdo ni desacuerdo con él, sencillamente buscaba entenderlo. A continuación encontrará algunas de las frases que podría haber dicho durante la llamada:

«No crees que tu retribución deba estar tan ligada a los resultados de un vendedor nuevo que depende de ti».

«Pareces muy molesto con el plan».

«¿Piensas que los planes de compensación cambian con demasiada frecuencia?».

Durante esa misma llamada, también formulé varias preguntas clarificadoras:

«¿Cómo hubieras comunicado tú el cambio en el plan comercial?».

«¿Qué objetivos crees que podrían lograr, de un modo realista, los vendedores nuevos?».

«¿Qué podríamos hacer para ayudarte a lograr ese objetivo?».

Una vez que se sintió cómodo al ver que mi intención era entenderlo, empezó a formular más preguntas acerca de por qué habíamos cambiado el plan retributivo. Le expliqué los motivos tan bien como pude. Llevábamos una media hora hablando cuando, para mi sorpresa, me dijo: «Ojalá hubieran esperado a cerrar el año antes de aplicar los cambios, pero ahora que hemos hablado debo reconocer que no sé si habrá un tiempo mejor que este. ¿Sabes?, es probable que, si yo estuviera al mando, hubiera hecho lo mismo». Como no lo interrumpí para explicar o defender la postura de la empresa, pudo desahogarse. Una vez que se sintió comprendido, estuvo en mejor posición para devolver el favor y escuchar otros puntos de vista.

No me malinterprete. No estoy diciendo que todo lo que deba hacer para que las soluciones aparezcan como por arte de magia sea escuchar. Hay momentos en los que lo adecuado es hablar *más* y escuchar *menos*. Con frecuencia, hay que dar consejos, respuestas y orientaciones claras para que el trabajo se haga. Sin embargo, hay otros momentos en los que hacer justo lo contrario es de una importancia vital. Cuando una persona está muy emocionada o cuando el saldo en la Cuenta Bancaria Emocional es bajo («Práctica 8: Mantenga su Cuenta Bancaria Emocional con saldo positivo»); o cuando uno no está muy seguro de comprender bien al otro, casi siempre saldrá ganando si habla menos. Si escucha cuidadosamente y procura primero comprender antes de aconsejar u ofrecer soluciones, estará en una posición mucho mejor para entender el verdadero problema. Una vez que haya atendido a la situación y a las emociones de la otra persona, esta se sentirá más respetada y la confianza crecerá.

Una vez adoptada la actitud de escuchar de verdad, es hora de aplicar la habilidad. Resulta contraintuitiva, pero es extraordinariamente sencilla. Básicamente, consiste en la capacidad de reflejar lo que el otro dice y siente, pero, cuando se hace con honestidad y autenticidad, es mágica: ayuda a la persona que habla a ser más consciente de lo que siente; y ayuda a la persona que escucha a alcanzar el raro estado de la empatía, que crea en la relación una confianza y un vínculo especial.

EL IMPACTO DE HABLAR MENOS Y ESCUCHAR MÁS

Hace algunos años, en uno de nuestros cursos de formación, planteamos una actividad muy potente en la que comprobábamos en qué medida podían entender los participantes el punto de vista de los demás y cuán abiertos se mostrarían a la vulnerabilidad que acompaña a esa actitud. Lo hacíamos explicando la historia siguiente:

Cuando D.B. Richards (nombre ficticio) tenía 19 años, lo llamaron a filas para la guerra de Vietnam. Tras un año en el frente, regresó a casa durante un permiso y se metió en una pelea en un bar local. El propietario hizo que los que se estaban peleando salieran, donde siguieron discutiendo. En un momento dado, D.B. sacó una pistola y disparó. Luego declaró que lo había hecho para dispersar la pelea. Por desgracia, la bala alcanzó a un joven, que murió. D.B. fue sentenciado a diez años de prisión, pero, durante el segundo, escapó. Se escurrió bajo una valla y desapareció de la sociedad. Durante los 25 años que siguieron, trabajó, pagó sus impuestos y compró una casa. No tuvo ningún otro problema con la ley y vivía solo. Al final, la hermana del joven al que había matado localizó a D.B. gracias a internet y lo denunció a la policía, que lo arrestó.

Llegados a este punto de la historia, preguntábamos a los participantes en el taller qué harían con D.B. si fueran el juez y el jurado. Tenían que elegir entre encarcelarlo o dejarlo en libertad. Casi siempre, la clase quedaba dividida entre las dos opciones. Entonces, emparejábamos a cada participante con otro que mantuviera la opinión contraria y les dábamos la instrucción de que se turnaran escuchándose el uno al otro sin interrumpirse. La otra persona no podía hablar hasta que la primera se sintiera completamente entendida. Era una actividad fascinante sobre la que debatir luego. Una y otra vez, oía a los participantes expresar su sorpresa al ver cómo había cambiado su forma de pensar después de haber dedicado el tiempo necesario a comprender de verdad la postura del otro. Solo anunciaban que habían cambiado completamente de opinión en muy raras ocasiones, pero sí que decían: «Entiendo perfectamente por qué mi compañero se siente como se siente y empiezo a ver las cosas de otro modo».

Hablar menos y escuchar más parece arriesgado. Es una práctica que solo pueden dominar las personas con una elevada madurez emocional. Cuando somos lo bastante maduros y tenemos la seguridad suficiente en nosotros mismos como para dejar a un lado nuestros objetivos durante el tiempo necesario para introducirnos en el corazón y la mente de las personas que nos importan, no solo llegamos a las soluciones con mayor rapidez, sino que les ofrecemos la mejor versión de nosotros mismos.

La recompensa por hablar menos y escuchar más es una profunda comprensión mutua. Tal y como dijo el doctor Covey, «La mayor necesidad del corazón humano es sentirse comprendido». La primera vez que oí esa cita me pareció lógica, pero me pregunté si realmente sería verdad. Sin embargo, después de años de experiencia con las personas más importantes en mi vida, puedo decir que, al menos para mí, es cierto el cien por cien de las veces.

APLICACIÓN 10
HABLE MENOS Y ESCUCHE MÁS

Empiece a hablar menos y a escuchar más.

1. Piense en una persona que sea importante para usted y a quien le pudiera beneficiar ser escuchada de verdad.

2. Mantenga una conversación con esa persona, con la única intención de escuchar para entender, no para responder.

3. Durante la conversación, recuerde que no tiene por qué estar de acuerdo (o en desacuerdo) con él o ella. Limítese a parafrasear lo que oiga y refleje tanto lo que diga como lo que sienta. (Nota: también puede optar por no decir nada en absoluto y limitarse a escuchar).

4. Explique su experiencia y qué ha aprendido a un compañero o a un amigo de confianza.

PRÁCTICA 11
AJUSTE EL VOLUMEN

¿ALGUNA VEZ HA DEJADO DE FUNCIONARLE ALGUNA DE SUS MAYORES HABILIDADES?

En caso afirmativo, le propongo la

PRÁCTICA 11: AJUSTE EL VOLUMEN.

Cuando no ajusta el volumen, su habitación puede ser como el infierno de Sartre porque:

- No entiende por qué los demás responden de manera negativa ante sus habilidades, lo cual mina su seguridad en sí mismo.

- Los demás malinterpretan sus intenciones, porque no pueden ver más allá del ruido, y empiezan a evitarlo.

- La «ostentación» de habilidades puede perjudicar su carrera y su credibilidad.

La llamada de Thomas, un antiguo conocido, me salvó de una maña-
na de sábado dedicada a una larga lista de tareas en un día demasia-
do agradable como para pasarlo entre cuatro paredes. Me anunció
que se había quedado sin pareja de golf a última hora y me preguntó
si podía contar conmigo. Thomas sabía que el golf no era mi fuerte
y, normalmente, casi me divertía más conduciendo el carrito que
jugando. Sin embargo, asumí que estaba más interesado en mi com-
pañía que en mi habilidad con los palos, y a mí me iba bien. Cambié
la lista de tareas por los palos de golf y salí por la puerta.

Encontré a Thomas unos minutos después. Hablaba acalorada-
mente por teléfono. «Claro que entiendo las consecuencias —dijo
mientras iba de un lado para otro—. Pero creo que no deberíamos
lanzarlo hasta que todos estemos satisfechos».

Tom me vio y gesticuló para que me acercara. «No me preocupa
cuánto tiempo tardemos —prosiguió sin dejar de frotarse la sien
con la mano libre—. Lo que me importa es hacerlo bien. Y no me
refiero a hacerlo bastante bien, sino a que todas las líneas de código
han de ser impecables. Así que creo que deberíamos retrasar el
lanzamiento hasta que todos estemos satisfechos». Se metió el celu-
lar en el bolsillo del pantalón y se dirigió hacia mí.

«Lo siento —dijo mientras nos dábamos la mano—. Un peque-
ño choque con los socios. Y gracias por venir».

«De nada —respondí—. Gracias a ti por invitarme. ¿Va todo
bien?».

172

«*Sí —respondió Thomas—. Es solo que creo que es importante que paguemos el precio necesario para hacer las cosas bien. Y es muy frustrante*». *Sabía que Thomas trabajaba en una empresa de software que tenía que ver con el análisis de datos de páginas web, pero los celulares con teclas aún me parecían estupendos, así que imaginé que, fuera lo que fuera de lo que estaba hablando, escapaba a mi comprensión.*

«*Por aquí*», *anunció Thomas mientras se dirigía hacia el edificio del club. Anduvimos desde el estacionamiento hacia un camino de baldosas y me fijé en la hora.*

«*Parece que llegamos justo a tiempo*».

«*No, vamos bien —dijo Thomas mientras, de repente, se desviaba hacia un pequeño banco. Dejó la bolsa de los palos en el suelo y se sentó—. Dame un segundo*».

«*Está bien*», *respondí, mientras lo observaba sacar una toalla pequeña, varios cepillitos, un bote de limpiador en espuma y un punzón. Sacó un palo de la bolsa, lo roció con espuma y empezó a frotarlo.*

«*Se te había olvidado limpiar ese, ¿eh?*», *pregunté mientras un par de jugadores pasaban frente a nosotros.*

«*Mantener la cara limpia es esencial para un buen resultado*», *respondió.*

«*Claro, claro...*».

«*Por eso, los* caddies *profesionales limpian los palos de sus jugadores después de cada golpe. —Thomas había terminado con la toalla pero, en lugar de sacar el siguiente palo, agarró un cepillito y empezó a limpiar las muescas una a una—. Si queda en el palo la menor mota de tierra o de hierba, estas modifican el giro de la pelota. Y, por supuesto, un giro constante permite ser más preciso*». *(He dedicado el mismo tiempo a pensar en el giro de las pelotas de golf que en la posibilidad de convertirme en luchador profesional: ninguno).*

«*Sí, todos queremos la máxima precisión posible*».

«*Es como escribir código... tienes que dedicarle el tiempo que sea necesario para hacerlo bien*», *dijo Thomas mientras daba una última mirada al palo antes de volver a meterlo en la bolsa y tomar otro. Al pensar en que había 13 más esperando el mismo tratamiento se me cayó el alma a los pies. Miré el reloj.*

«*Creo que nos toca ya —dije—. Si nos damos prisa, seguro que llegaremos a tiempo*».

«*Genial —respondió Thomas. Sin embargo, si le preocupaba llegar tarde, no lo demostró en absoluto. Por el contrario, repitió la rutina con la espuma, la toalla y el cepillo—. ¿Sabes cuál era la puntuación promedio en golf en 1960?*».

«*Mmm... pues no, no lo sé*».

«*Cien —respondió Thomas cambiando el palo limpio por el siguiente—. Piensa en todo lo que ha sucedido en los últimos cincuenta años: innovaciones en los palos, en cómo enseñamos y practicamos el golf, la nueva tecnología... Después de todos esos cambios, ¿sabes cuál es ahora la puntuación promedio?*».

«*Tampoco tengo la menor idea*».

«*Cien. ¿Qué te dice eso?*».

«*¿Me tendría que decir algo?*», pregunté mientras miraba nervioso hacia el club y veía pasar a otro par de jugadores.

«*Sí: que la diferencia no está en las cosas grandes, sino en las pequeñas. En las cosas en las que ni siquiera pensamos. Como en mantener limpios los palos*».

«*Puedo ayudarte, si quieres*», me ofrecí.

«*No, gracias, soy algo puntilloso con el proceso. Espero que no te ofenda*».

«*No, en absoluto*», respondí. Dejé mis palos en el suelo y me senté en el banco. Parecía que aún íbamos a tardar un buen rato.

No llegamos al puesto de salida hasta veinte minutos después. El adolescente de la taquilla hizo todo lo que pudo para reorganizar la programación y dejarnos pasar. Thomas le dio las gracias, pero no vio las miradas irritadas de los jugadores que habían llegado a tiempo. De nuevo fuera, saqué el driver de la bolsa y no pude evitar ver que había otros dos jugadores esperándonos, con los brazos cruzados y miradas incendiarias.

«*Vale la pena dedicar el tiempo necesario a hacer las cosas bien, ya lo verás*», anunció Thomas mientras se preparaba para lanzar.

Todos tenemos habilidades, o fortalezas, naturales (en el caso de Thomas, una excelente atención al detalle). La definición general de «fortaleza» que ofrece el *Oxford English Dictionary* usa descriptores como «influencia», «poder», «intensidad» y «potencia». Utilizar y cuidar de nuestro conjunto único de habilidades y de fortalezas es parte de quiénes somos. Tanto si se trata de talentos innatos como de habilidades que hemos ido adquiriendo a lo largo del tiempo, nuestras fortalezas suelen ser nuestra manera automática de hacer las cosas. Están tan enraizadas en nuestra conducta que, con frecuencia, no pensamos en cómo las usamos ni en el impacto que ejercen sobre los demás.

Imagine que usar sus fortalezas es como tocar un instrumento sobre el escenario. Para que la música ejerza el efecto deseado, tiene que sonar al volumen y en el local adecuados.

EL VOLUMEN ADECUADO

Piense en sus fortalezas como en el botón de un altavoz. A medida que lo gira hacia la derecha, obtiene más volumen. ¿Alguna vez ha corrido o ha hecho gimnasia con los auriculares puestos? Con frecuencia, el volumen que elegimos nos parece insuficiente al cabo de unos minutos, así que lo subimos un poco. Si usted es como yo, es muy probable que este aumento de volumen se repita varias veces mientras dura el ejercicio. La tendencia a subir el volumen continuamente es tan habitual que muchos dispositivos advierten que corremos el riesgo de dañarnos el oído. ¿No le parece extraño que podamos subir el volumen hasta tal punto que no nos demos cuenta de que nos está perjudicando?

Me recuerda la vez que tuve que pedirle a mi hijo que me prestara el coche. Cuando giré la llave en el contacto, el sistema de audio se puso en marcha. Estaba tan fuerte que casi me perforó el tímpano. Me puse a buscar el botón de volumen para bajarlo, pero como no estaba acostumbrado al coche tuve que pulsar (de forma frenética) varios botones hasta que conseguí mi objetivo. Sentado en el asiento, con los oídos aún zumbando, me pregunté cómo diablos podía mi hijo conducir con seguridad con el volumen tan alto.

Con frecuencia, nuestras fortalezas funcionan del mismo modo. Nos acostumbramos a usarlas a un nivel determinado. Y, entonces, sin ni siquiera darnos cuenta, empezamos a depender cada vez más de ellas. Giramos el botón poco a poco y, sin querer, reducimos las probabilidades de lograr los resultados que queremos. Y, lo que es aún peor, corremos el riesgo de que nuestras relaciones salgan perjudicadas. En la tabla siguiente encontrará varios ejemplos de cómo las fortalezas se pueden volver en nuestra contra si subimos demasiado el volumen de las mismas:

Fortaleza	Si el volumen es demasiado elevado
Siendo **metódico**, hace su trabajo de un modo sistemático, eficiente y disciplinado.	Siendo **inactivo**, queda atrapado por la parálisis por análisis y ralentiza el impulso hasta llegar a ser inoperativo. Las personas que lo rodean se frustran por la falta de progreso.
Siendo **práctico**, se centra en soluciones empíricas, efectivas y eficientes.	Siendo **pesimista**, siempre encontrará un motivo para *no* hacer algo. Lo consideran un aguafiestas, no como a una persona capaz de liderar, inspirar o motivar a los demás.
Siendo **eficiente**, es organizado y competente y reduce el derroche al mínimo.	Siendo **inflexible** en su deseo de que las cosas se hagan, se aísla de todo lo que puedan aportarle los demás. Sus colegas tienen la sensación de que no confía en ellos ni valora su opinión. En consecuencia, pierde su energía creativa y deja pasar soluciones y descubrimientos inesperados.
Siendo **abierto de mente**, está dispuesto a tener en cuenta ideas nuevas sin prejuicios y sin juzgar.	Siendo de **carácter débil**, es más probable que renuncie a sus principios y se muestre de acuerdo con la última persona que ha hablado, aunque en realidad opine algo distinto. Es menos probable que mantenga y siga las soluciones, los planes y las decisiones en las que cree. Los demás no lo respetan, porque saben que siempre acaba cediendo.
Siendo **leal**, es constante en su apoyo y su alianza con los demás.	Siendo **crédulo**, puede optar por pasar por alto problemas o fallos flagrantes que afectan de manera negativa a una relación o situación. No hace caso de las banderas rojas de los demás y exacerba sus propios puntos ciegos.

Fortaleza	Si el volumen es demasiado elevado
Siendo **amable**, se muestra flexible y considerado ante las ideas y las opiniones de los demás.	**Implicándose demasiado** en los problemas de los demás, se queda rápidamente sin energía y corre el riesgo de quemarse, mientras otros asuntos más importantes quedan desatendidos. La calidad de todo sufre y, en lugar de hacer bien unas pocas cosas importantes, interviene superficialmente en multitud de cosas mediocres.
Siendo **apasionado**, bulle gracias a la energía que le dan las emociones apasionadas y las creencias sólidas.	Siendo **agotador**, su celo y su energía se convierten en impaciencia. Empieza a importunar a los demás, sobrepasa límites y cree que los demás no se lo toman tan en serio como usted. Siempre va corriendo y lo diluye todo.
Estando **seguro de sí mismo**, es asertivo e independiente y, con su aplomo, motiva positivamente a los demás.	Siendo **arrogante**, en lugar de inspirar confianza y lealtad, parece exagerado y centrado en su propia importancia y superioridad. Los demás creen que no confía en ellos y, por lo tanto, se desmotivan y pierden la inspiración.
Siendo **resolutivo**, toma decisiones rápidas y efectivas.	Siendo **temerario**, actúa sin contar con la información necesaria, procede imprudentemente y pone a los demás y sus proyectos en peligro. En consecuencia, sus compañeros sienten que no atiende a sus ideas y es posible que dejen de participar o se desconecten. Se compromete prematuramente y a veces no puede (o no debería) cumplir lo prometido.
Siendo **visionario**, planea el futuro con imaginación y sabiduría.	Siendo **soñador**, mientras que el visionario actúa, el soñador se conforma con el hecho de soñar y la acción se acaba perdiendo.
Siendo **asertivo**, es directo y seguro de sí mismo. Toma decisiones atrevidas e importantes cuando es necesario.	Siendo **dominante** se afirma sobre los demás con arrogancia y, con frecuencia, con desdén.

Antes de incorporarme a FranklinCovey, trabajé con Matt. Era una persona de talento extraordinario y con dos licenciaturas en su especialidad. Aunque tenía múltiples fortalezas, era conocido sobre todo por su enorme motivación a la hora de lograr resultados de alta calidad. Era eficiente y organizado, y su carrera profesional tendría que haber estado firmemente asentada en la vía rápida hacia un cargo de alta dirección. Sin embargo, se encontraba atascada. Cada vez que aparecía un proyecto de perfil alto, invariablemente se asignaba a otra persona del equipo de Matt, que, con frecuencia, tenía menos experiencia y formación que él. Y, aunque era una de esas personas que controlaba sus emociones, yo me preguntaba si la sucesión constante de decepciones lo estaría afectando.

Para mi sorpresa, un día me preguntó si estaría dispuesto a darle mi opinión sincera. Respondí que estaría encantado de ayudarlo. Me dijo que cada vez se sentía más frustrado al ver que no le ofrecían participar en los proyectos más grandes y visibles. En aquel momento, la empresa en cuestión era pequeña, así que sabía que Matt tenía la reputación de ser una persona con la que costaba trabajar: su alta capacidad de concentración y de motivación a veces se percibía como rigidez, exigencia y negatividad. Las personas de mayor éxito con las que he trabajado no solo tienen unas habilidades y una experiencia extraordinarias, sino que también demuestran compromiso, entusiasmo y una actitud general positiva. Y esas características no eran lo que venía a la mente cuando uno pensaba en trabajar con Matt. No sabía cómo compartir eso con él sin hacerle daño. No es lo mismo decir «Es posible que necesites un poco más de experiencia» o «Te iría bien trabajar esta o aquella habilidad» que «Lo que pasa es que a la gente no le gusta trabajar contigo». Sin embargo, dado que Matt había acudido a mí y yo quería ayudarlo, se lo dije. Me esforcé en darle ejemplos concretos, de modo que él mismo pudiera ver el resultado no deseado de lo que, en mi opinión, era una fortaleza activada a un volumen excesivo.

Le recordé una vez en que, durante una reunión de equipo, habíamos hecho una lluvia de ideas para resolver el problema de un cliente. En lugar de escuchar las ideas a medida que se iban planteando, cuando Matt no estaba de acuerdo con algunas de las sugerencias decía: «Esto no funcionará de ningún modo» y apagaba así el entusiasmo del proceso de generación de ideas. Insistí en que lo consideraba una persona muy inteligente y sagaz, pero que el volumen de su eficiencia era tan elevado que daba la impresión de que quería ser un genio solitario y dejar atrás a los demás. También compartí con él un par de correos electrónicos que había enviado y donde había usado un lenguaje seco, al límite de lo hostil. «Lo único que intento es ser respetuoso con el tiempo de los demás y garantizar que obtenemos resultados tan rápidamente como sea posible», respondió Matt. Tras hablar con él unos minutos, me di cuenta de que Matt no era en absoluto consciente de que su estilo y su actitud (a un volumen demasiado elevado) le habían creado una reputación negativa.

Entonces, comentamos sobre lo que suelen hacer las personas cuando sienten que no se las escucha o que se las deja atrás: dejan de implicarse. Y, aunque en muchas ocasiones la idea de Matt resultaba ser la correcta, atacar las aportaciones de los demás estaba afectando a su efectividad. También hablamos de cómo podía modificar ligeramente la redacción de los correos electrónicos, para que en lugar de secos y agresivos resultaran amistosos y colaboradores.

Entonces, Matt me dejó verdaderamente impresionado. En lugar de ofenderse o de mostrarse dolido, empezó a buscar oportunidades para poner en práctica lo que habíamos comentado. Y, aunque para él era muy importante no perder eficiencia, bajó la intensidad, para tener tiempo de limar su actitud y reconocer y fomentar la participación de los demás. No pasó mucho tiempo antes de que sus compañeros se dieran cuenta del cambio. «En la reunión de ayer me llevé una agradable sorpresa cuando Matt validó mi idea en lugar de echarla por tierra» o «¡Caramba! Matt me escuchó y dijo que mi idea le había gustado».

Poco a poco, Matt empezó a darse cuenta de que, gracias a la atención que prestaba a las relaciones personales, sus proyectos avanzaban con mayor efectividad. Y, como resultado, empezó a bajar de forma natural el volumen de las fortalezas que, hasta ese momento, habían entorpecido su progreso. Y lo mejor de todo era que ya no teníamos por qué caminar de puntillas a su alrededor, preocupados por si, con su respuesta, aniquilaba la energía del equipo. Matt empezó a recibir invitaciones para colaborar con más equipos y proyectos y su carrera volvió a ponerse en marcha.

Al igual que muchos de nosotros, Matt no se había dado cuenta de que había subido demasiado el volumen de uno de sus puntos fuertes. Su intención había sido buena desde el principio y era normal que hubiera recurrido a lo que le había funcionado bien en el pasado. En mi caso, tengo una capacidad asombrosa y mundialmente conocida para la humildad. Es broma, claro. Sin embargo, sí creo que tengo la habilidad de ser amable. Al igual que sucede con muchas de nuestras fortalezas, es algo que me ha acompañado durante toda la vida. Lo cierto es que puede parecer algo positivo en general y, quizá se pregunte cómo es posible que la amabilidad pueda llevar a situaciones que uno preferiría evitar, pero lo cierto es que, llevado a un extremo, puede hacer que nos hagamos responsables de cosas y de personas que, en realidad, no son responsabilidad nuestra. Acabamos intentando ayudar a todo el mundo y en todas partes, a veces con un costo personal extraordinario. Cuando estaba sumido en la redacción de este libro, además de hacer mi trabajo a tiempo completo, me pidieron que pronunciara un discurso inaugural, como favor para una compañera que tenía un problema en el trabajo. Una petición de este tipo puede resultar estresante, porque exige mucha preparación: perdería gran parte del tiempo que necesitaba para escribir este libro, tendría que ocuparme del resto de mis tareas habituales y, además, quería seguir cumpliendo con los compromisos familiares. Al instante, mi mente empezó a gritar: «¡Ni hablar, Todd! Ya estás al límite. ¡No puedes hacerlo todo!». Al mismo tiempo, entendía su necesidad de eliminar el discurso de su agenda. Quería que pudiera resolver su crisis en el trabajo. Quería ayudarla y me preocupaba por ella.

Mi amabilidad empezó a tomar el volante y, como esta es una de mis fortalezas, permití que tomase el mando. Mi mente siguió haciendo sonar la alarma, pero mi boca se abrió y dejó salir un: «No hay problema, me encargaré de ello». Y entonces, empecé a hacer malabarismos temporales en mi cabeza: «Si limito las horas de sueño a cinco, creo que podré lograr abarcarlo todo. También puedo cambiar los planes del fin de semana, para ir sobre seguro». Sin embargo, al igual que le sucedió a mi hijo cuando subió demasiado el volumen de la radio del coche, no estaba teniendo en cuenta el impacto que mi decisión tendría sobre las personas que me rodeaban. Aumentaría la presión sobre el equipo que participaba en el proyecto del libro, porque no estaría disponible durante los días que me había comprometido al principio. Y, aunque creía que podría salvar el fin de semana, solo haría falta un imprevisto en el trabajo o un error de cálculo por mi parte para que mi familia tuviera que pagar el precio de mi amabilidad exagerada. Y, lo que es peor, cuando el volumen es excesivo, todo el mundo sale perjudicado: resultados menos que estelares en el libro, un discurso inaugural no muy interesante y relaciones dañadas con las personas más importantes para mí.

Nadie sube el volumen de sus puntos fuertes con la intención de lograr un mal resultado. Y, sin embargo, sucede. Si subimos demasiado el volumen de nuestras fortalezas, cuando lo bajamos un poco conseguimos, con frecuencia, que estas sean más efectivas. Soy consciente de que se trata de una estrategia contraintuitiva. Estamos acostumbrados a oír mantras como «esfuérzate más, trabaja más, sigue...». Y, aunque es cierto que todos ellos tienen su momento y su lugar, también hay que saber cuándo levantar el pie del acelerador y dar un paso atrás o, sencillamente, decir que no. En mi caso, podría haber declinado la invitación a dar el discurso inaugural explicando las presiones de tiempo a las que yo también estaba sometido y, al mismo tiempo, ser fiel a mi fortaleza ayudando a mi compañera a buscar un sustituto capaz. De haberlo hecho, me hubiera mantenido fiel a todas mis relaciones personales sin dejar de demostrar comprensión ante el problema de mi compañera. También me hubiera dado tiempo a escribir el capítulo «La natación sincronizada y sus paralelismos con la planificación estratégica», pero, lamentablemente, tuve que renunciar a algo.

Para ser justo, diré que es muy posible que, sin darnos cuenta, estemos fomentando que las personas suban el volumen de sus fortalezas. Muchas de las herramientas que se usan para medir fortalezas envían mensajes contradictorios en relación con esto. Tenemos, por ejemplo, las evaluaciones 360, donde se valoran y puntúan distintas competencias y se afirma que, cuanto más elevada sea la puntuación conseguida, mejor es el desempeño de la persona. Aunque a primera vista parece una premisa razonable, los investigadores Bob Kaplan y Rob Kaiser encontraron un problema: «Las herramientas de este tipo pasan por alto una lección crucial que nos dan las últimas décadas de investigación sobre los descalabros profesionales: *más* no es siempre *mejor* y los ejecutivos acaban perdiendo sus trabajos cuando sus fortalezas, llevadas al extremo, se convierten en debilidades».[1] Desconfíe de cualquier herramienta de medición de fortalezas cuya premisa inherente sea que más es mejor.

EL LOCAL ADECUADO

Al principio de este capítulo, le he propuesto que pensara en la puesta en práctica de las fortalezas como si fuera un músico sobre el escenario. Le he explicado los riesgos que entraña subir demasiado el volumen, bien porque nos hemos acostumbrado al nivel actual o bien porque creemos que más es mejor. Sin embargo, y siguiendo con la misma analogía, también tenemos que tener en cuenta el local en el que estamos actuando; es decir, hay veces en que usar el volumen adecuado significa elegir otra fortaleza o darse cuenta de que el local, o la situación, exigen una fortaleza absolutamente distinta, que quizá no esté en nuestro catálogo y que, quizá, necesitemos desarrollar.

Un buen amigo me explicó la historia de un CEO para el que trabajaba. La mayor fortaleza de este empresario consistía en una gran habilidad para centrarse y lograr resultados con rapidez. Cuando la empresa acababa de entrar en funcionamiento, se hizo obvio lo eficaz que era trabajando solo, pronunciando discursos en congresos importantes y escribiendo artículos, blogs y varios libros a un ritmo trepidante. Eran unas habilidades ideales para una empresa de nueva creación. Sin embargo, cuando la empresa empezó a crecer y a incorporar a talentos y personalidades nuevas, esta fortaleza sobreactuada empezó a jugar en su contra. Se manifestaba en forma de una impaciencia evidente ante cualquier error, contratiempo o tropiezo y se traducía en una tendencia a controlar excesivamente a las personas y los procesos. Solía excusar su conducta diciendo que él era así y que, además, era lo que necesitaba la empresa para seguir creciendo. «Eh, si estamos donde estamos ahora es gracias a la rapidez de reflejos y de toma de decisiones», decía, con lo que se daba permiso para subir el volumen aún más.

Exigía a los miembros de su equipo que fueran innovadores, pero luego cuestionaba los procesos que no ofrecían resultados inmediatos. Al cabo de unos años, la rotación de personal empezó a aumentar, tanto con empleados nuevos como con personas que llevaban años en la empresa. Las personas que permanecían en la organización aprendían rápidamente que, si querían que el CEO los dejara tranquilos, tenían que aparentar que estaban muy ocupados, aunque no fuera así, y, sobre todo, no cometer errores detectables. Para complacerlo, había que generar un registro de actividad cargadísimo de tareas y dar la impresión de que se hacía una cantidad de trabajo enorme a un ritmo frenético.

El compromiso de los empleados se desvaneció. Por desgracia, el CEO fue incapaz de reconocer el cambio de local (o se negó a hacerlo): de empresa de nueva creación a un negocio que crecía rápidamente. El primer local requería un nivel elevado de independencia y de agilidad, mientras que el segundo, la empresa en crecimiento, necesitaba mucha más interdependencia: buscar de forma deliberada las ideas de los demás y tener la paciencia necesaria para superar los contratiempos y tropiezos que entraña inevitablemente trabajar con más personas. Las relaciones con muchos de los miembros del equipo con más talento empezaron a fracturarse. Los que eran incapaces de aparentar que estaban ocupados (o, sencillamente, se negaban a fingir) y los que necesitaban un entorno más seguro y alentador para dar lo mejor de sí mismos empezaron a desconectarse. Actualmente, la empresa ha perdido a la mayoría de los empleados originales y está perdiendo cuota de mercado.

A lo largo de nuestras vidas pasamos por muchos locales distintos, y una de las transiciones más importantes es la de traspasar la frontera entre el trabajo y el hogar. Debemos ser especialmente cuidadosos y evitar asumir que las fortalezas que tan útiles nos son en el trabajo lo son también cuando tratamos con la familia y con otras personas importantes para nosotros, y viceversa. Una parte importante de usar el volumen adecuado consiste no solo en bajar la intensidad de nuestras fortalezas cuando sea necesario, sino también en asegurarnos de que aplicamos la fortaleza adecuada en el momento adecuado y en la situación adecuada. Me pregunto si Thomas, mi amigo golfista, estaba cometiendo ese mismo error...

No llegamos al puesto de salida hasta veinte minutos después. El adolescente de la taquilla hizo todo lo que pudo para reorganizar la programación y dejarnos pasar. Thomas le dio las gracias, pero no vio las miradas irritadas de los jugadores que habían llegado a tiempo. De nuevo fuera, saqué el driver *de la bolsa y no pude evitar ver que había otros dos jugadores esperándonos, con los brazos cruzados y miradas incendiarias.*

«Vale la pena dedicar el tiempo necesario a hacer las cosas bien, ya lo verás», anunció Thomas mientras se preparaba para lanzar.

Thomas siempre había sido muy metódico y parecía disfrutar con los procesos analíticos. Seguro que por eso era un programador tan bueno. Sin embargo, pensé que quizá había perdido de vista hasta qué punto había subido el volumen de esa fortaleza en concreto. Hice una señal a los jugadores que había detrás de nosotros, para invitarlos a que empezaran a jugar. Thomas me miró con curiosidad mientras bajábamos del escalón para dejar pasar a los otros jugadores.

«¿Por qué has hecho eso?», me preguntó.

«Porque creo que me hubiera sido imposible concentrarme sabiendo que estaban esperando a que terminásemos».

«Lo entiendo —dijo—. Te incomoda hacer esperar a los demás. Supongo que a mí no, algo que probablemente confirmarían mis socios».

«¿Te refieres a la llamada de antes?», pregunté.

«Sí. Están molestos, porque quiero retrasar el lanzamiento del producto. No entienden que necesitamos tiempo para garantizar que todo funcione correctamente».

Me parecía algo razonable, pero al mismo tiempo me pregunté si lo que sus socios estaban viviendo se parecería a lo que yo había experimentado en el campo de golf.

«¿Y qué significa "funcionar correctamente" en tu mundo? Me refiero a que yo recibo actualizaciones de software continuamente. ¿De verdad se llega a un punto en el que todo esté absolutamente bien para siempre?», pregunté.

«Pareces mi equipo de marketing —respondió Thomas—. Supongo que tienes parte de razón. El software cambia constantemente, porque nos esforzamos por estar al día, pero eso no significa que

podamos renunciar a la calidad. Sin embargo, los de marketing están molestos, porque nos estamos pasando de plazo».

«Porque lo estás ralentizando para que todo salga bien», respondí.

«Claro. Pienso que un plazo de entrega no debería impedirnos intentar lograr la máxima calidad posible».

«Entonces, ¿cómo equilibras las cosas? —pregunté—. Me refiero a la necesidad de agilidad en el desarrollo, de cumplir con los plazos de entrega y, al mismo tiempo, garantizar la máxima calidad posible».

«Hay que establecer prioridades. Y, para mí, la máxima prioridad es siempre garantizar la calidad del producto. Aunque eso signifique saltarnos un plazo de entrega. O tres».

«¿Tres?» pregunté, casi atragantándome. No era en absoluto un experto en cuestiones de tecnología, pero había trabajado en las empresas suficientes como para saber que saltarse con regularidad lanzamientos de producto podía tener consecuencias graves.

«Sí, lo sé. Tres retrasos son malas noticias para el negocio», confesó Thomas.

«Espero no ofenderte... Sé que la atención al detalle es una de tus fortalezas, de hecho es algo que siempre he admirado de ti. Fíjate en tus palos de golf. Podrías usarlos como cubiertos, de lo limpios que están».

«Lo tomaré como un cumplido», dijo Thomas sonriendo.

«Sin embargo, hemos llegado tarde —proseguí—. Lo que, a su vez, ha afectado al resto de los jugadores, que sí habían llegado a tiempo. Así que me pregunto si es posible que hayas subido tanto el volumen de esta fortaleza concreta que estás perdiendo de vista parte de la imagen general».

«Entonces, ¿sugieres que quizá pueda llegar a algún tipo de acuerdo con mis socios?».

«No soy programador ni nada que se le parezca, pero creo que te iría bien. He estado en situaciones en las que las personas han tenido que dar un paso atrás para comprobar si sus fortalezas estaban yendo en su favor o en su contra».

«Bueno, me has dado algo en lo que pensar», dijo Thomas mientras ocupábamos nuestro lugar en el tee.

185

De camino a casa, reflexioné sobre el volumen de mis propias fortalezas, especialmente la de ser amable. Decidí hacer una lista mental y reasignar las prioridades de algunos de mis próximos compromisos, para poder dedicar tiempo de calidad a unas pocas cosas importantes en lugar de intentar hacerlo todo. Por cierto: limpiar mis palos de golf no estaba en la lista.

APLICACIÓN 11
AJUSTE EL VOLUMEN

1. Piense en tres de las fortalezas que aplica con mayor frecuencia.

2. Describa cómo serían y el impacto que ejercerían si las pusiera en práctica con un volumen excesivo.

3. Pregunte a un amigo o a un compañero en quien confíe si alguna vez ha detectado en usted las conductas que ha descrito. En caso afirmativo, pídale que le explique la situación y qué impacto ejerció su fortaleza llevada al extremo.

4. Piense en una fortaleza distinta que hubiera podido ser más efectiva en esa situación o en modos en que podría bajar el volumen de la fortaleza original en el futuro.

Fortaleza principal	Impacto si el volumen fuera excesivo	Situación e impacto cuando el volumen ha sido excesivo	Nueva fortaleza necesaria o cómo bajar el volumen de la original
Proactividad.	No respetar los límites.	En la reunión de equipo de la semana pasada, Lori se ofendió porque asumí sus tareas sin preguntar antes.	Procurar comprender la situación antes de intervenir.

187

CONFÍE EN LOS DEMÁS

¿TIENDE A DESCONFIAR DE LOS DEMÁS EN LUGAR DE CONFIAR EN ELLOS?

Si ha respondido que sí, le propongo la

PRÁCTICA 12: CONFÍE EN LOS DEMÁS.

Cuando no confía en los demás, su habitación puede parecer el infierno de Sartre porque:

- Pierde la pasión y el compromiso de los demás.

- Está convencido de que ha de controlarlo todo y, por lo tanto, pierde un tiempo muy valioso.

- Limita las posibilidades y minimiza las oportunidades de forjar relaciones fantásticas tanto en el trabajo como en casa.

Rick era el vicepresidente de Marketing de una empresa tecnológi-
ca de tamaño medio y acababa de recibir la autorización para pre-
parar un video corto que destacara las características y ventajas
principales de su último producto. Habló con un amigo suyo que, en
su organización, había producido varios videos que habían sido
galardonados y que le recomendó encarecidamente una empresa de
producción local. Rick invitó a Alyssa, su directora de Marketing, a
que se pusiera en contacto con el proveedor y le informó del alcan-
ce del proyecto y del presupuesto del que disponían para el mismo.

El proveedor respondió que podían ofrecer lo que Rick necesi-
taba y envió muestras de su trabajo.

«Son muy buenos —anunció Alyssa en la reunión de equipo se-
manal. Había enviado las muestras a todos los miembros de su
equipo, para que pudieran comprobar la calidad del trabajo—.
¿Han visto cuántos premios han ganado?».

«Además, conocen nuestro presupuesto y están dispuestos a
mantenerse dentro del mismo», añadió otro de los miembros del
equipo de Rick. Sin embargo, Rick no acababa de estar seguro.

«No lo acabo de ver claro», anunció. El equipo se quedó algo
perplejo al oírlo.

«¿Incumplen algún criterio?» preguntó Alyssa.

«No, la verdad es que no —reconoció Rick—. Pero es muy im-
portante que acertemos».

«¿Y si les pedimos referencias de algunos de sus antiguos clien-

tes?», propuso otro miembro del equipo. Rick estuvo de acuerdo y Alyssa envió la solicitud. A lo largo de la semana siguiente, recibieron la respuesta de varios clientes y todos ellos hablaban maravillas del equipo de producción y de su trabajo. Y, sin embargo, Rick seguía dudando.

«Aún no estoy seguro», dijo a su equipo.

Alyssa pensó que, quizá, el problema estaba en el precio y propuso un presupuesto ligeramente inferior a la tarifa estándar del proveedor, sugiriendo que sería una manera de obtener la confianza de su empresa y proyectos en el futuro. La productora accedió a rebajar el precio, pero, cuando Alyssa se lo comunicó a Rick, este siguió diciendo que aún no lo tenía claro.

«Estamos empezando a ir muy justos con la fecha de producción», le dijo Alyssa.

«Sí, lo entiendo... ¿Tienen más muestras que pueda ver?».

«Mmm, sí, seguro que sí...».

«Y, ya que estás, habla con alguno más de sus anteriores clientes», añadió Rick.

Alyssa regresó a su despacho, con la fecha límite echándosele encima. Se quedó mirando fijamente la pantalla de la computadora, sin saber muy bien cómo redactar el correo electrónico para el proveedor. «Hemos visto su trabajo, hemos hablado con sus clientes y nos han rebajado el precio. ¿Qué más quiere Rick?».

Tal y como hemos visto en la práctica «Mantenga su Cuenta Bancaria Emocional con saldo positivo», la confianza es el resultado definitivo que obtenemos cuando confiamos en los demás. En la práctica «Cree credibilidad con su conducta», hemos aprendido que el carácter y la competencia son esenciales para construir confianza. En pocas palabras: cuando hablamos de relaciones personales, la confianza es importante. De hecho, es fundamental. Esta práctica no trata únicamente de la confianza en el sentido de *creer* en alguien, sino también de poner esa convicción en *acción*. Si queremos que la confianza sea total, debemos ponerla en práctica con los demás.

Si plasmásemos la confianza en una línea continua, en un extremo encontraríamos la desconfianza y la sospecha. Y es también ahí donde nos toparíamos con Rick, que exige a los demás que demuestren una y otra vez que son dignos de su confianza antes de ni siquiera valorar la posibilidad de renunciar a tener el control o de dar un paso hacia delante. En el otro extremo encontramos la confianza ciega y la credulidad. Es ahí donde nos topamos con personas como mi prima, que estuvo a punto de dar su número de la Seguridad Social a un desconocido que la llamó por teléfono para decirle que había ganado un crucero por el Mediterráneo, un automóvil y un montón de dinero. (Por suerte, mi prima oyó la llamada y la interceptó antes de que sucediera nada).

DESCONFIANZA/ SOSPECHA — CONFIANZA CIEGA/ CREDULIDAD

Aunque es posible que, en ocasiones, todos nos podamos ubicar en uno u otro extremo, la gran mayoría estamos en algún punto próximo al centro. Sin embargo, las décadas de observación y de *coaching* que tengo a mis espaldas me han llevado a concluir que la mayoría de los problemas en las relaciones personales muy pocas veces se debe a un exceso de confianza. Por el contrario, se deben a que no se confía lo suficiente en los demás.

Son muchos los factores que nos llevan a ser desconfiados. Por ejemplo, podemos haber aprendido a desconfiar en nuestra familia de origen. O, quizá, nuestro condicionamiento cultural o social nos haya dado motivos para desconfiar. Por ejemplo, una buena amiga mía creció aprendiendo a desconfiar de los demás como norma general. Un día, cuando iba en coche con sus padres y sus dos hermanas, su madre anunció: «Las únicas personas en las que pueden confiar son las que están en este coche en este momento. No lo olviden jamás». Mi amiga ha pasado la mayor parte de su vida intentando superar ese condicionamiento original. Ciertamente, lo que oímos, leemos u observamos puede inspirar más miedo que confianza y puede llevarnos a cerrar un corazón confiado por naturaleza.

Mi experiencia me lleva a pensar que las vivencias negativas pasadas son el motivo más frecuente por el que desconfiamos de los demás. Los tropiezos emocionales suelen hacer que retengamos la confianza. Un día, cuando aún tenía 5 años, mi amigo Kurt estaba en su jardín, jugando con el perro de su vecino. En su entusiasmo, lo jaló con demasiada fuerza del collar, con lo que le hizo daño y lo sobresaltó. Entonces, el perro se abalanzó sobre Kurt y lo mordió en el rostro. Aterrorizado por lo sucedido, Kurt corrió a casa, llorando y con el rostro ensangrentado. Su madre lo llevó a urgencias, de donde salió con 15 puntos y un gran hematoma bajo el ojo derecho. Como resultado de esa experiencia tan negativa e impactante, Kurt desarrolló una creencia sólida: «Todos los perros son peligrosos y no se puede confiar en ellos». A partir de ese día, Kurt evitó cualquier contacto con perros. Y, aunque sabe que esa afirmación no es cierta para todos los perros, ahora, a sus 58 años de edad, sigue evitando el contacto visual incluso con los chihuahuas.

LAS CONSECUENCIAS DE NO CONFIAR EN LOS DEMÁS

¿Cuántos de nosotros hemos adoptado creencias similares a las de Kurt... pero con personas? Quizá, en una empresa anterior se pilló los dedos con un jefe o un socio o tuvo una experiencia terrible con una expareja. O quizá esté agobiado por las noticias constantes acerca de la corrupción en todo el mundo. Es posible que, al igual que Kurt, haya concluido que confiar en los demás no es seguro. Independientemente de cuál sea el motivo, cuando desarrollamos una visión del mundo desconfiada (y sobre todo si se origina en una experiencia emocional potente), tendemos a mirarlo todo a través de esa lente. Si alguien nos ha fallado en el pasado, es fácil saltar a la conclusión de que no podemos confiar en nadie. Puede afectar negativamente a cómo percibimos a alguien a quien acabamos de conocer y, si la tendencia a *no* confiar está muy arraigada, puede acabar justificando nuestra desconexión y desconfianza continuadas en relación con los demás y sus motivaciones. Por otro lado, para mantenernos seguros y a salvo, es imprescindible mantener cierto nivel de precaución. Vivir en cualquiera de los extremos del continuo de la confianza puede complicarnos la vida. A nosotros y a quienes nos rodean.

Abraham Lincoln dijo que: «Si confiamos, nos decepcionarán

algunas veces. Si desconfiamos, seremos desgraciados siempre». Don, un directivo con el que trabajé hace unos años, sufrió en sus carnes esta máxima. En una ocasión, invirtió una enorme cantidad de tiempo y de energía en la contratación de dos redactores, para satisfacer las necesidades crecientes de su departamento. Al cabo de seis meses, se hizo evidente que ninguno de los dos tenía las habilidades necesarias para el trabajo y tuvo que despedirlos a ambos. Haber invertido varios meses en balde en las nuevas incorporaciones supuso un gran golpe emocional, tanto para Don como para su equipo, además de una pérdida de productividad importante.

Afectado por la experiencia, Don empezó a desconfiar de todos los candidatos a los que entrevistó a partir de ese momento y se obcecó tanto en encontrar al empleado perfecto que se excedió de las prácticas de contratación habituales de la empresa. Asumió que si contaba con más opiniones reduciría las probabilidades de error, así que hizo que todos los candidatos pasaran por varias tandas de entrevistas, además de las tres que ya llevaba a cabo el equipo de selección.

Aunque Don tenía sus motivos para desconfiar, su desconfianza ante todos los candidatos y ante el propio proceso de selección le acabó saliendo muy cara. Las entrevistas adicionales alargaron varios meses el proceso de selección, perdió a muchos candidatos bien cualificados que recibieron otras ofertas durante ese tiempo y la falta de personal hizo que no pudiera cumplir con varios vencimientos importantes.

Cuando me avisaron de que en su departamento había vacantes desde hacía más de seis meses, me reuní con Don para tener una conversación honesta con él. «Sé que eres consciente de que te falta personal y de que eso está afectando a otras áreas de la empresa que dependen de la producción de tu departamento. Me gustaría explicarte algo que quizá te resulte útil. Entiendo que tras tu experiencia con los dos nuevos empleados que no funcionaron te muestres reacio a usar nuestros procesos de selección y contratación. Así que me gustaría explicarte cómo nuestros equipos seleccionan a los candidatos antes de que lleguen a ti».

Entonces, le expliqué el riguroso proceso que ya estaba implantado y cómo nos había permitido hallar a algunos de nuestros mayores talentos. Me di cuenta de que se iba relajando a medida que le explicaba cómo funcionaba el proceso de selección. Al final de la conversación, accedió a seguir el mismo proceso que los demás. Y, aún más importante, se dio cuenta de que, al no confiar, estaba ralentizando el proceso y que tanto los miembros de su equipo como quienes dependían de ellos estaban pagando el precio. Entendió que, si contrataba con más rapidez, también podría detectar y sustituir a las incorporaciones que no acabaran de encajar, si fuera necesario.

Por mucho que nos esforcemos, hay veces en que las cosas no salen bien. Y, como somos humanos, es inevitable que, antes o después, nos decepcionen o decepcionemos a alguien. Sin embargo, si lideramos desde la desconfianza, ponemos automáticamente la relación en peligro y o bien bloqueamos su potencial o bien lo perdemos por completo. ¿Quiere hacerse una idea de cómo es el infierno de Sartre? Imagine pasar toda la eternidad rodeado de personas incapaces de confiar en los demás.

LOS BENEFICIOS DE CONFIAR EN LOS DEMÁS

Hacía dos años que Sierra trabajaba en el departamento de Recursos Humanos de su empresa. Durante una de las reuniones que mantenían con regularidad, su jefa, Janeen, le dijo que pensaba que tenía un potencial enorme. Se comprometió a ayudarla y a proporcionarle la experiencia que necesitaba para progresar profesionalmente. Entusiasmada por el voto de confianza, Sierra se creció e hizo todo lo que pudo para estar a la altura de las expectativas de Janeen.

Durante los meses que siguieron, Janeen fue una gran aliada para Sierra. Siguió confiando en ella y aumentó sus responsabilidades y su visibilidad en la organización. Janeen y otros miembros del equipo directivo empezaron a considerar a Sierra como una candidata viable en caso de que Janeen se jubilara o fuera ascendida.

Tras varios años de trabajar juntas, Janeen le hizo una confidencia a Sierra durante una de sus reuniones semanales. «La semana pasada aprendí una gran lección y pienso que conocerla puede ayudarte a ti también. Creo que puedes aprender de mi error y evitar

195

cometer uno parecido». A continuación, Janeen le explicó que había sobreestimado su capacidad para preparar varios informes nuevos para la reunión del consejo de dirección que se había celebrado la semana anterior. Había asumido (incorrectamente, como luego descubrió) que sus años de experiencia la ayudarían a asimilar los datos que había que incluir en los nuevos informes. Así que, en lugar de dar prioridad a esa tarea crítica, pensó que su experiencia la sacaría del apuro y permitió que cuestiones urgentes, pero menos importantes, le impidieran invertir el tiempo que necesitaba para prepararse. Como resultado, no solo entregó los informes con retraso, sino que, además, no eran totalmente precisos y no alcanzaban el nivel de detalle que el consejo necesitaba. El error de juicio de Janeen puso al jefe de Janeen, el CEO de la empresa, en una situación muy comprometida. Después de la reunión, llamó a Janeen y le dio un buen regaño.

«Me resulta difícil admitir este error —prosiguió—. Me tendría que haber tomado más en serio la preparación de esos informes. Tendría que haberles dedicado el tiempo necesario para entender cuánto trabajo suponían. Pero espero que puedas aprender de ello y que nunca te encuentres en una situación semejante».

Sierra quedó gratamente sorprendida. Su jefa había sido transparente y se había mostrado vulnerable. Janeen no tenía ninguna obligación de explicarle lo sucedido ni de confiar en ella de esa manera, pero lo hizo. Ese día, el respeto que Sierra ya sentía por Janeen aumentó exponencialmente. Aprendió que cometer errores bajo su liderazgo no solo era seguro, sino que la confianza que Janeen había depositado en ella era lo bastante fuerte como para permitirle admitir un error para ayudar a Sierra a crecer.

Sin confianza no puede haber lealtad. Sue, una colega y buena amiga mía, escribió acerca de este principio en su libro *The Ultimate Competitive Advantage*[1] (La ventaja competitiva definitiva). Durante su etapa como alta directiva en McDonald's Corporation, se reunió varias veces con el fundador, Ray Kroc. Me explicó la anécdota siguiente: «Había veces en que Ray no podía pagar a sus proveedores en el plazo de treinta días estipulado. Al principio de la construcción de los arcos dorados como marca global, el flujo de caja era una preocupación constante. Así que Ray se reunió con uno de sus principales proveedores de refrescos y le explicó que era posible que alguna vez se retrasara en los pagos, pero que le prometía que le pagaría siempre. Y así lo hizo.

»La empresa de refrescos respondió de manera positiva y creó así una lealtad profunda en Ray. Les prometió que jamás cambiaría de proveedor. Y cerraron el compromiso con un apretón de manos. En la actualidad, McDonald's sigue junto a la misma empresa. Descubrí el alcance de esa lealtad un día que Ray subió a mi coche y encontró una lata de refresco de la competencia. Me explicó lo importante que ese apretón de manos había sido para él y lo mucho que el proveedor lo había ayudado durante el período en que tuvo que esforzarse por mantener la empresa a flote.

»Entonces, me preguntó cómo era posible que pudiera comprar el producto de la competencia. Cuando le expliqué que me gustaba su sabor algo más dulce, sonrió y dijo que mi paladar estaba estropeado. Poco después, un camión de reparto se estacionó frente a mi departamento en Chicago para entregarme existencias para todo un año de una versión extranjera de la bebida de nuestro proveedor, con un montón de lazos y una tarjeta enorme donde Ray había escrito: "La fórmula europea es más dulce que la estadounidense. Ya no hay excusa, Sue. Pide más cuando lo necesites. Nosotros les somos leales a nuestros socios y yo te soy leal a ti". Al confiar en Ray Kroc, la empresa de refrescos fidelizó para siempre a su cliente más grande y más rentable».

CÓMO CONFIAR EN LOS DEMÁS

¿Cómo sabemos si podemos confiar o no en los demás? En mi experiencia, lo mejor es empezar siempre con la predisposición clara a confiar y, a continuación, hacer un seguimiento con tres evaluaciones rápidas que combinan el uso de la cabeza y del corazón.

1. **Evalúe la situación.** En primer lugar, identifique y evalúe qué confía que esa persona vaya a hacer por usted: ¿entregarle puntualmente un informe semanal?, ¿ganar un importante caso legal?, ¿vender programas informáticos?, ¿amarlo y respetarlo hasta que la muerte los separe?

197

2. **Evalúe el riesgo.** En segundo lugar, evalúe los posibles riesgos. ¿Qué sucederá si la persona en la que ha confiado fracasa, no da la talla, se rinde, se distrae o se equivoca? ¿El precio del fracaso es demasiado elevado o puede tolerar una curva de aprendizaje? Sea realista y objetivo.

3. **Evalúe la credibilidad.** Para terminar, evalúe el carácter y la competencia de la persona en la que va a confiar. ¿Confía en que la persona es honesta y cumplirá lo que ha prometido (carácter)? ¿Cuenta con las habilidades y la experiencia necesarias para la tarea en cuestión (competencia)? De no ser así, ¿tiene la disciplina y la motivación necesarias para adquirirlas?

Una vez haya que llevado a cabo las tres evaluaciones, podrá determinar con mayor precisión en qué punto del continuo de confianza debería ubicarse:

- Si el riesgo es relativamente bajo y la credibilidad de la persona es elevada, no dude en confiar en ella.
- Si el riesgo es elevado y la credibilidad es baja, quizá sea conveniente que ralentice el proceso, modifique el plan y trabaje con la persona para que pueda desarrollar sus habilidades antes de depositar su confianza en ella. En algunos casos es posible que, aunque la credibilidad sea sólida, el riesgo sea demasiado elevado como para depositar confianza inmediatamente.

Lleve a cabo estas evaluaciones tan rápidamente como le sea posible, para evitar el riesgo de depositar confianza en una situación que no lo merezca. Por ejemplo, hace poco contratamos a una persona para la división de servicios creativos, con la expectativa de que ejerciera de mentor de otros en relación con varios programas innovadores de diseño gráfico. Al cabo de un mes, nos dimos cuenta de que, a pesar de que conocía superficialmente los programas, no los dominaba en absoluto tanto como necesitábamos. Aunque su carácter era sólido, no habíamos hecho la tarea a la hora de evaluar debidamente el riesgo y sobreestimamos lo que asumimos era un conocimiento avanzado de unos programas de diseño gráfico concretos. Al final, perdimos un tiempo y unos recursos muy valiosos para buscarle un puesto más adecuado y sustituirlo por otra persona.

Cuanto mejor sea nuestra evaluación, menos probable será que nos equivoquemos al confiar en otra persona. Sin embargo, en ausencia de razones importantes para retener la confianza, la tendencia a confiar ofrece beneficios en comparación con la tendencia a desconfiar. Veamos la historia de María. Vino a Estados Unidos desde Colombia, su país de origen; no tenía formación ni experiencia más allá de la educación secundaria y la contrataron como recepcionista en una gran concesionaria de automóviles. Las semanas pasaron y María empezó a llegar tarde al trabajo. Larry, su jefe, decidió hablar con ella para averiguar qué sucedía. Descubrió que María disfrutaba del trabajo y del contacto con la gente, pero era madre soltera y tenía que dejar a sus hijos en la guardería antes de poder ir a trabajar. María le dijo que sabía que no era excusa, pero que, algunas mañanas, tardaba más en preparar a los niños y por eso llegaba tarde. Se comprometió a encontrar el modo de resolverlo. Así que Larry decidió confiar en ella: «Confío en ti —le dijo—. Tienes talento y tratas muy bien con el público, pero necesito que estés aquí. Si sigues llegando tarde, tendré que prescindir de ti. Pero te prometo que, si a partir de ahora eres puntual, te ayudaré a crecer en la empresa».

Antes de decidir nada, Larry invirtió el tiempo necesario para evaluar la situación. En lugar de limitarse a darle un aviso, se reunió con ella para entender mejor lo que sucedía, lo que le permitió saber más acerca de María y de sus dificultades. También tuvo en cuenta los riesgos: dada la naturaleza del trabajo, lo más probable es que hubiera muchas personas que pudieran desempeñarlo bien. Si confiaba en María y ella seguía llegando tarde, la empresa no se hundiría. Aunque era importante que fuera puntual, las consecuencias de no serlo eran mínimas. Para terminar, Larry evaluó el carácter y la competencia de María. Descubrió que estaba muy motivada para conservar el trabajo y mantener a sus hijos y también que no había intentado excusar sus retrasos. Se había comprometido a solucionarlo, lo que decía mucho acerca de quién era y de la seguridad que tenía en sus propias capacidades.

María modificó su rutina matutina y, al día siguiente, llegó puntual. Nunca más volvió a llegar tarde. Larry tomó nota de su dedicación y de la habilidad con que interactuaba con los clientes para forjar un vínculo. Sabía que había acertado al confiar en ella y sospechaba que aún podía hacer mucho más. Al cabo de varios meses, María le pidió que la tuviera en cuenta para una vacante en el departamento de Atención al Cliente. Aunque era muy buena trabajadora, era posible que la diferencia entre su trabajo anterior y este entorno nuevo, más exigente, fuera demasiado para ella.

Larry se detuvo de nuevo a evaluar la situación. Aunque era cierto que carecía del conocimiento o de la profundidad de comprensión que necesitaría en el nuevo trabajo, conocía a otros empleados que estaban dispuestos a ayudarla. Y, aunque su falta de experiencia suponía una desventaja en relación con sus compañeros, había demostrado con creces que aprendía con rapidez y que se le daba muy bien tratar con las personas. Se comprometió a proporcionarle un entorno seguro en el que pudiera cometer errores y aprender. ¡María despegó! Era la persona ideal y superó todas las expectativas. Llegó a ser la supervisora del departamento de Atención al Cliente.

¿Cree que este es el final de la historia? En absoluto. Cuando hubo una vacante en el departamento, María recomendó a José, que acababa de terminar la preparatoria y que carecía de otra formación. Al igual que Larry había hecho antes con ella, reflexionó sobre la credibilidad del joven. Carecía de experiencia, pero María percibió sus ganas de aprender y las referencias que presentó afirmaban que tenía una ética profesional extraordinaria. Al igual que María, José superó todas las expectativas. Al final, María lo contrató como su asistente ejecutivo, devolviendo así el favor que le habían hecho a ella.

Confiar en los demás es cuestión de corazón y de cabeza. Aunque empezamos con una tendencia elevada a confiar, debemos ser diligentes en la evaluación de la credibilidad de la persona, para determinar si, efectivamente, debemos confiar en ella o no.

QUÉ HACER SI ALGUIEN NO ESTÁ DISPUESTO
A CONFIAR EN USTED

Habrá veces en que, por mucho que se esfuerce, no logrará que alguien deposite su confianza en usted. Aunque no puede cambiar la disposición a confiar o desconfiar de los demás, sí puede influir en ella. Puede invitar a la persona a que confíe en usted trabajando proactivamente para aumentar su credibilidad, es decir, su carácter y su competencia (véase «Práctica 3: Cree credibilidad con su conducta»).

Alan, empresario y amigo mío, empezó a trabajar desde un despacho que consistía en una mesa plegable y una sábana colgada sobre la ventana del sótano de su casa y se le presentó la oportunidad de convertirse en proveedor de una importante empresa tecnológica. Se postuló para producir la formación multimedia de la empresa, pero carecía de credibilidad a ojos del vicepresidente de la misma.

«¿Tiene experiencia con empresas de nuestro tamaño?», le preguntó a mi amigo durante una reunión organizada por un conocido mutuo.

«No, todavía no», respondió Alan.

«¿Tiene experiencia en el desarrollo de formación comercial en nuestro sector?».

«No, todavía no», volvió a responder Alan. Puede imaginar el resto de la conversación. Mi amigo esperaba que la empresa confiara en él para un proyecto importante, pero las probabilidades de que el vicepresidente accediera a ello eran entre cero y ninguna. Alan se dio cuenta de que tenía que demostrar que era digno de confianza y que tenía la competencia necesaria para ayudar a la organización.

«¿Hay algún otro proyecto, más pequeño, del que pudiera encargarme? —preguntó Alan al vicepresidente—. ¿Algo con un riesgo muy bajo? Limitaría mis honorarios a cubrir los costos. Estoy seguro de que, si me da la oportunidad, estará encantado con el resultado».

El vicepresidente quedó intrigado y, como el riesgo (y el costo) era bajo, decidió darle una oportunidad a Alan, que invirtió todo su tiempo y su talento en preparar un video de formación de veinte minutos de duración distinto a todo lo que la empresa había visto hasta entonces y con el que dejó impresionado al vicepresidente, que le propuso un proyecto ligeramente más ambicioso. Y así, poco a poco, Alan pudo demostrar su carácter y su competencia. En menos de seis meses, el vicepresidente firmó con él un gran contrato en exclusiva, por el que depositaba toda su confianza en mi amigo y en su joven empresa. (Las cosas fueron tan bien que Alan pudo comprarse una mesa nueva).

A veces, ganarse la confianza de otro exige una determinación inamovible para demostrar la credibilidad, paso a paso. Si se encuentra en una situación parecida, no tema pedir una reunión con la persona cuya confianza necesita. Solo tiene que preguntarle: «¿Qué necesita ver en mí para poder confiar?». Sé que puede parecer una obviedad, pero, con frecuencia es tan obvia que la pasamos por alto. Una vez que tenga claras las expectativas de la otra persona, empiece a modelar las conductas en cuestión y reúnase con regularidad para comprobar los progresos. Con frecuencia, podemos ganarnos la confianza del otro si estamos dispuestos a invertir en el proceso.

Todo entraña un riesgo. Incluso después de haber llevado a cabo evaluaciones minuciosos, puede llegar a equivocarse con personas en las que ha depositado una gran confianza. Me ha sucedido en alguna ocasión. Y duele. Sin embargo, sigo creyendo que se gana mucho más liderando desde la confianza que desde la sospecha. Esta es la lección que Rick y su equipo de marketing estaban a punto de aprender.

Alyssa regresó a su despacho, con la fecha límite echándosele encima. Se quedó mirando fijamente la pantalla de la computadora, sin saber muy bien cómo redactar el correo electrónico para el proveedor. «Hemos visto su trabajo, hemos hablado con sus clientes y nos han rebajado el precio. ¿Qué más quiere Rick?».

Durante la siguiente reunión, Alyssa puso al día al equipo. «Tal y como pidió Rick, el proveedor nos ha enviado más muestras y más nombres de clientes con los que hablar. Los últimos clientes han dicho lo mismo: están muy satisfechos con el trabajo y los volverían a contratar de nuevo. —Se detuvo unos instantes, tragó saliva y dijo algo azorada—: Rick también me pidió que rebajara la última oferta y que redujera el presupuesto en 400 dólares».

«¿No hemos superado ya la fecha en la que se suponía que teníamos que empezar con el proyecto?» preguntó uno de los miembros del equipo.

«Técnicamente, sí —respondió Rick—. Pero estoy seguro de que podrán recuperar el tiempo una vez que hayamos tomado una decisión».

«Bueno... quizá no», intervino Alyssa. Todas las miradas se dirigieron hacia ella.

«¿Es que hay algún problema?», preguntó Rick.

Alyssa miró su celular. «El proveedor acaba de informarme que lo han contratado para un proyecto largo y que no volverá a estar disponible hasta dentro de cuatro o cinco meses».

«¿Cuatro o cinco meses? —exclamó Rick—. ¡No podemos esperar tanto!».

Se hizo un silencio sepulcral, mientras los miembros del equipo se miraban los unos a los otros, alrededor de la mesa. Ahora todo el proyecto corría peligro y era muy probable que la reputación del equipo de marketing saliera perjudicada. Rick suspiró. «Y yo que estaba a punto de autorizarlo. Seguro que ahora entienden por qué me cuesta tanto confiar en los demás».

APLICACIÓN 12
CONFÍE EN LOS DEMÁS

1. **Piense en una persona en la que necesite confiar.** Por ejemplo, si ha de contratar a un proveedor nuevo, trasladar una responsabilidad nueva a un hijo, reunir un nuevo equipo de proyecto, delegar tareas antes de irse de vacaciones...

2. **Evalúe la situación.** Describa qué va a confiar a la persona en cuestión (encontrará algunos ejemplos a continuación).
    - Si va a contratar a un proveedor: desarrollar un sistema de gestión de clientes antes de diciembre.
    - Si va a trasladar una responsabilidad a un hijo: limpiar la habitación y hacerse la cama cada día.
    - Si va a reunir un equipo de proyecto nuevo: colaborar para desarrollar una nueva estrategia de comunicación interna antes de la fusión.
    - Si va a delegar tareas antes de irse de vacaciones: celebrar una reunión de seguimiento con un cliente importante y cerrar el contrato para el año que viene.

3. **Evalúe el riesgo.** Describa la viabilidad y la importancia de cada uno de los resultados posibles.

4. **Evalúe la credibilidad de la persona o personas en cuestión.** ¿En qué nivel se hallan su carácter y su competencia?

PRÁCTICA 13
HAGA QUE SER SINCERO SEA SEGURO

¿CUÁNDO FUE LA ÚLTIMA VEZ QUE RECIBIÓ RETROALIMENTACIÓN DE ALGUIEN?

Si hace tanto tiempo que ni lo recuerda, le propongo la

PRÁCTICA 13: HAGA QUE SER SINCERO SEA SEGURO.

Cuando no hace que ser sincero sea seguro, su habitación puede parecer el infierno de Sartre porque:

- No es consciente de lo que desconoce, por lo que es muy probable que le falte información importante acerca del impacto que ejerce sobre los demás y pierda la oportunidad de cambiar si es necesario.

- Sus vínculos con los demás son más frágiles y pierde la oportunidad de forjar relaciones profundas y basadas en la confianza.

- Además de descubrir que el emperador no va vestido, descubre que el emperador es usted.

Además de amiga mía, Meg es la directora de Recursos Humanos de una empresa que fabrica piezas de repuesto de equipos médicos. Hace poco, me explicó una complicada situación laboral que había vivido hacía unos meses. Había recibido quejas de varios de los trabajadores de primera línea acerca de Carsten, el jefe de planta. «Tenía una actitud excesivamente directiva y no escuchaba las ideas de los demás. Muchos de nuestros trabajadores proceden de otros países y hablan diversos idiomas, lo que complicaba aún más la comunicación con Carsten. Además, cada jefe de equipo de planta lleva a unos cien trabajadores y las reuniones de equipo consistían en que los miembros del equipo permanecían sentados y con la boca cerrada mientras su jefe recitaba cómo quería Carsten que se hicieran las cosas».

«¿Y qué tal le iba?, bromeé.

Me explicó que, en opinión de Carsten, eran unos métodos perfectamente adecuados. En tanto que ingeniero jefe y jefe de planta, creía que debía proporcionar todas las respuestas y que los líderes como él estaban para ofrecer retroalimentación, no para recibirla. Meg prosiguió: «Sospecho que sentía que mostrarse dispuesto a recibirla haría que pareciera débil y confirmaba su creencia de que los verdaderos líderes no pueden mostrarse vulnerables.

»Es como si llevara una camiseta que dijera No PUEDEN DECIRME NADA QUE NO SEPA YA. Hizo caso omiso de mis intentos de explicarle en qué podría mejorar», añadió con un suspiro.

«*Parece que te topaste con un verdadero reto de* coaching», dije, compadeciéndome de ella.

«*Pero es que eso no es lo peor* —prosiguió—. *La planta estaba teniendo problemas de control de calidad bastante importantes. Diez de cada cien sellos de los juegos de tubos eran defectuosos y la proporción de fallos estaba aumentando rápidamente. Los trabajadores intentaban explicarle por qué la tasa de error era tan elevada, pero Carsten no les hacía ni caso*».

«*¿Qué hiciste, entonces?*», le pregunté.

Seguro que le ha pasado alguna vez: tiene algo importante que decirle a alguien, pero le da miedo hacerlo, o duda, porque sabe que la persona no se lo tomará nada bien. Y sospecho que, en algunas circunstancias, quizá pueda identificarse también con Carsten, la persona que evita o se niega a recibir retroalimentación, porque hace que se sienta vulnerable. Reflexione y responda con honestidad: «¿Hago que los demás se sientan seguros a la hora de decirme la verdad?».

Regresemos por unos instantes a la obra de Sartre, en la Introducción. No es solo que todas las habitaciones estén llenas de gente que no nos gusta, sino que, además, las ventanas están tapiadas, las luces están siempre encendidas y no hay espejos. Aunque quisieran hacerlo, nadie tiene la posibilidad de mirarse honestamente. Y todos están tan ocupados buscando el modo de cambiar a los demás que se olvidan de preguntarse cómo podrían cambiar ellos. Al igual que muchos de nosotros, no piden el tipo de información que los ayudaría a mejorar.

¿Por qué nos resistimos? ¿Por qué no tenemos el valor de pedir retroalimentación? Para muchos de nosotros, recibir lo que percibimos como una crítica es desagradable en el mejor de los casos y letal para la seguridad en nosotros mismos en el peor. Por lo tanto, decidimos no generar oportunidades para recibir de los demás lo que asumimos que será una retroalimentación negativa. Todos sabemos lo difícil que es darse retroalimentación a uno mismo (es decir, subirse a la báscula del baño), pero recibirla de los demás puede ser abrumador o incluso paralizante. En tanto que seres humanos, somos vulnerables. Eso es, precisamente, lo que nos hace humanos. La retroalimentación de los demás, tanto si es completamente precisa como si no, hace subir a la superficie lo que nos negamos a admitir: que todos somos una obra en construcción en algún aspecto.

Para prepararnos para esta práctica, quizá le resulte útil conocer el origen de la palabra *feedback*, el término inglés que aquí traducimos como «retroalimentación». Las dos palabras que componen el término, *feed* (verbo) y *back* (adverbio) nos ayudan a descubrir cuál debería ser siempre el objetivo del *feedback*. *Feed* procede del inglés antiguo *fedan*, que significa «nutrir, mantener, promover». Y uno de los significados de *back* es «apoyar». Si pudiéramos entender la retroalimentación como algo útil que puede apoyarnos en el proceso de mejora personal, es posible que no nos sintiéramos tan amenazados por ella. Es posible que incluso buscásemos el modo de activarla. Es cierto que no toda la que recibimos se nos da con la intención de apoyarnos o de ayudarnos: debemos filtrarla con criterio. La mejor es la que se da con el objetivo o la intención de promover el crecimiento personal. Saber cómo recibir retroalimentación y cuándo invitarla o cuándo escucharla con respeto pero decidir no actuar sobre ella exige un autoanálisis meticuloso.

La conciencia personal, o la capacidad de pensar acerca del propio pensamiento, es uno de los mayores dones de la humanidad. Nos permite examinar nuestros motivos y nuestra conducta y decidir si están alineados con quienes queremos ser de verdad y, en caso contrario, corregirnos a nosotros mismos. Sin embargo, la conciencia personal es algo más que un autoexamen. También consiste en asumir que tenemos puntos ciegos (véase «Práctica 11: Ajuste el volumen») y en tener en cuenta los puntos de vista de los demás. Recordará que uno de los motivos por los que la habitación de Sartre era como el infierno se debía a que no había espejos: por mucho que quisieran, no había manera de que las personas vieran el reflejo de quiénes eran o en qué se habían convertido. A veces, en nuestro deseo de protegernos, intentamos eliminar los espejos de las habitaciones en las que estamos, impidiendo que para los demás sea seguro decirnos la verdad. Nos defendemos, desviamos o incluso hacemos caso omiso de las opiniones de terceros que podrían mejorar significativamente nuestras relaciones personales. Por tentador que pueda resultar el evitar ver nuestros fallos y defectos, tal y como sugiere Sartre, sin esa información perdemos la oportunidad de aprender y crecer.

¿Puede recordar la última vez que alguien le ofreció retroalimentación? ¿Recuerda la última vez que lo solicitó activamente? A las personas adeptas a esta práctica les gustará la frase de Ken Blanchard: «El *feedback* es el desayuno de los valientes», que yo transformo en «La retroalimentación es el desayuno, el almuerzo y la cena de quienes saben cómo construir relaciones efectivas». Si se da cuenta de que es posible que *no* haga que decirle la verdad sea seguro, permítame que le sugiera algunas maneras de conseguirlo.

1. Asuma que la intención es buena.

Hace unos años, estaba sentado junto a George, un amigo y colega, cuando se levantó para dirigirse hacia la primera fila y pronunciar una charla ante un grupo numeroso de empleados. Cuando se levantó, me di cuenta de que tenía un desgarro en los pantalones. (En este caso, «desgarro» no alcanza a describir la situación, ya que sería como describir el Gran Cañón del Colorado como una «grietita» en el suelo). En el caso de George, los pantalones se habían desgarrado desde la pretina hasta la costura del tiro. Y lo peor era que no se había dado cuenta. Así que me levanté de un salto y me puse detrás de él para taparlo. «Eh, permíteme que diga algo —susurré—. Tienes los pantalones completamente rotos por detrás». George se quedó inmóvil y yo agarré mi sudadera, que había colgado en el respaldo de la silla. Le sugerí que se la atara a la cintura. Por suerte, era viernes y todos íbamos vestidos de manera informal.

Como la intención de la información era salvar a George de lo que podría haber sido una situación socialmente incómoda y bochornosa, le resultó fácil asumir que mi intención era buena. Cuesta creer que alguien tiene mala intención o intentar discutir con una afirmación como «Se te han roto los pantalones» o «Tienes un trozo de espinaca entre los dientes», sobre todo cuándo se está de acuerdo con ello. Sin embargo, cuando la retroalimentación es más subjetiva, como «Hablas demasiado en las reuniones y no dejas hablar a los demás» o «Nunca compartes el mérito con el resto del equipo», nos mostramos menos abiertos a escucharla y es más probable que asumamos que la persona que nos la da tiene malas intenciones.

A medida que la retroalimentación se desplaza desde el extremo objetivo del espectro («tienes un trozo de espinaca entre los dientes») al extremo subjetivo («hablas demasiado y no dejas hablar a los demás»), más probable es que la interpretemos como un ataque personal. Aunque pasó unos momentos de vergüenza, George no se sintió amenazado. No se tomó mi retroalimentación objetiva como un ataque a su carácter o a su identidad. Sin embargo, cuando la retroalimentación no se basa en hechos objetivos o no coincide con nuestra percepción o experiencia de nosotros mismos, es más fácil que atribuyamos al otro un motivo oculto, que hagamos caso omiso de lo que se nos ha dicho o que lo rechacemos por completo.

Aunque no puede garantizar que todo el mundo quiera lo mejor para usted, tiene muchas más probabilidades de generar buena voluntad y de construir confianza si asume que es así. Cuando asume buenas intenciones en el otro, elige creer que los demás lo hacen lo mejor que pueden (es así en la mayoría de los casos) y que desean sinceramente que tenga éxito. Eso significa que, cuando siente el impulso de cerrarse o de discutir, lo que hace es detenerse un instante y demostrar curiosidad por lo que le dicen. Recuerde que, con frecuencia, las personas que han hecho acopio del valor necesario para darle retroalimentación se sienten tan vulnerables ofreciéndola como usted recibiéndola. Se juegan momentáneamente la seguridad de la relación. Cuando usted los recibe con el corazón abierto, envía una señal que afirma: «Compartir la opinión aquí es seguro».

2. Solicite la retroalimentación.

Asumir buenas intenciones hace que se sienta más seguro a la hora de valorar los puntos de vista de los demás. También le da más seguridad a la hora de solicitar retroalimentación. Las empresas y organizaciones de éxito lo hacen con regularidad. Piense en todas las veces que ha recibido un correo electrónico, un mensaje de texto o una encuesta para solicitar su valoración después de una estancia en un hotel o de haber adquirido un producto o servicio. Casi todas las grandes organizaciones asumen que sus clientes y sus empleados quieren que mejoren, así que despliegan algún tipo de estudio sobre la satisfacción y el compromiso de sus empleados y de sus clientes. Imagine que dispusiéramos de un departamento de atención al cliente personal, que hiciera el seguimiento y encuestara a las personas con quienes interactuamos a diario. Es como si lo viera. Su servicio de Atención al Cliente preguntaría cosas como:

- En una escala de uno a diez, ¿cómo valoraría su última interacción con Todd?
- ¿Cuál es el motivo principal para haberle dado esa puntuación?
- Si Todd pudiera hacer algo distinto para aumentar la puntuación, ¿qué sería?
- ¿Cuán probable es que recomiende a otros que interactúen con Todd?

Una vez superada la sorpresa inicial, imagine lo útil que resultaría contar con este tipo de información. Si decidimos solicitarla, es mucho más probable que los demás nos la proporcionen. Sin embargo, y precisamente porque no contamos con departamentos de atención al cliente que lo hagan por nosotros, la responsabilidad de solicitar retroalimentación es solamente nuestra.

Todos podemos beneficiarnos de la investigación que encontró una poderosa correlación entre los líderes que solicitan retroalimentación con regularidad y su efectividad general (definida como su capacidad para lograr objetivos y metas individuales).[1] Según la empresa Zenger Folkman, los líderes que ocupan las posiciones del 10% inferior en términos de solicitar retroalimentación se encontraban en el percentil 15 en términos de su efectividad de liderazgo general. Los líderes que ocupaban el 10% superior en términos de solicitar retroalimentación se encontraban, en promedio, en el percentil 86 en términos de su efectividad de liderazgo general.

Hay que ser consciente de que el modo en que solicitamos la retroalimentación puede influir tanto en el tipo de información que recibimos como en el modo que el otro decide darla. Una manera de desalentar la retroalimentación es sorprender al otro con la solicitud. Tras una presentación ante toda la empresa, una vicepresidenta llegó a su reunión de equipo y anunció, entusiasmada, que creía que la presentación había ido excepcionalmente bien. Otros miembros del equipo creían que había omitido algunos puntos clave y que la presentación había sido demasiado larga. Después de agradecer al equipo que la hubieran ayudado a diseñar la presentación, se dirigió a una de las integrantes y le preguntó «¿Y qué te ha parecido a ti?». Sorprendida, respondió «Genial, ha sido una presentación estupenda». Aunque la halagó que la vicepresidenta solicitara su opinión, sintió que no estaba preparada para darla, especialmente delante de todo el equipo. Le dio la sensación de que a la vicepresidenta solo le interesaba oír alabanzas. La incomodidad era palpable en la sala y, cuando la reunión terminó, la vicepresidenta se fue convencida de que la presentación había sido un éxito rotundo.

¿Qué fue mal? A veces, preguntar «¿Qué tal ha ido?» inmediatamente después de un acontecimiento o una tarea no es lo más adecuado. Nadie quiere quedar en evidencia y las personas pueden ser especialmente reticentes a ofrecer retroalimentación que podría dañar los sentimientos del otro. Además, una visita o una solicitud sorpresa no es el modo ideal de lograr que alguien nos diga lo que quizá necesitemos saber y oír.

Una estrategia más efectiva (y sobre todo si es la primera vez que solicita retroalimentación) consiste en avisar a la persona en cuestión que le pedirá retroalimentación más adelante. Por otro lado, una pregunta vaga como «¿Qué tal lo he hecho?» hace muy difícil que se pueda responder nada muy significativo. Es mucho más efectivo preguntar en qué aspectos específicos podría mejorar y pedir que lo expresen en forma de conductas o de lenguaje que podría usar en el futuro.

Otra manera de hacer que los demás no se sientan seguros a la hora de ofrecer retroalimentación es ponernos a la defensiva cuando nos la dan. En una ocasión, Kip, un directivo y compañero de trabajo, se enojó, perdió los estribos y atacó verbalmente a un proveedor que había cometido un error. Meredith, otra compañera que presenció la explosión de Kip, se me acercó y me dijo: «Me parece inconcebible que una persona que representa a nuestra empresa desde un cargo de liderazgo pueda actuar así». Trasladé a Kip el comentario de Meredith y me pidió consejo sobre cómo gestionar la queja. Le sugerí que escribiera un correo electrónico para disculparse con ella. Y, como conocía bien a Kip (tendía a ponerse a la defensiva cuando se sentía presionado), le aconsejé que no intentara justificar sus estallidos; que admitiera que se trataba de una conducta inapropiada y que se comprometiera a no volver a hacerlo.

Para ser justo, diré que Kip escribió el correo electrónico inmediatamente y que el primer párrafo fue excelente: sincero, claro y arrepentido. Sin embargo, en el último, empezó a explicarse y a justificar por qué había hecho lo que había hecho. Dejó a un lado la recomendación que le hice y se lanzó a defender su conducta. Esta justificación saboteó la intención de disculparse ante Meredith y, además, hizo que me resultara más difícil (y menos seguro) ofrecerle retroalimentación en el futuro. Aunque cada uno ha de decidir qué retroalimentación atiende y qué retroalimentación deja pasar, debemos ser conscientes de que, cuando la rechazamos, pagamos un precio.

Desviar la retroalimentación es otra manera de hacer que ofrecerla no sea seguro. Es otra versión de defenderse o de justificarse y suena más o menos así: «Entiendo lo que me dices, pero te he visto a ti hacer exactamente lo mismo varias veces». Las personas que se dedican a estudiar estas cosas llaman a esta reacción «falacia *ad hominem*» (o «y tú más»), por la tendencia a pasar por alto los méritos de una cuestión (ya se trate de retroalimentación o de cualquier otra cosa) y atacar el carácter del otro. Si se defiende o se desvía la retroalimentación que le da otra persona, envía la señal de que no le interesa lo más mínimo.

Por otro lado, si solicita la retroalimentación de tal modo que invita a dar únicamente la positiva (es decir, manipula al otro para que le diga solo lo que quiere oír), es muy probable que tampoco esté creando un entorno muy seguro. El objetivo de solicitar retroalimentación con regularidad no es reforzar su autoestima. Si los demás perciben esta necesidad, o bien dejarán de darle retroalimentación o bien no serán sinceros, sencillamente porque el costo de serlo será demasiado elevado. En cualquier caso, ni ponerse a la defensiva ni buscar que lo validen constantemente lo ayudará a mejorar mucho.

Si tiene el valor de solicitar retroalimentación con el corazón abierto y la intención sincera de mejorar, se encontrará a sí mismo.

Esto es exactamente lo que le sucedió a Dana, una empleada con un gran talento natural pero sin mucha experiencia y que empezó a trabajar como consultora con nosotros. Tras una primera presentación nerviosa y no muy pulida delante de su jefe y de unos clientes nuevos, solicitó una reunión con su jefe y con un consultor con más experiencia. Les preguntó si estarían dispuestos a llegar preparados para compartir con ella sus mejores prácticas y ofrecerle retroalimentación acerca de su habilidad para hacer presentaciones. Dana empezó la reunión preparada para tomar notas y con la laptop encendida sobre la mesa. «Sé que mi primera presentación no fue del todo bien y que tengo mucho que mejorar. Sin embargo, tengo la intención de llegar a ser tan buena como ustedes. Les agradecería mucho que me dieran algunos consejos específicos acerca de cómo puedo mejorar y por dónde podría empezar». Cada vez que hacía una presentación, seguía el mismo proceso. Buscaba a las personas con la reputación de ser las mejores en algún aspecto y las invitaba a que le dieran retroalimentación. Pedir una opinión rápida al terminar una presentación es una cosa, pero Dana convirtió en una práctica regular el reunirse con distintos profesionales de la industria para pedir opiniones honestas. Las personas que aceptaron esa invitación no tenían la menor duda de que Dana valoraba sus puntos de vista. Tras varios años de solicitar este tipo de ayuda, Dana es ahora una de las consultoras más solicitadas de nuestra organización. Y, a pesar de que es excelente en lo que hace ahora, *sigue mejorando* gracias a la práctica continua de hacer que los demás se sientan seguros dándole retroalimentación.

Escuchar con el deseo sincero de mejorar indicará a los demás que es seguro decirle la verdad. A continuación encontrará algunos ejemplos del tipo de lenguaje que resulta útil a la hora de solicitar retroalimentación.

«Quiero mejorar en el aspecto X». ¿Te importaría responder a estas tres preguntas?

- ¿Qué hago bien ahora?
- ¿Qué me impide ser mejor?
- En concreto, ¿qué podría hacer de otro modo?

Ofrecer retroalimentación no siempre es fácil, por lo que es muy importante que, cuando alguien nos la dé, se lo agradezcamos. A medida que dejamos a un lado el ego y la necesidad de tener razón, permitimos que aumenten tanto la seguridad en nosotros mismos como nuestras capacidades. Dar las gracias envía el mensaje de que valoramos la retroalimentación y que deseamos seguir recibiéndola. Yo no dudaría en dársela a Dana, porque ha comunicado una y otra vez que su intención sincera es mejorar.

3. Evalúe la retroalimentación.

Si no hacemos que decirnos la verdad sea seguro, no solo no mejoraremos nunca a nivel individual, sino que tampoco lograremos profundizar en nuestras relaciones interpersonales. Eso no significa que debamos hacer caso necesariamente a toda la retroalimentación que podamos recibir. Es vital que tengamos claro qué valores defendemos (véase «Práctica 4: Interprete bien su rol»), además de una visión clara de qué queremos llegar a ser, de modo que estemos preparados para comparar la «verdad» de otro con lo que sentimos y sabemos que es más cierto para nosotros.

Stephen M.R. Covey era consciente de las expectativas asociadas a ser el hijo del doctor Covey y, aunque quería emular el carácter y la ética profesional de su padre, no quería que lo compararan con él cuando hablaba en público. Hablar en público no se le daba bien de forma natural y siempre le había costado mucho, por lo que alejó su carrera profesional de la vida pública y la orientó hacia la administración de empresas. Sin embargo, tras la publicación de *La velocidad de la confianza*, su propio éxito de ventas, Stephen M.R. tuvo que asistir a presentaciones del libro y hablar ante un público numeroso, en ocasiones junto a su célebre padre.

En el primero de estos acontecimientos, subió al escenario y pronunció lo que él mismo describió como un discurso difícil, intimidante y mediocre en tanto que escritor recién publicado. Invitó a su asesor de relaciones públicas y a un compañero en el que confiaba a su siguiente conferencia, después de la cual se reunieron durante dos horas en las que ambos expertos le dieron una larga lista de cosas que debía mejorar. «Acuérdate de aumentar ligeramente el volumen de la voz al principio de la frase, para enfatizarla». «Fíjate en cómo tu

215

padre se detiene unos instantes para que el público pueda reflexionar sobre lo que acaba de decir. Hazlo tú también». «Establece contacto visual con todo el mundo, no solo con un par de personas». «Sería mejor que reorganizaras el discurso de esta otra manera». «Hacia el final, habla más lentamente». Y muchos consejos más.

Al final, Stephen salió de la reunión con más de 42 puntos que debía aplicar antes de la siguiente conferencia. Hizo todo lo que pudo, pero al final fue peor el remedio que la enfermedad. Dijo que era la peor conferencia que había pronunciado jamás. No era solo que hubiera tenido que centrarse en tantísimas cosas a la vez, sino que, después de reflexionar, Stephen se dio cuenta de que muchas de las sugerencias que le habían dado no resonaban con su estilo natural. Algunas no estaban en línea con el enfoque que sabía que podía comunicar mejor el contenido. Otras eran demasiado vagas. Aunque las ideas podrían haber funcionado con otra persona, para él no eran auténticas ni estaban alineadas con la persona que quería llegar a ser. Así que tomó una decisión estratégica: volvió a repasar todas las sugerencias, pero esa vez eligió únicamente las que sentía que representaban verdaderamente quién era y quién quería llegar a ser. En lugar de intentar aplicar toda la lista de golpe, seleccionó algunos elementos clave a los que prestar toda su atención en el próximo evento y los practicó una y otra vez. Entonces, seleccionó algunos más para el siguiente. Tras repetir el proceso varias veces a lo largo de varios meses, su capacidad para pronunciar conferencias mejoró drásticamente. Siguió abierto a recibir retroalimentación, pero también aplicaba su propio criterio para decidir qué usar y qué no. Pudo comparar lo que le decían los demás con su propia verdad y determinar la mejor manera de mejorar su desempeño a largo plazo. Ahora es uno de los oradores con más talento y más buscados de nuestra empresa.

Todos tenemos momentos de inseguridad y de duda, y recibir retroalimentación puede afectar incluso a la persona más segura de sí misma que pueda imaginar. Así que sea paciente consigo mismo y muéstrese amable cuando sienta que se está encerrando o quiere defenderse. Por otro lado, tenga en cuenta que, además de solicitar retroalimentación y de evaluarla sinceramente, puede ayudar a los demás a saber cómo dársela. Si alguien está siendo demasiado vago, por ejemplo: «Esta propuesta ha de ser más sólida», pídale que concrete. Por ejemplo:

- «¿Te importaría indicarme qué partes de la propuesta no son lo bastante sólidas?».
- «¿Qué tipo de lenguaje le daría más énfasis?».
- «¿Podrías enseñarme un ejemplo, para ayudarme a tener claro qué necesitas concretamente?».

Por otro lado, hay veces en que la retroalimentación ofrecida no tendrá que ver con usted. Hay ocasiones en las que (sobre todo cuando se ofrece enojado o de modo reactivo), no es tanto alguien diciendo la «verdad», sino alguien que tiene un mal día y se lo está haciendo pagar a usted. No tiene necesidad alguna de aceptar maltrato verbal disfrazado de retroalimentación. Si alguien está enojado y le ofrece una retroalimentación muy dura, quizá pueda sugerirle que se tome un momento (o una hora o un día) y regrese cuando no esté tan alterado.

4. Póngala en práctica.
Solicitar retroalimentación no le servirá de mucho si no tiene la menor intención de ponerla en práctica. Aunque no es necesario que apliquemos absolutamente toda la retroalimentación que recibimos, no hacer nada al respecto (o no explicar por qué no vamos a ponerla en práctica) es incluso peor que no pedirla en absoluto. Los demás *empezarán a sentirse seguros* cuando les solicite retroalimentación, pero *sabrán que están seguros* cuando vean que se toma en serio lo que le han dicho. Los ayudará a sentirse seguros si escribe lo que le van diciendo, si les demuestra que se toma en serio sus opiniones y si les hace saber que tiene intención de poner en práctica lo que ha aprendido de ellos.

Actuar con base en la retroalimentación recibida puede ser sencillo e inmediato (como tapar el desgarro de los pantalones con la sudadera), pero lo más habitual es que requiera tiempo. Necesitamos hacer un esfuerzo consciente para resolver los problemas más arraigados. Aunque la retroalimentación pueda parecer un fracaso momentáneo, recíbala con elegancia y entienda que los cambios importantes no suceden de la noche a la mañana. Por ejemplo, en uno de los anuncios más famosos de Nike, la leyenda del baloncesto Michael Jordan habla acerca del fracaso. Explica que, a lo largo de su carrera, falló más de 9000 lanzamientos, perdió casi trescientos partidos y falló la canasta que hubiera dado la victoria a su equipo en más de 26 ocasiones. Una de las cosas que hizo de Jordan un jugador extraordinario es que entendía los fallos como retroalimentación. Cuando no lo seleccionaron para el primer equipo de la universidad, regresó al segundo con motivación y determinación aumentadas. Posteriormente, su entrenador explicó que, cuando llegaba al gimnasio a las siete de la mañana, Jordan ya estaba allí, entrenando. Esto sucedió durante todo el año. A pesar de la decepción, Jordan mantuvo sus propios valores y su ética profesional. Se medía por sus propios estándares y aceptaba la retroalimentación como una oportunidad para aprender y crecer. Se acabó convirtiendo en el jugador más famoso de la historia del basquetbol, ganó seis campeonatos de la NBA y cinco trofeos MVP, jugó en una docena de partidos de los All-Star, logró títulos de la NCAA y consiguió dos medallas de oro olímpicas.

Sin la menor excepción, las personas más efectivas con las que he trabajado transitan por el camino de la mejora personal y hacen que para los demás sea seguro decirles la verdad. Es algo que mi amiga Meg debía transmitir a Carsten, el jefe de planta de su empresa, para que este entendiera la importancia de pedir *feedback*...

«Es como si llevara una camiseta que dijera No PUEDEN DECIRME NADA QUE NO SEPA YA. Hizo caso omiso de mis intentos de explicarle en qué podría mejorar», añadió con un suspiro.

«Parece que te topaste con un verdadero reto de coaching», *dije, compadeciéndome de ella.*

«Pero es que eso no es lo peor —prosiguió—. La planta estaba teniendo problemas de control de calidad bastante importantes. Diez de cada cien sellos de los juegos de tubos eran defectuosos y la proporción de fallos estaba aumentando rápidamente. Los trabajadores intentaban explicarle por qué la tasa de error era tan elevada, pero Carsten no les hacía ni caso».

«¿*Qué hiciste, entonces?*», *le pregunté.*

«*Esa es la cuestión. ¡No hice nada!* —respondió—. *La tasa de errores aumentó hasta tal punto que Carsten se dio cuenta de que si no resolvía el problema, acabaría por perder su trabajo. Y como ya había probado todo lo que se le había ocurrido, se vio obligado a empezar a escuchar a los demás y sus ideas.*

»*Un día, estaba comiendo con otro jefe que, por casualidad, mencionó a Lahn, un empleado vietnamita que, al principio de trabajar en la empresa, había participado activamente en las reuniones de equipo y que había demostrado un gran potencial para entender el funcionamiento de la planta. No era la primera vez que este mismo compañero le comentaban a Carsten el gran talento y la capacidad de percepción que detectaba en Lahn.*

»*Esa misma tarde, Carsten llamó a Lahn a su despacho y le pidió consejo. Durante la reunión, Lahn le planteó una idea sobre la que llevaba un tiempo pensando y con la que impresionó a Carsten. Juntos, concibieron un plan para corregir la tasa de error y, al cabo de unos meses y con la ayuda continuada de Lahn, esta mejoró significativamente*».

Meg me explicó entonces las conversaciones que había mantenido luego con Carsten. Este le confesó que la decisión de abrirse a recibir retroalimentación había ejercido un impacto muy importante en él. En sus propias palabras: «*Me avergüenza reconocer que mis habilidades de escucha y mi disposición a recibir retroalimentación han llegado con mucho retraso. He tenido que reflexionar de un modo muy realista sobre mi parte del problema y he necesitado que el personal de planta, que está más próximo al problema, me expusiera su opinión*».

Meg dijo: «*Las ideas de Lahn ayudaron a resolver el problema de calidad inmediato, pero toda la experiencia fue una verdadera llamada de atención para Carsten. No solo tenía que mostrarse dispuesto a recibir retroalimentación, sino que tuvo que modificar todo el sistema de retroalimentación de la planta para que todos se sintieran seguros ofreciéndola y acudiendo a la dirección con sus ideas. Poco después de esa experiencia, Carsten convirtió la retroalimentación en un elemento crucial de todas las reuniones de equipo a partir de entonces, de modo que todo el mundo se animara a darla*».

APLICACIÓN 13
HAGA QUE SER SINCERO SEA SEGURO

Practique cómo hacer que los demás sepan que es seguro decirle la verdad.

1. Piense en una función que desempeñe, ya sea en el trabajo o en casa, que sea importante para usted.

2. Piense, como mínimo, en una persona sobre la que influya en su desempeño de esa función.

3. Programe una reunión con esa persona y pídale que, antes de la misma, prepare las respuestas a las preguntas siguientes:

   • Desde tu punto de vista, ¿qué va bien en nuestra relación?

   • ¿Y qué no funciona tan bien o no funciona en absoluto?

   • ¿Qué cosas concretas que no hago ahora podría empezar a hacer para mejorar la relación?

4. A medida que la otra persona vaya respondiendo, escriba lo que le diga y hable únicamente si necesita alguna aclaración. Si no es así, escuche, escuche y escuche.

5. Agradézcale la retroalimentación en ese mismo momento y de nuevo luego, en una nota o por correo electrónico. (Recuerde que también hay que tener valor para *ofrecer* retroalimentación).

6. Evalúe la retroalimentación recibida y decida qué partes de la misma necesita aplicar.

PRÁCTICA 14
ALINEE LAS ENTRADAS Y LAS SALIDAS

¿ES INCAPAZ DE REPLICAR O DE LOGRAR DE FORMA CONSTANTE LOS RESULTADOS QUE DESEA?

Si es así, le propongo la

PRÁCTICA 14: ALINEE LAS ENTRADAS Y LAS SALIDAS.

Si no alinea las entradas y las salidas, su habitación puede parecer el infierno de Sartre porque:

- Por mucho que se esfuerce, siempre obtiene los mismos resultados... si es que no empeoran.

- Empieza a dudar de sí mismo y a sentirse inseguro.

- Ve cómo los demás pasan por delante de usted.

Es normal que a casi todos nos gusten los jeans elásticos: llevan implícita la promesa de que podemos creer que nuestra talla es la que anuncia la etiqueta en la cintura por mucha «elasticidad» que necesitemos para enfundárnoslos. Con esto en mente, me encontré siendo uno más entre los compradores navideños en la tienda de una marca de alcance nacional. Mi hija Alex estaba allí trabajando de cajera durante las vacaciones, así que aproveché para acercarme a saludarla. Además de cobrar y de meter en bolsas las prendas de ropa, su trabajo consistía también en entregar folletos informativos e invitar a los clientes a que solicitaran la tarjeta de crédito de la marca. Me acerqué y le pregunté qué tal le iba.

«Bueno, bien, supongo», dijo con voz lúgubre. Ya había criado a unos cuantos adolescentes, así que sabía perfectamente que eso de «bien» sonaba muy mal.

«¿Qué pasa?», le pregunté aprovechando que no había nadie esperando en la caja.

«En realidad, nada», dijo.

«¿En realidad?», insistí. Me conocía lo bastante bien como para saber que había percibido su frustración.

«Bueno, está bien. Es que la bonificación que nos dan depende de cuántas tarjetas consigamos vender, pero no he vendido casi ninguna. —Justo entonces, se acercó un cliente y me quedé a observar cómo le cobraba y le entregaba el folleto para solicitar la tarje-

ta de crédito—. Si solicita la tarjeta, puede ahorrar un 10% en su compra de hoy», anunció.

«No, gracias», respondió el cliente.

«¿Lo ves?».

«Quizá es que la gente tiene mucha prisa en esta época del año», le sugerí intentando ayudarla. Mi hija negó con la cabeza e indicó al próximo cliente que podía acercarse.

«Ya, pero es que Tiffany se la ha vendido a un montón de gente. El otro día, durante el descanso, comparamos nuestros resultados y me gana por mucho. No entiendo por qué mis clientes no quieren firmar».

Si por casualidad leyera un libro sobre la teoría de sistemas (¿a quién no le encantaría hacerlo?) y llegara al capítulo sobre las entradas y salidas, leería que una entrada es lo que introducimos en un sistema para impulsar un proceso, y que una salida es el resultado que obtenemos del mismo. Entrada, proceso, salida: es el tipo de serie de tres variables que una persona sin mente de ingeniero, como yo, aún puede alcanzar a comprender. También es una estructura que resulta muy útil a la hora de diagnosticar por qué logramos los resultados que logramos. Permítame que, para ilustrar lo que quiero decir, le explique una anécdota sobre orina. (Seguro que se esperaba cualquier cosa menos esto).

Un verano encontramos parches de césped quemado por todo el jardín de mi casa. Resultó ser culpa de Max. (Max es un perro). Compramos unas pastillas verdes especiales que supuestamente neutralizarían el ácido en el sistema urinario de Max y, así, evitaríamos las quemaduras que estaban destruyendo nuestra aportación a las zonas verdes. Empezamos a darle las pastillas y replantamos el césped. Imagine nuestra frustración cuando, unos días después, volvimos a encontrar manchas amarillas y cafés en el césped. Aunque hubiéramos podido arrancar y replantar el césped cada pocos días, nos parecía una solución absurda. También podríamos haber sustituido todo el césped por hierba artificial, pero eso conllevaba otros problemas. Sin un plan para avanzar, me quedé junto a la ventana, mirando fijamente las manchas decoloradas hasta que me dio

223

la sensación de que todo el césped era del color de la tierra quemada. Lo único que quería era mi césped en su bellísimo verde original. La situación me irritaba cada vez más, hasta el punto que empecé a preguntarme si quizá había llegado el momento de tener gato.

Durante todo este drama con el césped, me fijé en las salidas. Podemos referirnos a las salidas como «indicadores de resultados», o las medidas que nos permiten determinar si algo ha tenido éxito. Todos hemos convivido con varios indicadores de resultados a lo largo de nuestras vidas: el número que marca la báscula del baño, los ingresos al final del trimestre o las calificaciones al final de curso. Los indicadores de resultado aparecen al final del proceso: para cuando son visibles, ya no tenemos margen para influir en ellos. Cuando los vemos, podemos sentirnos frustrados, deprimirnos o enfadarnos, pero eso importa muy poco a los indicadores de resultados. Estoy seguro de que a mi césped le daba bastante igual todo el tiempo y energía que había dedicado a observarlo fijamente. Dedicar tiempo y energía a cambiar indicadores de resultados es como negarnos a salir del campo cuando el partido ha terminado y quedarnos viendo el marcador, decididos a no movernos de allí hasta que los números cambien como por arte de magia y nuestro equipo sea el vencedor.

Aunque frustrarnos y centrarnos en los indicadores de resultados cuando las cosas no van bien es inherente a la naturaleza humana, es mucho mejor dirigir la energía hacia otro lugar. En mi caso, en lugar de lamentarme por el césped quemado (salidas), tenía que centrarme en las entradas o lo que llamamos «indicadores estratégicos». Los indicadores estratégicos son las acciones que emprendemos y que acaban dando lugar a los indicadores de resultados. Por ejemplo, la cantidad de donas que elimina de su dieta diaria, la calidad y la cantidad de tiempo que dedica a reuniones presenciales con sus clientes o las tardes que dedica a hacer las tareas en lugar de ver un programa de televisión tras otro.

Aunque son muchas las entradas que pueden ayudarnos a lograr las salidas deseadas, identificar las adecuadas puede marcar la diferencia. A continuación encontrará varios ejemplos de clientes de FranklinCovey que identificaron los indicadores estratégicos correctos entre el resto de entradas que usaban para lograr la salida deseada:

- Un balneario descubrió que la tasa de clientes que volvían se disparaba cuando los masajistas alargaban la sesión media hora. Entrada correcta: la empresa ofrece un descuento para las sesiones de noventa minutos.
- Una zapatería descubrió que el factor individual más importante para la lealtad de los clientes era que el dependiente midiera los pies de los clientes. Entrada adecuada: se formó a los dependientes para que pudieran medir los pies de los clientes.
- Una cadena hotelera nacional se dio cuenta de que si los clientes completaban el proceso de registro en menos tiempo era más probable que dijeran estar satisfechos con la estancia en su totalidad. Entrada adecuada: el personal de recepción desarrolló un proceso de registro más rápido.

Hasta ahora, he compartido ejemplos bastante sencillos que relacionan entradas y salidas. Sin embargo, podemos aplicar el mismo principio también cuando hablamos de problemas más complejos y sistémicos. Piense, por ejemplo, en la ciudad de Nueva York en la década de 1990. Al igual que muchas otras ciudades de la época, Nueva York era víctima de una delincuencia creciente. El parque Bryant, en Midtown, se había convertido en un mercado de droga, la estación de tren Grand Central era un albergue para indigentes y la terminal de autobuses «un sombrío pasillo en el que los pasajeros de autobús debían esquivar a mendigos, borrachos, ladrones y drogadictos sin hogar».[1] Algunas de las imágenes más icónicas de esa era son las del metro de Nueva York: sucio, cubierto de grafitis y todo un imán para la delincuencia.

En el metro de Nueva York se cometían más de 250 delitos semanales y se había convertido en el sistema de transporte público más peligroso del mundo. Un grupo de personas clarividentes sospechaban que el origen de muchos de los problemas de la ciudad podía rastrearse hasta los grafitis. Argumentaban que este crimen, menor pero muy visible, indicaba que el ayuntamiento tampoco sería capaz de gestionar los crímenes más graves, por lo que alentaba la actividad delictiva. Tal y como afirmó el alcalde de la época, «es evidente que el dibujo de grafitis y el asesinato son delitos absolutamente distintos. Sin embargo, forman parte del mismo continuo y es más probable que un entorno que tolera el primero tolere también el segundo».[2] Se hizo un esfuerzo deliberado por perseguir los delitos menores, en lo que se denominó una estrategia policial de «ventanas rotas». Esta reorientación de recursos lo cambió todo. Los delitos violentos de Nueva York cayeron en un 56% y los delitos contra la propiedad en un 65 por ciento.

Los críticos afirmaron que estos espectaculares resultados tuvieron poco o nada que ver con las ventanas rotas, y la teoría sigue siendo controvertida aún hoy. Sin embargo, las universidades quisieron poner a prueba la premisa de las ventanas rotas y empezaron a diseñar experimentos con este fin. En uno de ellos, en los Países Bajos, cuando un sobre que contenía cinco euros se colocaba de forma visible en un buzón, el 13% de las personas que pasaban por delante acababan robando el dinero. Cuando cubrieron ese mismo buzón con grafitis, la proporción de peatones que se llevaban el dinero se duplicó y ascendió al 27%.[3] Aparentemente, los resultados validaban la atención prestada a los grafitis y corroboraban que los delitos menores eran la entrada importante.

Las personas no somos ni buzones ni vagones de metro. No podemos lavar con agua y jabón lo que no funciona en nosotros. Sin embargo, la práctica de alinear las entradas y las salidas en las relaciones es muy útil. Todo este libro se compone de una serie de entradas (15, para ser exacto) diseñadas para ayudarlo a escapar del infierno de Sartre construyendo o reparando las relaciones que mantiene con las personas que comparten la habitación con usted.

Deb, una compañera, sabía que debía cambiar una entrada conductual con su hijo pequeño, Dylan. El niño, que se atolondraba con las prisas de tener que salir de casa y subir al coche cada mañana de camino al colegio, acostumbraba a olvidar los zapatos. Cada mañana, mientras Deb se preparaba para el trabajo, le hablaba a gritos a Dylan y le preguntaba si tenía todo lo que necesitaba para el día. De camino al coche, Dylan respondía que sí, que lo tenía todo. Y cuando Deb estacionaba frente la escuela para dejarlo allí, el niño anunciaba que había olvidado los zapatos. Frustrada y sabiendo que ahora llegaría tarde al trabajo, era natural que Deb lo regañara por haber olvidado los zapatos, incluso después de que ella le hubiera preguntado por ellos. Entonces, tenían que manejar de vuelta a casa, tomar el calzado y regresar al colegio, de modo que Dylan llegaba tarde a clase. Esta secuencia sucedía con tanta regularidad que mi compañera sabía que tenía que encontrar el modo de resolver el problema para siempre. Su resultado deseado, o salida, era criar a un niño responsable y motivado que, con el tiempo, fuera capaz de cuidar plenamente de sí mismo. Con el beneficio que da poder echar la vista atrás, permítame que le explique cómo resolvió Deb su problema, siguiendo una secuencia de cinco pasos que todos podemos aplicar:

1. Describir el resultado deseado.
2. Evaluar la realidad actual.
3. Analizar las entradas.
4. Seleccionar el «indicador estratégico» con más probabilidades de conducir al resultado deseado.
5. Analizar el resultado.

El resultado que deseaba Deb era muy simple: necesitaba que Dylan se pusiera los zapatos antes de salir de casa de camino a la escuela. La realidad actual era que él solo se acordaba de hacerlo de vez en cuando. Las entradas que ella usaba incluían decirle a Dylan que se acordara de los zapatos (no funcionaba), regañarlo cuando se olvidaba (sin resultado) y correr a casa para dejarlo, tarde, en el colegio (llegar tarde no significa nada para un niño de 7 años). Deb decidió dar un paso atrás y volver a evaluar las entradas. Se preguntó qué sucedería si dejara que Dylan experimentara las consecuencias naturales de olvidar los zapatos. ¿Podría eso motivarlo a cambiar? Así que decidió que, en lugar de regresar a casa en busca de los zapatos olvidados, dejaría que pasara el día en calcetines. Cuando llegó el momento fatídico y Dylan anunció que había olvidado los zapatos de nuevo, Deb no dio la vuelta al volante. «No te preocupes —anunció—. Hoy tendrás que ir a clase sin zapatos, pero no pasa nada».

«¿Cómo? ¡No puedo hacer eso!», exclamó el niño. Este no era en absoluto el resultado que había anticipado Dylan. Sin embargo, su madre le explicó pacientemente que en la hora del patio podía quedarse en clase y que ella estaría allí para recogerlo cuando aca-

227

baran las clases. El niño, muy descontento con tener que pasar el día en calcetines, bajó del coche y se dirigió a clase. Deb condujo al trabajo y llegó a tiempo.

A la mañana siguiente, Dylan se acordó de ponerse los zapatos. Era un buen comienzo, pero mi compañera se preguntó cuánto duraría. Al día siguiente, Dylan volvió a recordar los zapatos, y también la mañana siguiente. De hecho, no volvió a olvidarlos nunca más. Al cambiar esa única entrada, Deb no solo ayudó a su hijo a avanzar hacia la independencia que quería que adquiriera, sino que se ahorró muchísima ansiedad en el proceso. Descubrió cómo alinear la entrada adecuada con la salida deseada. Tanto si se trata de ayudar a un niño a recordar los zapatos como de reducir la criminalidad en una gran metrópolis, elegir las entradas adecuadas puede llevarnos a lograr los resultados que deseamos.

Aunque las entradas que intervienen en nuestras relaciones son innumerables, las 15 prácticas que contiene este libro son, en mi experiencia, las que han demostrado ser fundamentales y más influyentes. Aplicar aunque solo sea una puede ser determinante a la hora de reparar una relación debilitada, recuperar la confianza y reforzar una relación que ya es sólida. Identificar cuáles de estas prácticas puede usar como indicadores estratégicos de alto impacto le ofrece la posibilidad de mejorar incluso las relaciones más frágiles.

A continuación, veremos cómo cada práctica puede convertirse en una entrada relacionada con una salida relacional importante y valiosa. Aunque la tabla siguiente abarca entradas y salidas de todas las prácticas, leer unas cuantas (o repasar las más relevantes en su caso concreto) bastará para dejar clara la gran diferencia que puede marcar usar la entrada adecuada.

Lleve lentes bien graduados

Entrada anterior	Salida anterior	Entrada actual	Salida actual
Todd ve a Sydney como a una persona que necesita ser protegida y rescatada.	Sydney es rescatada una y otra vez y no aprende ni a gestionar el fracaso ni a encontrar su propio éxito.	Todd ve a Sydney como a una persona capaz y competente que no necesita que la «arreglen».	Sydney se convierte en una adulta autónoma y segura de sí misma.

Cree su propio clima

Entrada anterior	Salida anterior	Entrada actual	Salida actual
A diario, el profesor llega al aula quejándose de todo lo que va mal en el mundo.	Los alumnos aprenden a culpar a otros de sus circunstancias.	El profesor modela que todos podemos elegir cómo actuar en cualquier circunstancia.	Los alumnos aprenden a asumir la responsabilidad de sus decisiones.

Cree credibilidad con su conducta

Entrada anterior	Salida anterior	Entrada actual	Salida actual
Malee es una mujer muy inteligente, pero es tímida y callada y, por lo tanto, no interviene ni comparte sus opiniones durante las reuniones.	Malee se estanca en su puesto y está disgustada, porque no la tienen en cuenta para los ascensos.	Malee pide a Lisa que sea su mentora y la ayude a aprender cómo compartir sus pensamientos y sus ideas.	Malee adquiere seguridad en sí misma y los demás valoran sus ideas y sus aportaciones. Una de sus ideas ahorra a la empresa mucho dinero y evita numerosos despidos.

Interprete bien su rol

Entrada anterior	Salida anterior	Entrada actual	Salida actual
Rachel intenta serlo todo para todos.	Rachel obtiene resultados mediocres tanto en sus relaciones profesionales como en las personales.	Rachel identifica los roles más importantes para ella y reorganiza sus prioridades para dedicarles tiempo de calidad.	Rachel tiene una relación extraordinaria con sus hijas y puede mantenerlas económicamente.

Vea el roble entero y no solo la bellota

Entrada anterior	Salida anterior	Entrada actual	Salida actual
Rhonda solo ve en Ava las conductas que no van bien.	Sin querer, Rhonda hace que los compañeros de Ava estén en su contra y limita su potencial, además de la relación con ella.	Rhonda empieza a ver todo lo que Ava hace bien y un potencial ilimitado en ella.	Ava adquiere más seguridad en sí misma y empieza a tener éxito en otras áreas de su trabajo. Rhonda y el resto de compañeros empiezan a creer en ella.

Evite el síndrome del *pinball*

Entrada anterior	Salida anterior	Entrada actual	Salida actual
Melissa da más prioridad a las tareas urgentes que a las importantes.	Garret y otros miembros del equipo no se sienten valorados y empiezan a desconectarse.	Melissa se centra menos en las urgencias y más en las relaciones clave importantes.	Los miembros del equipo se sienten más comprometidos y, por lo tanto, producen un trabajo de mayor calidad con resultados más significativos y a largo plazo.

Piense en nosotros, no en mí

Entrada anterior	Salida anterior	Entrada actual	Salida actual
Lewis actúa desde una postura independiente. Define «ganar» como el hecho de cobrar más que el resto del equipo.	Lewis está frustrado y siente celos cuando otros ganan, lo que genera una mentalidad de escasez en su equipo.	Lewis adopta una actitud interdependiente. Define «ganar» como el hecho de que todos logren el mayor éxito posible. Considera que él gana cuando todos los demás ganan también.	Lewis es más feliz en general, lo que genera una cultura de abundancia en el equipo.

Mantenga su Cuenta Bancaria Emocional con saldo positivo

Entrada anterior	Salida anterior	Entrada actual	Salida actual
Francis hace un reintegro cuando estalla con su colega. Aunque luego se disculpa, sigue justificando su conducta.	Tanto su colega como el resto del equipo pierden respeto a Francis.	Francis se esfuerza en controlar sus emociones y en hacer depósitos, no reintegros, en la Cuenta Bancaria Emocional de los demás. Cuando se equivoca, se disculpa y no se justifica.	Francis recupera poco a poco la confianza de las personas a las que ha herido u ofendido.

Reflexione sobre sus verdaderos motivos

Entrada anterior	Salida anterior	Entrada actual	Salida actual
Sam decide que sus intenciones, o motivos, son ser un líder que invierte en el desarrollo y en el crecimiento de su equipo, pero luego permite que otras prioridades lo desvíen de ese camino.	Los miembros del equipo no se sienten valorados, reconocidos ni importantes.	Sam examina los verdaderos motivos que le impiden cumplir con sus saludables intenciones y vuelve a comprometerse con poner primero el desarrollo de su equipo.	El equipo reconoce los nuevos motivos de Sam y se los cree, gracias a sus acciones y su conducta.

Hable menos y escuche más

Entrada anterior	Salida anterior	Entrada actual	Salida actual
Gary es un vendedor con mucho talento, pero en su entusiasmo por el producto, no deja hablar al otro.	El cliente potencial de Gary se decide por otro proveedor, que ha dedicado el tiempo necesario a escucharlo y a entender su problema.	Gary escucha detenidamente antes de hacer ninguna recomendación. Ahora que escucha, entiende mejor las necesidades del cliente.	El cliente ve en Gary a un socio en lugar de un vendedor y valora sus recomendaciones acertadas.

Ajuste el volumen

Entrada anterior	Salida anterior	Entrada actual	Salida actual
Thomas depende demasiado de su perfeccionismo, su fortaleza principal, e incumple la fecha límite del lanzamiento de un producto.	Los socios y los clientes se frustran cuando la empresa no cumple con sus compromisos.	Thomas baja el volumen de su fortaleza cuando es necesario y activa otras, como la colaboración y el cumplimiento de los compromisos.	Los productos se lanzan a tiempo y los clientes están satisfechos. Ahora se percibe a Thomas como a un agente más potente y que aporta más a la organización.

Confíe en los demás

Entrada anterior	Salida anterior	Entrada actual	Salida actual
Rick «lidera con desconfianza» en la mayoría de las situaciones y, como no confía en los demás, exige una cantidad exagerada de ejemplos, referencias, comprobaciones, etcétera.	La empresa de Rick incumple muchos plazos y pierde grandes oportunidades de colaborar con otros.	Rick desarrolla la tendencia a confiar, pero con análisis o «confianza inteligente».	Los proyectos y los resultados de Rick son de la mayor calidad, puntuales y dentro del presupuesto.

Haga que ser sincero sea seguro

Entrada anterior	Salida anterior	Entrada actual	Salida actual
Carsten dependía de su círculo de especialistas para tratar de diagnosticar y resolver la creciente tasa de errores en la línea de producción.	La compañía de Carsten estaba reportando una tasa de errores de 10 en 100.	Kyle escuchó a un empleado que trabajaba en el piso de producción, a pesar de que este no tenía grados académicos y de que el inglés no era su lengua nativa.	Al hacer un pequeño cambio en la producción, se redujo la tasa de errores a 1 en 1000.

Alinee las entradas y las salidas

Entrada anterior	Salida anterior	Entrada actual	Salida actual
Deb pregunta a Dylan si tiene los zapatos antes de salir de casa.	Cuando Deb estaciona para dejar a Dylan en la escuela, este anuncia que ha olvidado ponerse los zapatos.	Deb decide que su hijo experimente las consecuencias naturales de olvidar los zapatos: pasar el día en calcetines.	Dylan se hace responsable de ponerse los zapatos cada mañana.

Empiece con humildad (un avance de la siguiente práctica, que también es la última)

Entrada anterior	Salida anterior	Entrada actual	Salida actual
Una persona con talento permite que su ego y su orgullo impulsen su conducta. Se atribuye continuamente el mérito de todo y se hace el centro de atención.	Los demás hablan a sus espaldas y planean cómo evitar su estilo arrogante y de genio solitario. Pierde muchas oportunidades.	La persona con talento cambia y pide sinceramente *feedback* a los demás. Se esfuerza en reconocer y valorar las aportaciones de los demás y deja de reclamar atención.	La persona con talento aprende el valor de la humildad y se da cuenta de que la verdadera satisfacción procede de colaborar con los demás y prestarles atención. Empieza a recibir oportunidades emocionantes.

Cuando obtenemos resultados que no nos gustan, lo más probable es que hayamos alineado mal las entradas y las salidas. Sospeché que eso es lo que le estaba sucediendo a mi hija y que, por eso, tenía dificultades para que los clientes solicitaran la tarjeta de crédito de la tienda.

«Quizá es que la gente tiene mucha prisa en esta época del año», le sugerí intentando ayudarla. Mi hija negó con la cabeza e indicó al próximo cliente que podía acercarse.

«Ya, pero es que Tiffany se la ha vendido a un montón de gente. El otro día, durante el descanso, comparamos nuestros resultados y me gana por mucho. No entiendo por qué mis clientes no quieren firmar».

Las tribulaciones de Alex despertaron mi curiosidad acerca de por qué las dos cajeras obtenían resultados tan diferentes. Ambas eran adolescentes normales experimentando por primera vez qué era trabajar en una tienda.

«¿Ella ofrece la misma tarjeta y la misma oferta?», pregunté. Alex asintió, desconcertada.

Me acerqué a la caja de Tiffany que, tal y como Alex había dicho, ofrecía el mismo folleto con la misma oferta de ahorro al solicitar la tarjeta de crédito de la tienda. Entonces, me di cuenta de una pequeña diferencia (pero que resultó ser importante): en lugar de preguntar al cliente si quería ahorrar «un 10%», Tiffany hacía el cálculo.

«¿Le gustaría ahorrar 31 dólares en su compra de hoy?», preguntó. El cliente se detuvo a pensar unos instantes. La cantidad exacta de dinero le había llamado la atención.

«Sí, claro», respondió.

Me pregunté si la explicación estaría en esa diferencia: explicitar el ahorro exacto en lugar de un «10%» genérico.

Regresé a la caja de Alex y le dije. «Te voy a sugerir una idea». Le explique que Tiffany, en lugar de emplear el 10% genérico calculaba el ahorro y ofrecía a los clientes el ahorro exacto en dólares.

«Oh... tiene sentido. A mí también me gustaría saber cuánto ahorraría exactamente», respondió Alex.

Terminé mi compra y volví junto a Alex. Estaba de mucho mejor humor. Mientras me cobraba, se inclinó hacia mí y me dijo: «¡Papá, funciona! Desde que te has ido ya he conseguido dos tarjetas».

Una entrada pequeña, pero importante. Y como, probablemente soy demasiado amable, acabé pidiendo la tarjeta también.

APLICACIÓN 14
ALINEE LAS ENTRADAS Y LAS SALIDAS

Piense en una situación o relación actual que le gustaría mejorar. Use la plantilla siguiente y los pasos que encontrará a continuación para alinear las entradas adecuadas con los resultados que desea.

1. **Describa el resultado que desea en la situación o en la relación.** No puede confeccionar un mapa hacia su destino si no sabe adónde quiere ir. Es como un GPS: cuanto más exacta sea la dirección introducida, más específica será la ruta que le proponga.
   «Quiero que mi equipo esté motivado y se implique en los proyectos en los que estamos trabajando».

2. **Describa la realidad actual.** Siguiendo con la metáfora del GPS, además del destino necesitamos un punto de origen para trazar una ruta precisa. Dedicar tiempo a evaluar la situación actual también lo ayudará a descubrir posibles entradas que vale la pena estudiar y, quizá, modificar.
   «Los miembros del equipo llegan tarde a las reuniones y tienen prisa por marcharse. Muy pocos se entusiasman y se ofrecen voluntarios para asumir distintos aspectos de los proyectos y han celebrado varias reuniones por su cuenta».

3. **Analice detenidamente las entradas actuales.** ¿Qué lleva a los resultados que logra en la actualidad? Como las entradas no siempre son evidentes, reflexione acerca de las siguientes preguntas:
   • ¿Cuál de mis paradigmas podría estar limitando a esta persona o situación?
   • ¿Qué digo (o no digo) que pueda estar contribuyendo a esta situación?
   • ¿Cómo describirían las personas con las que vivo y trabajo mi actitud hacia ellas?
   • ¿Qué conductas específicas modelo (o no modelo)?
   • ¿Me gustaría a mí mismo si fuera la otra persona en esta situación?

4. **Pruebe una entrada distinta y más efectiva.** Con frecuencia, problemas aparentemente complejos pueden mejorar drásticamente si encontramos una o dos entradas clave.

5. **Analice los resultados.** Todos fracasamos, pero el modo en que entendemos el fracaso puede marcar toda la diferencia. Nelson Mandela, líder
mundial y pacifista revolucionario, dijo: «Yo no pierdo jamás. O gano o
aprendo». Sea objetivo y considerado cuando reflexione sobre los resultados que está obteniendo y acepte que cada ensayo y error entraña una
oportunidad para mejorar.

ENTRADA ANTERIOR	SALIDA ANTERIOR
ENTRADA ACTUAL	SALIDA ACTUAL

PRÁCTICA 15
EMPIECE CON HUMILDAD

¿LA FALTA DE HUMILDAD LE HA IMPEDIDO MEJORAR EN ALGUNA OCASIÓN? ¿SE DARÍA CUENTA SI FUERA ASÍ?

Si se ha encontrado en esta situación, le propongo la

PRÁCTICA 15: EMPIECE CON HUMILDAD.

Si no empieza con humildad, su habitación puede parecer el infierno de Sartre porque:

- Su ego lo lleva a buscar continuamente una validación externa que nunca es suficiente.
- Todo el mundo habla de usted (y no precisamente bien).
- Pierde oportunidades de aprender, porque casi nunca escucha a nadie que no sea usted mismo.

Ahora que hemos llegado al último capítulo, debo confesarle algo: este que tiene entre manos no es el primer libro que he querido escribir. Hace unos años se me ocurrió una idea para escribir un libro sobre liderazgo. Era una idea que me motivaba y por la que sentía una enorme pasión personal. Empecé a formular la estructura del libro, el argumento narrativo y otros elementos básicos. De repente, mientras estaba sumido en la organización de todo ese trabajo, se me apareció con claridad el título del libro. Corrí hacia la computador para comprar el dominio en preparación de todo lo demás. El tema del libro era la humildad y, en concreto, cómo los mejores líderes practican la humildad en sus interacciones cotidianas. Quería escribir un libro acerca de personas que no solo lograban el éxito en sus funciones, sino que, además, inspiraban y elevaban a otros por el camino y dejaban huellas significativas en todos aquellos con quienes interactuaban. Seguí buscando el dominio que reflejaba el título exacto de mi futuro libro: Liderar con humildad. *Terminé de teclear, envié mi búsqueda a los confines de internet y la respuesta me dejó sin aliento. Me quedé mirando la pantalla, sin dar crédito a lo que veía: no era solo que ya existiera un libro titulado* Liderar con humildad... *¡sino que lo había escrito el papa Francisco!*

Me senté en la silla y me puse a reflexionar sobre lo que acababa de suceder. Parecía que tenía que tomar una decisión...

Piense durante unos instantes en la persona más humilde que conozca. Quizá sea alguien de su familia o de su comunidad o alguien con quien trabaja actualmente o trabajó en el pasado o incluso alguien que admira en la distancia. Ahora piense en esa persona en el contexto de las 14 prácticas que hemos analizado hasta ahora en el libro.

1. **Lleve lentes bien graduados:** ¿Su visión del mundo depende fundamentalmente de fuerzas externas o está guiada por una brújula interna?
2. **Cree su propio clima:** ¿Son capaces de mantener la calma incluso durante las tormentas vitales?
3. **Cree credibilidad con su conducta:** ¿Lo que dicen es congruente con lo que hacen?
4. **Interprete bien su rol:** ¿Tienden a ser auténticos en lo que dicen y lo que hacen?
5. **Vea el roble entero y no solo la bellota:** ¿Pueden ver más allá de «ahora»?
6. **Evite el síndrome del *pinball*:** ¿Saben resistir la tentación de lo urgente?
7. **Piense en nosotros, no en mí:** ¿Buscan victorias compartidas?
8. **Mantenga su Cuenta Bancaria Emocional con saldo positivo:** ¿Invierten en los demás?
9. **Reflexione sobre sus verdaderos motivos:** ¿Les motiva elevar, en lugar de limitar, la condición humana?
10. **Hable menos y escuche más:** ¿Buscan primero comprender antes de hablar?
11. **Ajuste el volumen:** ¿Encuentran el modo adecuado de aplicar sus fortalezas?
12. **Confíe en los demás:** ¿Demuestran generosidad y confianza a la hora de confiar en los demás?

13. **Haga que ser sincero sea seguro:** ¿Hacen que se sienta cómodo siendo sincero y transparente?
14. **Alinee las entradas y las salidas:** ¿Conducen sus conductas a los resultados que desean?

Cuando pienso en personas que han cultivado la humildad y que la han convertido en una parte importante de sus vidas, me resulta fácil responder que *sí* a la mayoría de estas preguntas, si no a todas. La humildad es fundamental y está por encima de todas las demás cualidades de carácter. Es como la sal: realza el sabor de todas las cualidades de carácter necesarias para forjar relaciones efectivas. La palabra procede del latín *humilis*, que significa, literalmente, «bajo». Sin embargo, no se expresa como debilidad, miedo ni timidez. En su libro *Humility: An Unlikely Biography of America's Greatest Virtue* («Humildad: la biografía improbable de la mayor virtud estadounidense»), el doctor David Bobb escribe que «En realidad, la humildad es una fortaleza, no una debilidad. La humildad promueve el valor y señala la dirección adecuada a la sabiduría. Es la columna vertebral de la templanza y hace posible el amor».

Las personas humildes tienen una identidad muy segura: su validación no procede de factores externos, sino que se basa en su naturaleza verdadera. Ser humilde significa deshacerse del ego, porque una identidad auténtica es mucho más que tener buen aspecto, necesitar tener todas las respuestas o ser reconocido por los iguales. Como resultado, las personas que cultivan la humildad como atributo disponen de mucha más energía para dedicar a los demás. Ya no están consumidas consigo mismas (foco interno), sino que buscan maneras de contribuir y de ayudar a los demás (foco externo). La humildad es la clave para construir un carácter sólido y relaciones fuertes y significativas. Por lo tanto, la humildad *no es*...

- Baja autoestima (pensar que se es inferior a los demás).
- Poco valor (no decir lo que se piensa).
- Menospreciarse continuamente.

La humildad me permite decir: «Lo siento, me he equivocado». La humildad es lo que me lleva a pensar: «¿Qué le sucede hoy a mi compañero de trabajo? ¿Necesita ayuda?».

La humildad es lo que me invita a dar un paso atrás y a asegurarme de que todos en la habitación, y no solo yo, reciban el reconocimiento que merecen. La humildad es lo que me inspira a invertir tiempo y recursos a una buena causa. La humildad me dice que, por mucho éxito que llegue a tener, no lo he conseguido solo. La humildad me permite prestar atención plena a las personas cuando hablan. Me recuerda que *yo* llevo media hora hablando y que necesito dejar espacio a los demás. La humildad me ayuda a ser curioso y me mantiene en un estado de aprendizaje continuo. La humildad es el motivo por el que trato a la recepcionista con el mismo respeto que al CEO. La humildad me ayuda a perdonar, incluso cuando la persona que me ha ofendido no se ha disculpado ni me ha pedido perdón. La humildad me dice que hay muchas soluciones correctas a un mismo problema. La humildad me invita a devolver el favor. La humildad hace que esté agradecido por lo que soy y por lo que tengo. La humildad me lleva a pedir ayuda cuando la necesito. La humildad me permite dejar de preocuparme por mí mismo y empezar a pensar en los demás. La humildad me ayuda a no aferrarme a la sensación de estar ofendido. La humildad me da el valor para ser honesto, al tiempo que respetuoso, con los compañeros de trabajo. La humildad es la sabiduría que necesito para evaluar con precisión mis fortalezas y mis debilidades. La humildad me recuerda que he de ser paciente conmigo mismo y con los demás, y que todos estamos en un proceso de mejora. La humildad me dice que, aunque soy importante, no soy más que una parte de algo mucho más grande.

> ¿DESEAS ASCENDER? EMPIEZA POR DESCENDER. ¿PLANEAS UNA
> TORRE QUE TOQUE LAS NUBES? EMPIEZA POR SENTAR LOS
> CIMIENTOS DE LA HUMILDAD.
>
> —SAN AGUSTÍN

La humildad tiene el poder de influir en casi todos los aspectos de nuestra personalidad. ¿Cree que exagero? Piense en el autocontrol, un rasgo que, aparentemente, no tiene mucho que ver con la humildad. ¿Puede la humildad aumentar la fuerza de voluntad? Un equipo de investigadores llevó a cabo un estudio para responder precisamente a eso. Pidieron a un grupo de voluntarios que hablasen de algún momento en el que se hubieran sentido especialmente humildes. Los investigadores escucharon las historias e invitaron a los participantes a esperar en una sala adyacente. Era una sala de espera normal, con sofás, butacas y mesitas. En cada mesa había un gran cuenco lleno de caramelos. En ese momento, los participantes creían que estaban esperando para pasar a la siguiente fase del estudio, pero, en realidad, la sala de espera *era* la siguiente fase del estudio. Los investigadores tomaron nota de la conducta del grupo durante un tiempo y luego les dijeron que podían irse.

Entonces hicieron pasar a un segundo grupo de voluntarios y les pidieron que describieran un día normal en su vida. Cuando la sesión terminó, les pidieron que pasaran a la siguiente sala, también provista de caramelos. Resultado: ¡las personas a las que habían pedido historias de humildad comieron menos caramelos! En el grupo de control, solo el 12% de los participantes se abstuvieron de comer caramelos, en comparación con el 40% del grupo «humilde».

Los investigadores repitieron el experimento varias veces y llegaron a una conclusión sorprendente: las personas con un estado mental humilde ejercen más autocontrol.[1] El mismo grupo de investigadores descubrió que la humildad también puede aumentar la resistencia física y la perseverancia cuando las cosas se complican. Y, por si eso fuera poco, otros investigadores descubrieron una relación entre la humildad y la capacidad de conservar la autoestima[2] en situaciones de fracaso, además de una mayor habilidad para desarrollar vínculos sociales más fuertes.[3]

Como puede ver, la humildad dista mucho de ser un punto débil. Nos permite dejar a un lado el orgullo, el ego y el egoísmo al tiempo que eleva casi todas las demás virtudes importantes a grandes alturas.

LA HUMILDAD EN EL TRABAJO

Cuando hablamos de trabajo, apenas usamos la palabra «humildad». Es como si nos diera miedo hablar de ella, como si fuera el enemigo de lo que hace falta para que se fijen en nosotros, nos asciendan y logremos el éxito. Sin embargo, la investigación dice algo muy distinto. Según Mike Austin, profesor de Filosofía en la Universidad Eastern Kentucky, las personas que puntúan alto en humildad «no están centradas en sí mismas, por lo que tienen el valor de probar cosas nuevas. Y eso las libera para asumir riesgos [...] El miedo al fracaso no las paraliza, porque no es una preocupación para ellas». Según Edward D. Hess, profesor de Administración de Empresas en la escuela de negocios Darden Graduate School of Business, «el fracaso es una parte necesaria del proceso de innovación, porque del fracaso surgen el aprendizaje, la repetición, la adaptación y el desarrollo de nuevos modelos conceptuales y físicos [...] Casi todas las innovaciones son el resultado de aprendizaje a partir de fracasos previos».[4] Ser humilde es estar dispuesto a fracasar en la persecución de un objetivo noble. ¿Por qué se expresa así la humildad? El doctor Austin continúa así: «Las personas humildes acostumbran a tener en cuenta sus valores cuando toman decisiones [...] Les preocupa más hacer lo correcto que tener razón». La humildad nos permite deshacernos de nuestro ego, eliminar la necesidad de anunciar al mundo que siempre tenemos razón y tener en cuenta la visión a largo plazo.

Conozco y he trabajado con personas que han demostrado una capacidad de liderazgo asombrosa, por ejemplo una compañera a la que llamaré Paige y que es un modelo de humildad. Con mucha frecuencia se le ocurren soluciones fenomenales para problemas concretos, pero, en lugar de pavonearse o de imponer sus ideas, escucha a todo el mundo antes de exponer su sugerencia. De hecho, suele desviar los elogios. En una reunión, un compañero le dijo: «Paige, háblanos de la fantástica idea que mencionaste la semana pasada».

«En realidad, preferiría que se la explicara Randy. Se le ocurrió a ella», respondió.

Cuando otros salen por la puerta al final de la jornada, ella se fija en las personas que se quedan para trabajar más horas en un proyecto. La he visto más de una vez dejar el maletín en el suelo y llamar a su familia: «Esta noche llegaré un poco más tarde». Se arremanga y se ofrece a ayudar, pero no se impone.

Al igual que todos los jefes, Paige ha de resolver problemas de desempeño con sus trabajadores. En otra reunión con ella, un colega empezó a hacerse la víctima. Se pasó 15 minutos quejándose de las horas extra que hacía a diario, de los sacrificios personales que había hecho y de lo poco que se le reconocía tanto esfuerzo. Se iba acalorando a medida que avanzaba en su retahíla de quejas.

A las que Paige respondió: «Espero que sepas lo mucho que valoro tu talento y todo lo que aportas al equipo. De hecho, debo confesar que me cuesta entender tu postura. ¿Acaso tu director regional no me puso en copia en un correo electrónico en el que insistía en lo mucho que valoraba tus esfuerzos? ¿Y no he reconocido públicamente tu trabajo en varias ocasiones? También has estado ahí todas las veces que hemos mencionado tu nombre al hablar de las personas dedicadas que tenemos en la empresa. Así que, por favor, ayúdame a entender qué quieres decir cuando afirmas que no te sientes valorado». Fue un equilibrio perfecto de valor y de consideración y supuso un punto de inflexión en la reunión.

Esta líder capaz y humilde sigue avanzando en su carrera y acumula cada vez más influencia. Irónicamente, es la última a la que vería buscando un ascenso. Por el contrario, he visto a otras personas tan desesperadas por ganar influencia y control que acaban tropezando con su propio orgullo y sabotean su propio crecimiento y progreso.

No practicar la humildad tiene un costo. En una empresa anterior, trabajé con un hombre de gran talento a quien, sin embargo, no tenían nunca en cuenta para las tareas, proyectos y oportunidades con clientes de los que deseaba formar parte, sencillamente porque era demasiado egoísta. Solía hablar de sí mismo: «Hice esto...», «Fui el primero que logró cerrar el trato» o «Fui yo el que lanzó el proyecto». Una vez, mientras se le reconocía a una compañera una aportación innovadora, le dijo a otro colega: «Habla como si hubiera sido idea *suya*, pero en realidad se me ocurrió a mí».

Es posible que usted también haya trabajado con alguien así; son personas que encarnan el chiste: «Bueno, no hablemos más de mí. Hablemos de ti. ¿Qué piensas de mí?». Cuando el ego crece demasiado o carece del control que ejercen gobernadores como la humildad, el costo puede ser elevadísimo. En su libro *Empresas que sobresalen*, Jim Collins afirma que «en más de dos terceras partes de los casos comparados (empresas mediocres/buenas), encontramos un ego colosal que contribuía al fracaso o a la mediocridad persistente de la empresa». No tengo la menor duda de que, en estas organizaciones de bajo desempeño, abundaban las relaciones personales dañadas, tensas o rotas. Cuando un líder abandona la humildad, los costos son sistémicos. Por otro lado, resulta interesante que, a continuación, Collins informara que la humildad era una de las dos características que encontró de forma constante en los líderes capaces de convertir a las organizaciones en algo extraordinario. (La otra era una gran voluntad profesional).

Hace unos años, encontré un ejemplo significativo de humildad en un líder comercial de gran talento que recibió una bonificación importante como recompensa por los resultados extraordinarios que había logrado. Vino a verme, para expresar su agradecimiento, pero también para averiguar si era posible redistribuir el dinero entre las nóminas de los cinco miembros del equipo en lugar de quedárselo todo él. «Si no fuera por esas cinco personas, jamás hubiera logrado estos resultados», dijo. Entonces, enumeró a los miembros de su equipo, para detallar la contribución única que cada uno de ellos hacía al proceso de ventas. Le respondí diciendo lo mucho que admiraba su deseo de reconocer al equipo, pero también le expliqué que, debido a los planes de compensación escritos y a las directrices legales, no podíamos reasignar a los miembros de su equipo el dinero que había ganado él. Sin embargo, una vez lo hubiera recibido, sí podía repartirlo como quisiera.

«De todos modos, recuerda que pagarás impuestos por esos ingresos antes de que los puedas repartir», le dije. No lo dudó ni un instante.

«Fantástico, ¡eso haré!».

No me malinterprete. Ser humilde no significa regalar dinero. (Si fuera así, es posible que Las Vegas fuera la ciudad más humilde del mundo). Lo que marca la diferencia es la actitud de poner el foco hacia fuera. Sospecho que uno de los motivos principales por los que este jefe comercial lograba resultados tan buenos es que hacía de la humildad uno de los atributos principales en sus relaciones con los miembros de su equipo. Tal y como he dicho antes, la mayor ventaja competitiva de una empresa no son las personas por sí mismas, sino las relaciones que establecen entre ellas.

Aunque este es el último capítulo del libro, lleva el título «Empiece con humildad», porque todas las prácticas que he ilustrado antes se benefician de obtener, cultivar y tener en cuenta este atributo básico. Y, aunque empezar con humildad es fundamental, es igualmente importante que revise y recalibre su humildad con regularidad. Debería acompañar a todas las prácticas, a todos los paradigmas y a todos los momentos de reflexión introspectiva orientada a reforzar nuestras relaciones, motivo por el cual incluyo la aplicación «Mejore» en el cuerpo de texto de esta última práctica, en lugar de al final, para invitarle con suavidad, pero también con claridad, a que tome muy en serio esta práctica. Aunque no es necesario que la complete ahora, lea las instrucciones y las preguntas que encontrará a continuación. Reflexione detenidamente sobre cada práctica y fíjese en cómo la humildad influye en cada una de ellas. Entonces, decida cuál podría ser el mejor momento para aplicarla en los próximos días o semanas.

Durante las siguientes 14 semanas, elija una práctica que poner en acción. Haga de la «Práctica 15: Empiece con humildad» la base de la que parte para poner en práctica todas las demás.

1. Piense en una relación personal o profesional que necesite su atención.
2. Decida cuál de las 14 prácticas de efectividad demostrada (descritas más adelante) aplicará a la relación.
3. Al principio de la semana, escriba la dificultad u oportunidad que experimenta en esa relación. Sea tan específico como pueda.
4. Haga una lluvia de ideas sobre cómo podría aplicar la práctica elegida a la relación y, luego, apunte con detalle todas las interacciones que mantenga con esa persona a lo largo de la semana. (¿Qué ha pensado, dicho o hecho? ¿Cómo se ha sentido? ¿Qué impacto ha tenido?).
5. Al final de la semana, escriba acerca de su experiencia aplicando la práctica. (¿Qué ha aprendido? ¿Qué podría haber hecho mejor? ¿Qué hará la semana que viene para mejorar?).

6. Empiece la semana siguiente con una práctica nueva (y una relación distinta o la misma de la semana anterior).

Práctica	Relación
Lleve lentes bien graduados	¿En qué sentido se siente una víctima en esta relación? ¿Qué opciones tiene para responder de otro modo?
Cree su propio clima	Desde el punto de vista de la otra persona, ¿en qué aspectos necesita que su conducta y sus palabras sean más congruentes?
Cree credibilidad con su conducta	¿Qué conductas ha de modificar para ser creíble a ojos del otro?
Interprete bien su rol	¿Qué aspectos de la relación están desequilibrados? ¿Qué quiere aportar a la relación?
Vea el roble entero y no solo la bellota	¿Ha dedicado el tiempo necesario para determinar qué funciona, y no solo lo que no funciona, en la relación? ¿Cuál es el verdadero potencial de esa persona y cómo puede comunicárselo?
Evite el síndrome del *pinball*	¿Qué cosa urgente podría demorar esta semana para abordar algo importante en la relación?
Piense en nosotros, no en mí	¿En qué aspectos está centrado únicamente en su propia victoria en esta relación? ¿Cómo podría tener en cuenta las victorias de todos?
Mantenga su Cuenta Bancaria Emocional con saldo positivo	¿Cómo valoraría esta persona el nivel de confianza en la Cuenta Bancaria Emocional que mantiene con ella? ¿Qué puede hacer para aumentar el saldo?
Reflexione sobre sus verdaderos motivos	¿Conoce esa persona sus verdaderas intenciones? ¿Se las ha manifestado?
Hable menos y escuche más	¿Ha dedicado el tiempo necesario para entender el punto de vista o los puntos más importantes para esa persona? ¿Está dispuesto a dejarse influir por ella?
Ajuste el volumen	¿En qué aspectos ha subido excesivamente el volumen de sus fortalezas en esta relación? ¿Cómo lo evaluará y hará los ajustes que sean necesarios?
Confíe en los demás	¿Retiene su confianza en esa persona? ¿Cómo podría demostrarle más confianza?
Haga que ser sincero sea seguro	¿Alguna vez le ha pedido a esa persona que le explique cómo se muestra usted en la relación? ¿Cuándo lo hará?
Alinee las entradas y las salidas	¿Ha tenido en cuenta las entradas que podrían estar llevando a resultados no deseados en la relación? ¿Está dispuesto a cambiar?

He usado la obra de Jean-Paul Sartre, A puerta cerrada, *como una metáfora y recordatorio constante de que, en lo más profundo de la sensación de estar atrapado en el infierno (o, por el contrario, en el paraíso), se hallan nuestras relaciones con las personas que nos rodean. Tal y como decía en la Introducción del libro, cuando las cosas se complican, nuestra tendencia como seres humanos es buscar una salida: nos dirigimos a la puerta y pasamos a otra habitación. Eso puede adoptar la forma de cambiar de trabajo, abandonar asociaciones o incluso disolver matrimonios u otros vínculos familiares. Estas «estrategias de salida» infinitas implican que entendemos que tanto el origen de nuestros problemas como la solución a los mismos están en fuerzas externas (los demás y las circunstancias). Sin embargo, todos tenemos la capacidad de redirigir nuestra atención de los elementos externos (la habitación y sus habitantes) hacia el interior. Esta atención interna, o introspección, empieza con la humildad.*

Así es como empezamos a mejorar y a reforzar todas y cada una de las relaciones que tenemos.

Ahora, volvamos al Papa y al hecho de que se anticipara al libro que yo quería escribir... Tras reflexionar sobre ello, descubrí que Consigue tu mejor tú *es realmente mi libro. Y me alegro de haber tenido el sentido común de no competir con Su Santidad sobre el tema de la humildad escribiendo un libro con el mismo título. (Por cierto, su libro es profundo e inspirador y le recomiendo encarecidamente que lo lea).*

La primera vez que vi el título del libro del Papa, sentí que llegaba tarde y que lo mejor que podía hacer era renunciar. Me alegro de no haber sucumbido a la inseguridad. Resulta que el miedo es enemigo de la humildad. Y cuando aceptamos la humildad en lo más profundo de nosotros, encontramos la voluntad para creer más, hacer más y ayudar más a los demás.

Tal y como escribió Sartre, las relaciones pueden ser un infierno. Pero, en el otro lado de la moneda, si incorporamos estas 15 prácticas en nuestras vidas, las relaciones también pueden ser un paraíso. Y si pensamos en cómo pasamos el breve tiempo de que disponemos sobre el planeta, ¿qué puede haber mejor que eso?

Notas

Introducción

1. Sartre, Jean-Paul, *No Exit, and Three Other Plays*, Vintage Internatio-nal, Nueva York, 1989 (trad. cast.: *A puerta cerrada; La puta respetuo-sa; Manos sucias*, Losada, Barcelona, 2016).
2. <https://www.washingtonpost.com/news/inspired-life/wp/2016/03/02/harvard-esearchers-discovered-the-one-thing-everyone-needs-for-happier-healthier-lives/?utm_term=.cb64207aabb8>
3. <https://rework.withgoogle.com/blog/five-keys-to-a-successful-goo gle-team/>
4. <http://content.time.com/time/specials/packages/article/0,28804, 2086680_2086683_208768500.html>

Práctica 1. Lleve lentes bien graduados

1. Kuhn, Thomas S., *The Structure of Scientific Revolutions*, University of Chicago Press, Chicago, 1962 (trad. cast.: *La estructura de las revolucio-nes científicas*, Fondo de Cultura Económica de España, Madrid, 2006).

Práctica 2. Cree su propio clima

1. Frankl, Viktor E., *Man's Search for Meaning: An Introduction to Logo-therapy*, Simon & Schuster, Nueva York, 1984 (trad. cast.: *El hombre en busca de sentido*, Herder, Barcelona, 2013).

Práctica 5. Vea el roble entero y no solo la bellota

1. <http://mathpages.com/rr/s3-08/3-08.htm>

Práctica 6. Evite el síndrome del *pinball*

1. <https://www.tailstrike.com/291272.htm>
2. «Aircraft Accident Report, Eastern Airlines, Inc. L-1011, N310EA,

Miami, Florida, December 29, 1972» (PDF). National Transportation Safety Board (informe núm. AAR-73 /14). 14 de junio de 1973. Acceso el 8 de febrero de 2016.

Práctica 9. Reflexione sobre sus verdaderos motivos
1. <http://www.toyotaglobal.com/company/toyota_traditions/quality/mar_apr_2006.html>
2. Covey, Stephen M. R., *The Speed of Trust: The One Thing That Changes Everything*, Free Press, Nueva York, 2006 (trad. cast.: *La velocidad de la confianza: El valor que lo cambia todo*, Paidos Ibérica, Barcelona, 2011).

Práctica 11. Ajuste el volumen
1. <https://hbr.org/2009/02/stop-overdoing-your-strengths>

Práctica 12. Confíe en los demás
1. Moon, Shawn D., and Sue Dathe-Douglass, *The Ultimate Competitive Advantage: Why Your People Make All the Difference and the 6 Practices You Need to Engage Them*, BenBella Books, Dallas, 2015.

Práctica 13. Haga que ser sincero sea seguro
1. <https://hbr.org/2013/12/overcoming-feedback-phobia-take-the-first-step>

Práctica 14. Alinee las entradas y las salidas
1. Manegold, 1992, p.1, citado en Felson, *et al*., «Redesigning Hell: Preventing Crime and Disorder at the Port Authority Bus Terminal», 1996.
2. <http://www.nber.org/digest/jan03/w9061.html>
3. <https://www.influenceatwork.com/wp-content/uploads/2012/02/Broken WindowsArticle.pdf>

Práctica 15. Empiece con humildad
1. <http:// www.sciencedirect.com/science/article/pii/S0022103115001183>
2. <http://psycnet.apa.org/psycinfo/2000-15337-006>
3. <http:// www.tandfonline.com/doi/abs/10.1080/15298868.2011.636509>
4. <https://www.forbes.com/sites/darden/2012/06/20/creating-an-innovation-culture-accepting-failure-is-necessary/#20b0d502754e>

Índice analítico

Sobre FranklinCovey

Stephen R. Covey fue una autoridad mundial en el ámbito del liderazgo, experto en relaciones familiares, profesor, asesor de organizaciones y escritor que dedicó su vida a enseñar cómo vivir una vida centrada en principios y cómo construir tanto familias como organizaciones. Obtuvo un MBA en la Universidad de Harvard y se doctoró en la Universidad Brigham Young, donde dio clases de conducta de las organizaciones y de gestión de empresas, además de ocupar el cargo de director de relaciones institucionales y de ayudante del presidente.

Escribió muchos libros de éxito, como el *bestseller* internacional *Los 7 hábitos de la gente altamente efectiva,* elegido el libro de empresa más influyente de todo el siglo xx y uno de los diez libros de empresa más influyentes de todos los tiempos y del que se han vendido más de veinte millones de ejemplares en todo el mundo (y en 38 idiomas). El resto de su exitosa obra incluye títulos como *Primero, lo primero*; *El liderazgo centrado en principios* y *Los 7 hábitos de las familias altamente efectivas*. En total, se han vendido más de 25 millones de ejemplares.

Cuando, como padre de nueve hijos y abuelo de 43 nietos, recibió en 2003 el Fatherhood Award, concedido por la National Fatherhood Initiative, declaró que era el premio más importante que le hubieran concedido jamás. Entre los premios concedidos a Stephen R. Covey se incluyen el Thomas More College Medallion por su servicio continuo a la humanidad, Orador del Año en 1999, el International Man of Peace Award sij en 1998, el International Entrepreneur of the Year Award de 1994 y el National Entrepreneur of the Year Lifetime Achievement Award por su liderazgo empresarial. La revista *Times* lo eligió como uno de los 25 estadounidenses más importantes y a lo largo de su vida recibió siete doctorados *honoris causa*.

Stephen R. Covey fue cofundador y presidente de Franklin-Covey Company, una empresa de educación y formación líder en el mundo con delegaciones en 123 países. Todas comparten la visión, la disciplina y la pasión para inspirar de Stephen R. Covey y proporcionan herramientas para el cambio y el crecimiento de personas y organizaciones en todo el mundo.

Sobre el autor

Director de Relaciones Humanas y vicepresidente ejecutivo de FranklinCovey.

Todd Davis es el autor de *Consigue tu mejor tú: Las 15 prácticas para construir relaciones efectivas en el trabajo y alcanzar todos tus objetivos* y coautor de *Talent Unleashed: 3 Leadership Conversations to Ignite the Unlimited Potential in People* («Liberar el talento: 3 conversaciones de liderazgo para prender la llama del potencial ilimitado de las personas»).

Cuenta con más de treinta años de experiencia en Recursos Humanos, desarrollo del talento, contratación de ejecutivos, ventas y marketing. Hace más de veinte años que trabaja en FranklinCovey y, en la actualidad, es director de Relaciones Humanas y vicepresidente ejecutivo. Es responsable del desarrollo del talento global de FranklinCovey en más de cuarenta oficinas repartidas por 160 países.

Todd fue director del Grupo de Innovación de FranklinCovey y, como tal, lideró el desarrollo de muchas de las ofertas clave de FranklinCovey, que contienen el contenido ya célebre en todo el mundo y sigue contribuyendo al desarrollo de nuevas ofertas. Davis también fue el director de selección de FranklinCovey y lideró un equipo responsable de atraer, contratar y retener al mejor talento para la empresa, que cuenta con más de 3 500 empleados.

Durante más de 25 años, ha pronunciado múltiples discursos y conferencias inaugurales en convenciones de empresas, sectores y asociaciones líder, como el Foro Económico Mundial, el simposio Chief Learning Officer, la Association for Talent Development (ATD) y HR.com. También ha hablado en eventos corporativos y para clientes de FranklinCovey, muchos de los cuales son empresas del *Fortune*® 100 y 500. Es experto en liderazgo, efectividad personal e interpersonal, compromiso del empleado, gestión del talento, gestión del cambio y construcción de culturas de éxito.

Relación de oficinas locales de FranklinCovey

FranklinCovey Angola
Rua Joaquim Rodrigues da Graça # 151
Bairro Azul. Luanda - Angola, C.P. 6185,
Angola
Tel.: +244 227 210 108
fca@franklincovey.co.ao

FranklinCovey Argentina
Cerrito 774, Piso 11
Ciudad Autónoma
C1010AAP Buenos Aires
Argentina
Tel.: +54 11 4372 5648
www.franklincovey.com.ar

FranklinCovey Benelux
(Bélgica, Luxemburgo y Holanda)
Daam Fockemalaan 10
3818 KG Amersfoort
Holanda
Tel.: +31 (33) 45 30 627 (Holanda)
+32 2 719 02 15 (Bélgica)
info@franlincovey.nl
www.franklincovey.nl

FranklinCovey Bermudas
Effective Leadership Bermuda
4 Dunscombe Rd.
Warwick, Wk08
Bermudas
Tel.: +441-236-0383
franklincoveybda@logic.bm
www.franklincovey.bm

FranklinCovey Bolivia
Chromart, S.R.L.
Avenida Paraguá calle Tarechi entre 2.°
y 3er. Anillo
Barrio Los Ángeles
Santa Cruz - Bolivia
Tel.: 591 4440 1101
xolmedo@franklincovey.com.bo

FranklinCovey Botswana
Gaborone International Finance Park
Plot 115, Kgale Mews Unit 21
P/Bag 262 Gaborone
Tel.: +267 318 4706
adam@eventventures.co.bw

FranklinCovey Brasil y Mozambique
Rua Florida 1568
Brooklin - São Paulo - SP
CEP 04565-001
Tel.: +267 318 4706
info@franklincovey.com.br
www.franklincovey.com.br

FranklinCovey Canadá
60 Struck Court
Cambridge, Ontario
Canadá N1R 8L2
Tel.: (519) 740-2580
Fax: (519) 740-8833
www.franklincovey.ca

FranklinCovey Europa Central y del Este
FC PL Sp z o o
Ul. Wlodarzewska 33
02-384 Warszawa
Polonia
Tel.: +48 22 824 11 28
office@franklincovey.pl
www.franklincovey.pl

FranklinCovey Centroamérica y Caribe
Leadership Technologies, Inc.
Edificio Alfaro - 1er. piso
Bella Vista, avenida Federico Boyd
Ciudad de Panamá - Panamá
Tel.: 507 264 8899
jarias@franklincoveyla.com
www.franklincoveyla.com

FranklinCovey Chile
Avenida Bernardo O'Higgins, n.° 292
Oficina 61
Santiago de Chile - Chile
Tel.: 56-2-4489658 / 4489509

FranklinCovey Colombia
Avenida Carrera 45 (autopista norte costado oriental)
103-34 oficina 202, Edificio Logic 2
Bogotá - Colombia
Tel.: 57-1-6102657
amesa@franklincovey.com.co

FranklinCovey Corea del Sur
1602 Posco P&S Tower
735-3 Yeoksam-dong, Gangnam-gu
Seúl 135-923, Corea del Sur
Tel.: +82 2 2015 7771
shkim@franklincovey.co.kr

FranklinCovey Costa Rica
AMI de Costa Rica, S. A.
Paseo Colón
200 m Norte y 25 m este de Pizza Hut
Edif. Blanco, contiguo Laboratorio Gutis
San José, Costa Rica
Tel.: (506)256-4242
franklincoveycr@fcla.com

FranklinCovey Chequia y Eslovaquia
Ohradni 1424/2b
140 00 Praga 4
República Checa
Tel.: +420 261 099 341
info@franklincovey.cz
www.franklincovey.cz

FranklinCovey Ecuador
Finlandia 192 y Suecia Edificio
Escandinavia Loft Of. 5D
Ecuador
Tel.: +593 02 333-1201
mfcorral@franklincoveyecuador.com

FranklinCovey Egipto
Leadership Training Center
Villa 7, 1st Touristic District
P.O. Box 27 Mena Garden City
Postal Code 12582, 6th of October
Egipto
Tel.: 20 2 38 37 17 21/23/29
eman.yassin@franklincoveyegypt.com
www.ltc-intl.com

FranklinCovey España
Cegos España
Calle Fray Bernardino de Sahagún, 24
28036 Madrid, España
Tel.: +34-912 705 000
ctyden@franklincovey.es
www.franklincovey.es

FranklinCovey Filipinas
Center for Leadership & Change, Inc.
4th Floor, Ateneo Professional School (Salcedo)
130 HV Dela Costa St.
Salcedo Village, Makati City
1227 Filipinas
Tel.: 632-817-2726
mcar@franklincoveyphilippines.com

FranklinCovey Francia
33 Rue du Faubourg Saint Honoré
75008 París
Francia
Tel.: +33 1 77 58 38 60

**FranklinCovey Grecia, Serbia,
Montenegro y República de Macedonia**
DMS/ Franklin Covey Hellas Group SA
36, P.S. Stathmou Str
546 27, Thessaloniki
Grecia
Tel.: +30 (210) 69 85 946
info@franklincovey.gr
www.franklincovey.gr

FranklinCovey GSA
(Alemania, Austria, Liechtenstein, Suiza)
Leadership Institut GmbH
Bavariafilmplatz 3
82031 Grünwald bei München
Alemania
Tel.: +49 (0) 89 45 21 48 0
info@franklincovey.de
www.franklincovey.de

FranklinCovey Hong Kong
Centre for Effective Leadership (Asia)
Room 1502, 15th Floor, Austin Tower
22-26A, Austin Avenue, Tsimshatsui
Kowloon, Hong Kong
Tel.: 852 2541 2218
training@asiacel.com
www.highlyeffectiveleaders.com

FranklinCovey Hungría
1134 Budapest, Lehel u. 11.
Hungría
Tel.: +36-1-412 1884
office@franklincovey.hu
www.franklincovey.hu

FranklinCovey India / Asia del sur
JIL Tower A, Institutional Area
Ground Floor, Plot No. 78, Sector – 18
Gurgaon – 122 001 India
Tel.: +91 124 4782222
lavleen@franklincovey.co.in

FranklinCovey Indonesia
P.T. Dunamis Intermaster
JI Bendungan Jatiluhur n.º 56
Bendungan Hilir, Yakarta
10210 Indonesia
Tel.: 62 21 572 0761
info@dunamis.co.id
www.dunamis.co.id

FranklinCovey Irlanda
Alexander House
The Sweepstakes Ballsbridge
Dublín 4
Tel.: +353 1664 1706
ireland@franklincoveyeurope.com
www.franklincoveyeurope.com

FranklinCovey Israel
Momentum Training Ltd
9 Rehov Haomanut
Poleg Park Building A1
Natanya 42504 Israel
Tel.: +97 (2) 986 56226
aviad@momentum.org.il
www.momentum.org.il

FranklinCovey Italia
Centro Direzionale Milanofiori
Strada 1 Palazzo F3
20090 Assago
Milán - Italia
Tel.: 39 02 80 6721
www.cegos.it

FranklinCovey Japón
Marumasu Koujimachi Bldg 7F
3-3 Kojimachi, Chiyoda-ku
Tokio, Japón 102-0083
Tel.: 81-3-3264-7417
www.franklincovey.co.jp

FranklinCovey Kenia
Raiser Resource Group
Ground Floor
Jumuia Place, Lenana Rd.
Nairobi. Kenia
Tel.: +254 (0) 20 271 2164/5/7
Joyce.Thairo@raiser.co.ke

FranklinCovey Líbano
Starmanship & Associates
Badaro Street, Beirut, Líbano
Tel.: 00961-1-393494
rhaddad@starmanship.com
www.starmanship.com

FranklinCovey Malasia
Leadership Resources (Malasia)
Sdn. Bhd. D4-1-8
Solaris Dutamas 1
Jalan Dutamas 1
50480 Kuala Lumpur
Tel: +6 03 62055550
sitham@leadershipresources.my
www.franklincoveymalaysia.com

FranklinCovey Malta
FranklinCovey (Malta) Ltd
44/7, Dingli Circus, Sliema
SLM1912 Malta
Tel: +356 3550 0345
j.naudi@franklincovey.com.mt

FranklinCovey Marruecos
Zenith Millenium I, Etage 5
Bureau 511 – Lotissement Attaoufik
Sidi Maarouf 20190
Casablanca - Marruecos
Tel.: +212 5 22 789 833/832
musa@franklincoveyme.com
www.franklincoveymaroc.com

FranklinCovey Medio Oriente
Qiyada Consultants
Al Attar Business Tower, Ste 1002
Sheikh Zayed Road
P.O. Box 53703
Dubái, UAE 12582
Tel.: +971 4 33 222 44
info@franklincoveyme.com
www.franklincoveyme.com

FranklinCovey México
Leadership Technologies, Inc.
Guillermo González Camarena, n.º 1450
Piso 7, Centro de Ciudad Santa Fe
CP 01210, Ciudad de México, México.
Tel.: +5255 5279 6760
hector.carvajal@franklincovey.mx
www.franklincoveyla.com

FranklinCovey Namibia
Chase & Associates CC
Unit n.º 4 n.º 6 Luther Street
Windhoek-Namibia
Tel.: (+264 61) 255 492
afras@chase.com.na

FranklinCovey Nigeria
ReStraL Ltd
12th Floor, St. Nicholas House
Catholic Mission Street
Lagos - Nigeria
Tel.: +2341 264 5885
enquiries@restral.com
www.restral.com

FranklinCovey Países Nórdicos
(Dinamarca, Islas Feroe, Finlandia,
Groenlandia, Islandia, Noruega,
Suecia)
Langebrogade 5
1411 København K
Dinamarca
Tel.: +45 70226612 (Dinamarca)
    +46 8 25 68 20 (Suecia)
info@franklincovey.dk
www.franklincovey.dk

FranklinCovey Perú
Avenida Guardia Civil 860
Oficina 204 San Isidro
Lima - Perú
Tel.: 51-1475-1000

FranklinCovey Portugal
Avenida 25 de Abril
Edificio Grei
n.º 184, Piso -1
2750-511 Cascais
Tel.: + 351 214 820 258
maria.pantaleao@franklincovey.com.pt

FranklinCovey Puerto Rico
Urbanización Eleonor Roosevelt
501 calle Alfredo Carbonell
Hato Rey, PR 00918
Tel.: (787) 977-4065
info@franklincoveypr.com
www.franklincoveypr.com

FranklinCovey Rusia
Management Training International
Ltd (MTI)
47/14 Ryabinovaya Street,
121471 Moscú
Russia
Tel.: +7495-981-0272
a.oleynik@franklincovey.ru

FranklinCovey Singapur y China
Right Management Singapore Pte.
Ltd.
10 Hoe Chiang Road
#21-06 Keppel Towers
Singapur 089315
Tel.: +65 6532 4100
zulinah.mooksan@right.com

FranklinCovey Sudáfrica
5 Bauhinia Street, Unit 32
Cambridge Office Park
Highveld Techno Park
Centurion, 0157 Sudáfrica
Tel.: 012 940 0658
www.franklincovey.co.za

FranklinCovey Tailandia
PacRim Leadership Center Co. Ltd.
59/387-389 Moo 4
Ramkhamhaeng Road
Sapansoong, Bangkok 10240
Tailandia
Tel.: 662-728-0200
plc@pacrimgroup.com
www.pacrimgroup.com

FranklinCovey Taiwán
Paradigm Education Co., Ltd.
10F, No. 89, Sec. 2
Tiding Ave. Taipei, Taiwán
Tel.: 886.2.8797.8787
patrick@peducation.com.tw

FranklinCovey Tanzania
NFT Consult (Tanzania) Ltd.
Plot 304 Ring Street
Mikocheni Area P.O.Box 13395
Dar es-Salam, Tanzania
Tel.: 255 22(2)773 237 588
badru.ntege@nftconsult.com

FranklinCovey Turquía
ProVista Management Consulting Ltd.
466 Bagdat Caddesi
Umut Apt. K:4 D:9
Suadiye – Estambul
34740 Turquía
Tel.: +90 530 772 01 55
info@franklincovey.com.tr
www.franklincovey.com.tr

FranklinCovey Trinidad y Tobago
Leadership Consulting Group Ltd.
4-6 Chancery Lane
San Fernando
Trinidad y Tobago
Tel.: +1 (868) 652 6805
franklincovey@lcg.co.tt

FranklinCovey Uganda
CEMM Group
20 Dewington Rise (Madhvani Building)
Kampala. Uganda
Tel.: 256712425617
egbusonfe@cemmgroup.com

FranklinCovey Reino Unido
Grimsbury Manor, Grimsbury Green,
Banbury. OX16 3JQ. Reino Unido
Tel.: +44 1295 274100
www.franklincoveyeurope.com

FranklinCovey Uruguay
Grupo Caman SRL
Juan Benito Blanco n.° 1293-301
Montevideo, 11300, Uruguay
Tel.: 598 9445 7626
antoniolacarte@gmail.com

FranklinCovey Vietnam
PACE Institute of Management
PACE Building
341 Nguyen Trai Street, District 1
Ho Chi Minh City
Vietnam
Tel.: +84 (8) 3837 0208
mn.trang@pace.edu.vn
www.pace.edu.vn

FranklinCovey Zambia
Mac Recruitment Ltd.
Private Bag E835
Post Net No 84,
386 Independence Avenue
Lusaka, 10101, Zambia
Tel.: 260-211-266247
mubanga.chipimo@franklincoveyzm.com